U0744911

直击新课程
学科教学疑难丛书

主　　编　黄超文
执行主编　龚明斌

# 直击新课程学科教学疑难

周锡华 等 编著

## 小学数学

教育科学出版社
·北京·

出 版 人 　所广一

策划编辑 　刘 灿 　谭文明 　池春燕

项目统筹 　池春燕 　谭文明

责任编辑 　何 薇

版式设计 　沈晓萌

责任校对 　贾静芳

责任印制 　曲凤玲

**图书在版编目（CIP）数据**

直击新课程学科教学疑难. 小学数学/黄超文主编；周锡华等
编著. 一北京：教育科学出版社，2013.10（2015.3 重印）
　ISBN 978 - 7 - 5041 - 7976 - 0

　Ⅰ. ①直…　Ⅱ. ①黄…　②周…　Ⅲ. ①小学数学课—教学
参考资料　Ⅳ. ①G623

中国版本图书馆 CIP 数据核字（2013）第 230989 号

直击新课程学科教学疑难　小学数学

ZHIJI XIN KECHENG XUEKE JIAOXUE YINAN　XIAOXUE SHUXUE

| | | | |
|---|---|---|---|
| 出版发行 | **教育科学出版社** | | |
| 社　　址 | 北京·朝阳区安慧北里安园甲9号 | 市场部电话 | 010-64989009 |
| 邮　　编 | 100101 | 编辑部电话 | 010-64989179 |
| 传　　真 | 010-64891796 | 网　　址 | http://www.esph.com.cn |
| 经　　销 | 各地新华书店 | | |
| 制　　作 | 北京大有图文信息有限公司 | | |
| 印　　刷 | 保定市中画美凯印刷有限公司 | | |
| 开　　本 | 169 毫米×239 毫米　16 开 | 版　　次 | 2013 年 10 月第 1 版 |
| 印　　张 | 16.5 | 印　　次 | 2015 年 3 月第 3 次印刷 |
| 字　　数 | 272 千 | 定　　价 | 35.00 元 |

如有印装质量问题，请到所购图书销售部门联系调换。

# 直击新课程学科教学疑难丛书编委会

# 本 册 编 写 人 员

**本册主编：** 周锡华

**参编人员：**（按姓氏笔画排序）

邓飞雁　刘登峰　关巧华　何亩文

张新春　张新蔚　易虹辉　周锡华

姚红梅　程五霞　谢芳芝

# 在解疑明理中前行

◎顾明远<sup>*</sup>

课程改革是教育改革的核心。纵观教育发展的历史，历次改革都是由课程改革而启动的。斯宾塞批评古典形式教育就是说的课程改革；杜威的现代教育对传统教育的批判也是从课程改革说起；20 世纪 60 年代教育现代化也是从课程改革开始的。为什么课程改革那么频繁？因为课程是教育内容的载体，是教育目标的具体体现。同时，时代在变化，知识在更新，所以课程也要不断地改革创新。

新中国成立以来对旧教育的改造也首先是改革旧社会的课程。随着社会的变革，我国的课程也在不断地改革。第八次基础教育课程改革，就是在新的历史时期提出来的。新课改推行至今已过去了十二个年头，这是一场直抵教育观念的文化改革，它深深影响着中国的基础教育的发展。伴随课改的逐步深入，新课程改革的核心理念得到了广大教师的认同，并引发了教育实践的一系列探索和变化；新的教学方式成为越来越多教师心目中评判一节好课的重要标准，并逐渐成为广大教师改进常态课的努力方向。中国一千二百多万名中小学教师，可谓接受了一次教育理念和思想的洗礼。但不可否认的是，虽然老师们非常认同新课改的理念，在教育实践中，仍会自觉不自觉地重走老路，仍旧面临着如何落实新课改理念的种种疑难、困惑。这样的疑难、困惑能否得到很好的解决，在很大程度上决定着课改的实际成效。

随着《国家中长期教育改革和发展规划纲要（2010—2020 年）》的颁布、

---

<sup>*</sup> 顾明远，北京师范大学资深教授，中国教育学会名誉会长。

新课标的修订，课程改革开始了向纵深发展的新阶段。当前，梳理、总结课程改革多年来课堂教学中的困惑、问题与经验并加以研究，显得尤为重要。只有认清了问题所在，才能明确我们前进的方向。在课堂教学里，在学科教学中，以往老师们困惑的问题是否依然困扰着他们？以往老师们所忽视的问题是否得到了应有的重视？以往老师们特别重视的问题是否有了新的诠释？以往老师们认为唯一的问题解决策略是否有所变化？直面并破解这些问题，是课改成败的关键，也是老师们前行的基点。我经常讲，课程实施有多个层次：最高层次是理想课程，即新的课程标准和它的理念；下位的层次是开发课程，即根据课标要求编写的教材；再下位的层次是实施课程，即老师的教学；最底层的是习得课程，即学生真正学到手的知识、能力和价值观。这几个层面，教师是关键。教师能够深刻理解课程标准，能够把握教材，改善教学方法，就能使每个学生收获学习的成功。因此，解决课改过程中教师的困惑是当前教师培训中值得关注的核心问题。

摆在我们面前的《直击新课程学科教学疑难丛书》正是在新课程改革深入推进的背景下应运而生的。该丛书基于中小学教师远程培训过程中所沉淀的一些带有共性的学科教学疑难问题，旨在为老师们解疑释惑、指点迷津，促进其专业成长，促进教学质量的提升。丛书的推出，体现了理论联系实践、课改理念与课堂行为对接的实践关怀。

其一，丛书选题的生成体现了教育研究或培训机构对实践应有的态度。与市面上很多的学科教学类指导用书不同，此丛书各分册论及的所有问题均来自一线教师，其中大多是由相应的学科专家在各个培训班级广泛征集和搜集整理、汇总成若干专题、梳理出的学科教学典型疑难。所以，丛书的内容与老师们贴得很近。

其二，丛书的作者团队让我们看到了理论工作者与中小学教师应该是一个发展共同体，在推进教育改革中应合作共进。此丛书的编写由湖南省中小学教师发展中心牵头。该中心负责湖南全省中小学教师继续教育工作，包括远程培训。在长期的教师培训工作中，他们对一线老师们在教育实践中的焦虑、困惑、疑难有着直接的体察和全面、深入的认识，对老师们的现实生存状态和内心的渴望、发展的需求有着最为真切的了解。丛书试图贴近新课程改革的前沿动态、贴近课堂教学实际疑难问题、贴近教师专业成长。在丛书的作者团队中，既有在全国及省级层面有重要影响力的课程专家、大学教授，也有国家级、省市级资深的学科教研员，更有一线的名优教师、特级教师和中小学校长，大量学科骨干教师参与了诸多疑难问题的讨论。理论研究者与中小学教师的合作，让典型的疑难问题得到了透彻的讨论，所提出的对策建议也更有见地，对中小学老师改进教学有着更好的指导意义。

　　我想，在课程改革逐步深化的今天，我们所需要的，正是这样直面教育实践的勇气与理论联系实际的智慧。《直击新课程学科教学疑难丛书》的推出，无疑是这种勇气与智慧的体现。

2013 年 10 月 9 日

# 教师专业发展与精神成长的智慧宝典

## ——写在《直击新课程学科教学疑难丛书》出版之际

◎黄超文*

自从 2000 年我国启动基础教育课程改革以来，十多年过去了。从教学大纲到课程标准，从新的课程标准颁布到再次修订并重新颁布，可以说是潮来潮往，春去春回。这期间，无论是教育思想、教育理念的确立，还是教材内容的选择、教学方法和教学手段的运用，都发生了极大变化，特别是对教学中所涌现出的重点、难点、疑点问题，怎样发现问题？怎样分析问题？怎样解决问题？这对当代中小学教师的专业水平提出了更高、更新的要求。也因此，大部分教师在课程改革的征程上，出现了困惑和焦虑。试想，如果这些教学实践中的疑难问题得不到及时的解决，教师的专业知识和教书育人能力的发展跟不上课程改革的步伐，那教育教学质量的提高无疑是一句空话，国家启动基础教育课程改革的目的也难以实现。

由此可见，要想基础教育课程改革卓有成效，要想基础教育的教学质量稳步提升，要想全体教师跟上课程改革的步伐，就必须不断提升教师的专业知识水平和教书育人的本领，帮助他们及时解决思想上的困惑和在教学中出现的各种疑难问题，急教师之所急，想教师之所想。于是，摆在我们面前的这部《直击新课程学科教学疑难丛书》也就在教育改革与发展的大潮中应运而生了。

---

* 黄超文，湖南省中小学教师发展中心主任，研究员，特级教师。

这是一部涉及基础教育全领域、涵盖所有学科的带有普遍指导意义、明理解惑的大型丛书，由上百人团结协作、殚精竭虑、克服各种困难，历时三年才得以完成。编著团队中既有课程专家、大学教授，也有学科教研员，更有一线的名优教师。他们本着求真务实、切合实践的态度，把基础教育课程改革十多年来各学科在教学中所遇到的各种疑难问题全部收集起来，统一梳理，分门别类，集中研究，联系实践认真分析，在国家基础教育课程改革总目标的统领下，把所有的教学问题置于素质教育的大背景之中进行讨论分析。根据各学科特点，遵循贴近新课程理念、贴近学科教学实践、贴近教师专业成长的"三贴近"原则，以"案例式"和"问题式"组织形式为载体，然后根据提出问题（案例角）—分析问题（讨论区）—在实践中解决问题（实践坊）—总结提炼相应问题的对应策略（智慧屋）—推荐相关拓展性学习资源（学习园）的设计路线予以科学、切实地指导与解决，从而让教师教起来得心应手，学生学起来愉快轻松，满足新课程标准提出的各项教学要求，圆满完成规定的各项教学任务，达到提高教学质量、提升教育水平的目的。毋庸置疑，这是一部站在理论与实践相结合的高度处理教学问题的具有较高实践指导价值的丛书。具体来说，本丛书还有如下几个特性。

1. 针对性

各分册中的疑难问题大多是由学科专家或辅导老师先在各个培训班级广泛征集和收集整理，汇总成若干专题和多个学科教学的典型疑难后，再发到每个远程培训的虚拟班级的教育沙龙里开展研讨，并确定骨干教师就疑难问题进行在岗实践，课程专家和辅导老师帮助答疑和分析破解，最后共同总结出解决疑难的策略和方法。实践证明，这种帮助教师解决困惑的培训和学习方式能重新点燃教师对职业的热情，犹如进行一次心灵之旅，能真正帮助教师解决教学中的问题，厘清教学的思路，明确教学的方向，使教师培训和课堂教学有机结合起来。可以说，本丛书具有极强的现实针对性，适合在新课改中既体验过快乐也体验过困惑的教师，是一套具有实践智慧的教师用书。

2. 指导性

本丛书建立在一个最基本的信念之上：优秀教学不能被降格为简单的技术，优秀教学源自教师的自我认同和心灵完善。各分册中各个专题的划分是站在教学论的逻辑角度展开的，按"教学目标—教学设计—教学组织—教学方法—教学评价—课程开发"几个方面集中组织疑难问题。书中疑难问题的解决过程其实表达了作者对教学改革的呼唤、思考与探索以及教学的痛苦与喜悦，既热情洋溢、引人共鸣，又理性深刻、回味无穷。可以说，本丛书对处于从新手到专家各级发展水平的教师，具有普遍适用性。

3. 研究性

本丛书涉及教师的"教"和学生的"学"统一过程的两大主体，突出的创新之处表现在以下几方面：一是通过案例教学的方式探讨教师多途径、全方位专业化发展和成长的模式；二是通过专家对话学习、交流各学科新课程的相关理念、方法和策略，并立足课堂发现问题，采用基于问题解决的校本研修方法，促进教师教学行为的改进，使教学与研修成为教师职业生活的新方式；三是通过同伴互助与讨论突出教师群体的作用，强调学科教师之间的互帮互学和优势互补。柏拉图认为，教育无他，乃心灵的转向。教育其实就是一种超越日常生活的对美好事物的追寻。书中的大量案例生动鲜活、充满情感，能令人信服地激起教师从事教育工作的真心，学会发现、学会思索、学会改进，促进教师的智慧成长。从这个意义上说，这既是一套教学指导用书，更是一系列教师心灵成长的精神档案。

4. 愉悦性

本丛书中提出的问题是普遍的，但又是个别的，从教师对自身完整的探索到学科教学论的实践研究，都有所涉猎。为便于教师们更好地理解和实践新课程理念，丛书各分册的作者将严肃的学科要素转换成诙谐有趣的人文表达，带来了阅读的愉悦和轻松。教与学既是一项艰巨的挑战，更是充满智慧和创造力的工作。丛书的表达形式让人觉得教学不外乎是人生中的心灵工作，是生命本身的一件乐事，既游离于学科，又与学科关系密切。而真正的教学应该是一个不断联系互动和智慧生成的过程，这才是一个真正的教师应该最终追求的。教师在自己的职业生涯中即使有困惑甚至痛苦但仍然能够坚持，这就是真正的教学勇气，它让我们保持心灵的开放。从这个意义上说，本丛书不仅是集技术性、实践性和指导性于一体的案例集，更是一部教师心灵发育和精神成长的智慧宝典。

诚然，一本好书除了整体构思、科学架构、观点鲜明、思想深刻、层次分明、语言流畅等之外，我们更注重其针对性、操作性和有效性。可能，这部丛书还难以达到整齐划一的质量要求和思想效果，缺点乃至错误也会存在，我们期待广大教师在使用过程中，能反馈意见，给予指正，以使本丛书日臻完善，真正成为广大教师的良师益友，成为教师专业发展与精神成长的智慧宝典。

# 领悟教育理念

　　曾经观摩过一个全省的小学数学学具教学比武活动。组委会对参赛课有一个特别要求：课中必须让学生使用学具。于是，无论何种内容的教学，学生课桌上的学具都是琳琅满目，学生忙得不亦乐乎。有一堂"等量代换"课为了达到使用学具的要求，教师每板书一组等量代换算式，就要求学生用学具也按算式的思路操作一次。这种场景让人有些啼笑皆非。

　　教学行为是教师教学观念的外显。上述教师认同"数学学习需要活动，需要操作"的教学理念，却没有真正理解"活动"、"操作"的目的是"促进学生的数学思考"，"让学生主动发展"。等量代换是一种典型的数学思维，是用数学的眼光解决问题的一种策略，学生学习这种策略首先应该理解为什么要"代换"，而"怎样代换"则通过学生利用合适的学具操作，探索和掌握代换的方法，这样才有利于促进学生的思考，促进学生对策略的领悟。算式本是思考后抽象的产物，板书等量代换算式后再让学生用学具操作来理解，既违背学生的认知规律，也有悖于课堂上使用学具的初衷。显然，这样的教学行为反映出教师对新课程倡导的教学理念存在囫囵吞枣甚至误解的现象。

　　教学理念是教学行为的灵魂，它主导着教学的方向、影响着教学结果。它就像是一根无形的指挥棒，左右着教师对待教与学的态度、教学资源的选择、教学进程的安排与组织，支配着教师自身的行为、态度以及对待学生的方式方法。一切教学改革的窘境或者困难都源于旧的教育观念的束缚，而教育改革的成功都源于新的教学理念的具体落实。如果对于新的教学理念不能准确理解并融会贯通，课堂教学只能是"涛声依旧"。

　　教师在长期的教学实践中形成了对教学的基本认识和基本观念，这种旧的观念会阻碍教师对新理念的接纳与理解，在惯性的作用下，教学行为与新的理念时常冲突。怎样理解新课程"以人为本"的基本理念，使学生"获得良好的数学教育"①？怎样吃透《义务教育数学课程标准（2011年版）》(以下简称《课标（2011年版）》或新课标)提出的新概念，搭建教学理念与教学行为之间的桥梁？这些问题成为横亘在许多一线教师面前的坎。

比如传统数学课强调要"训练学生的思维"，这与新课程要求的"数学思考"目标一致吗？现在提倡的数学课的"数学味"究竟是什么味？

比如"数学等于逻辑，等于抽象"这种形象似乎固化在公众的心目中，难道"形象思维"的培养也是数学教学的任务？

比如教师要"传道授业解惑"是中国几千年坚守的教育观念，当学生学习有障碍时，教师出手帮助义不容辞，但现在却要求教师学会"等待"！为什么要等待？怎样理解教学中的等待？

比如在传统教学中，几何教学无非就是让学生学习计算几何图形的面积或体积，现在的空间与图形领域教学，学生会算就行了吗？既然教学内容界定在"图形与几何"上，其教学目标该如何定位？

比如《全日制义务教育数学课程标准（实验稿）》(以下简称《课标（实验稿）》)提倡培养学生的"符号感"，而新课标却要求培养学生的"符号意识"，这仅仅是用词的不同吗？其教学要义有什么变化？

理念是行动的先导。本章借助对具体教学实例的剖析以及对以上问题的探讨，帮助一线教师沟通教学理念与教学行为之间的联系，以期促进教学理念在课堂中真正落地。

---

① 中华人民共和国教育部. 义务教育数学课程标准：2011年版 ［M］. 北京：北京师范大学出版社，2012：2.

# 1.1 数学课的"数学味"究竟是什么?

在新课改初期,数学课堂教学逐渐出现追求生活化、综合化和趣味性的风尚。一时间,课堂上热闹非凡:学习形式多样,学生活动丰富,教具、学具繁多。在课堂显现出无限生机与魅力的同时,也让教师们感到些许困惑:难道这就是我们追求的有效教学吗?数学课的教育功能怎样体现?数学的特质在哪里?许多人对此感到忧虑。"数学课不要种了别人的地,荒了自己的田!"专家一语惊醒梦中人!于是,众人觉醒,那些琳琅满目、哗众取宠的课不断受到质疑与抨击,"数学课要上出'数学味'"成了大家热议的话题。但数学课的"数学味"究竟是什么样的味?老师们莫衷一是,有的甚至迷茫、纠结……

## 案例角

### ▼"加法交换律"教学片段[①]

教师在一块小黑板上写着几组算式,要求学生口算比赛,并在作业本上写出结果。孩子们一听是比赛,顿显兴奋。教师故作神秘地出示试题:

① 37+23　　　　　23+37
② 520+640　　　　640+520
③ 1040+65　　　　65+1040
④ 100+85　　　　　85+100

可几题过后,有的孩子就把笔停在了空中,眼睛直盯着小黑板上的题,观察了数秒之后,脸上露出了轻松的笑容,似乎发现了什么大秘密。不一会儿许多孩子表示完成了练习,教师喜从心来,问其中一个学生:"你算得那么快

---

① 此案例由本书作者周锡华根据2011年4月在湖南省长沙市长沙县盼盼小学的听课记录整理而成。

呀,为什么呢?"那孩子马上露出得意的笑容,说道:"老师出的题有规律,当我算完第一、第二排的加法算式以后,我发现每一组的两个算式的加数是一样的,只不过交换了位置,它们的和还是一样的。"

听了这个学生的发言,教师异常兴奋!"我非常欣赏他的发言,特别是他提到老师黑板上的算式好像有某个特点,哪个孩子想再来说一说?"于是,好几个孩子都说到"每排算式的加数相同,只是位置交换了"。教师追问:"在他的表述中,描述这些算式特点用到了哪些关键词?"孩子们说到"交换"、"位置",教师马上在黑板上板书强调:"交换"、"位置"。接着,教师继续启发:"两个加数交换了位置以后,和怎么样?"孩子们满怀信心地说道:"和不变。"于是,教师在两个算式之间画上等号。

教师问:"谁来把这个规律总结一下?"

……

## ////////// 讨论区 ////////////

在本教学中,教师似乎已经抛弃了表面花哨的教学形式,直接从对数学内容的研究入手:先计算几组算式,让学生在计算中自然地发现算式的计算规律,进而总结出加法交换率。课堂上师生心情愉悦,对话交流不断,教学任务也轻松完成。然而,这样的课堂却让人感到平淡如水!是否教学内容较为简单,让人觉得单薄而缺乏深度?学生是否真的认识了本运算定律?学习过程中学生是否接受到了应有的思维挑战?是否要将教学内容回归到原来的繁难精深,让学生不断遭遇挑战,才显得数学味浓郁?这样的课究竟缺失了什么?

"数学味"究竟是什么味?它有着怎样的内涵?教师在课堂上要如何把握呢?下面讨论中呈现的观点反映了一线教师对"数学味"的不同理解。

## ✹ 教师沙龙

◎所谓"数学味"至少是指数学课要研究数学的内容。如果一堂课不明白究竟是语文课、手工课还是数学课,一定没有数学味。现在有的课题或教材目录是"温度"、"游花果山"等,不看具体内容真让人看了摸不着头脑,这导致教师过于关注数学的"生活味"和教学的表面形式。

◎数学是思维的体操,像上述教学中,教师虽然给了学生主动探究的机会，加法交换率也是在师生交流中产生的，但学生并没有充分经历探索、思考和反思的过程，也就没有数学味。

◎案例中师生交流的活跃是成功的开始，但不是成功的标志。数学课真正的成功必须激活学生的数学思维。如果教师对教材内容不作处理、直截了当地呈现在学生面前，或者学生轻而易举地获得知识结论，则掩盖了数学知识形成的思维过程。只有当数学思维过程充分展开之后，教师的主导作用才能体现在学生思维的"数学化"上，使数学课具有真正的数学味。

◎专注于数学的思考，强调数学的深度，虽然课堂具有"数学味"，是否会让学生觉得数学冷漠单调而艰难，从而对数学感到畏惧？如果强调三维目标的落实，什么目标都关注，则难免造成"水过地皮湿"，什么目标都是浮光掠影，落不到实处。如何处理这样的矛盾？

## ✦ 专家点拨

"数学味"是个新生词汇，它是针对数学课过于追求热闹的形式、追求学科横向综合、追求生活化等课堂问题而提出来的。"数学味"是数学应该具有的"学科气质"，强调数学课的"数学味"实质上是数学教学的理性回归。人们对"数学味"的判别从最初的"教学的内容是不是数学的内容"逐渐走向"数学教学是否把握了数学的根本"。我们可以这样理解：具有数学味的课堂就是把握了数学的本质并引导学生触摸到（或把握）了数学本质的课堂。

毫无疑问，数学课需要让学生学习基本知识和掌握基本技能，但数学不仅是知识和方法的叠加，还是人类智慧和创造力的结晶。培养人类的科学思维和透过现象看本质的能力是数学教育的主要目的。数学味浓郁的课堂除了帮助学生掌握数学知识、探究和理解数学概念以外，一定能给学生更多的理性思考、更多的思想方法熏陶、更多的理性精神和人文关怀。数学学习的过程只有具有这样的特征，才能让学生真正触摸到数学的本质。

数学知识是前人通过反复的思考、推理、验证后才得到的，静态的知识经过了复杂、激烈的思维过程才得以沉淀。小学数学所涉及的知识并不难，仅仅理解或记忆这些知识并不能真正激活学生的思维，而充分探索知识的形成过程才构成对学生思维的足够挑战。上述"加法交换率"教学，学生在计算中自然地发现了加法算式的规律，但由三组算式的计算结果与两个加数的位置关系得到的结论仅仅是学生的猜想，这个规律是否一定成立，需要进一步探究。小学生用不完全归纳法发现加法有交换加数相加和不变的规律，基于其年龄特征、知识基础和思维能力发展的水平，无法对结论做进一步的演绎证明，但并不代表探索活动可以到此为止，否则会让学生产生以偏概全的错误体验并由此产生负迁移，其思维的周密性也缺乏训练。是否任意两数相加，交换位置后和都不变？学生需要进一步质疑、探究、解释、验证，才能触及加法交换率的本质，并经历科学的探究与思辨过程，在此基础上获得这样的活动体验：不完全归纳法只考察整体的部分对象是否具有某种属性，其归纳过程是不够严谨的，存在着或然性，得到的结论有可能不正确。进而，教师应该思考的是：对四年级学生来说，试图用不完全归纳法获得结论，举出多少个例子比较合适？怎样的例子是好的例子，怎样的例子是不好的例子？让学生举例的过程仅仅是一个模仿与复制的过程，还是一个引导学生主动思考并进行试探与甄别的过程？怎样让学生明白"举例验证猜想时，反例对猜想意味着什么"？这样的学习活动才能使学生触摸到"规律"的本质，才能培养学生的理性精神和科学态度。

显然，数学课的数学味不应该仅停留在知识掌握的表层。注重对数学内容以及蕴含其中的数学思想、方法的实质性探讨，才能揭示数学的本质；而站在儿童的视角和立场，思考怎样让学生在原有的知识经验的基础上探索、感悟一些反复出现的、相通的思想方法，掌握科学研究的一般思路与方法，并由此感受到一种精神的力量，数学课堂才能体现真正的数学味。

教学中，我们应该规避导致数学味缺失或变味的一些因素。

一是走出认识上的误区。一线教师往往崇拜高深的数学知识，欣赏简洁巧妙的解题方法与技巧，以为只要挖掘教材的深度，将中学或大学的数学知识引入小学课堂，课堂就有了浓郁的数学味。其实重要的思想方法往往能以极其朴素的形式表达出来。高深的、复杂的数学知识若是蜻蜓点水式地教给学生，并不能让学生真正受益。小学数学主要是依赖观察、操作加上在学生自然生成的朴素想法的基础上提炼、提升，水到渠成的说理和结论，学生的体验才会深刻，产生的知识才具有生长性。在简单中体验深刻、在浅显中发现经典就是"数学味"的体现。

二是教学目标不必求大求全。一堂课的容量有限，目标承载过多会导致教学面面俱到，浅尝辄止，既丢失了数学味，三维目标也难落在实处。根据不同的教学内容有所取舍才能让教学有成效。

三是课堂不必过度包装。花哨的课件、刺激的声响效果易替代学生的数学思考；简单而不断重复的操作无法实现数学的抽象；过于追求生活味虽然能沟通学生的生活经验，引发一时兴趣，但生活经验与数学概念之间不仅有着必然的联系，也有着本质的区别，引导学生实现"由生活概念向科学概念提升"，才能让学生的思维一步步走向深刻。

四是注意规避由教师本体性知识缺失导致的"捡了芝麻丢了西瓜"或"有眼不识泰山"，对能反映数学本质的教育资源视而不见、挖而不得，导致课堂数学味严重丢失。

## 实践坊

## "小数的性质" 教学片段①

教师创设了一个商场购物的生活情境：某孩子去文具店买橡皮擦，妈妈告诉他要货比三家，于是他跑了三家店，三家店有同样的橡皮擦，价格分别写着：0.35 元，0.30 元，0.3 元。问题是：哪家的橡皮擦最便宜？孩子们凭借生活经验，不费劲就区分出最贵的价格是 0.35 元，但 0.30 元与 0.3 元哪个更便宜，有些孩子不甚明确，课堂讨论由此展开。

**生 1**：0.30 元贵些。

**生 2**：两种价格一样。

**师**：既然价格一样，为什么 0.3 的后面要多写一个 0？

**生 2**：也可以这样写呀，有两种写法嘛。

**师**：可以再加几个 0 吗？加几个合适？

**生 1**：0.3 的后面加一个 0，可能是表示元、角、分中单位"分"的数据吧。

**生 2**：在 0.3 后面加无数个 0 都可以，价格还是一样。

**师**：哦，可以在 0 和 3 之间加几个 0 吗？

**生 1**：可以。

**生 2**：不可以。

**师**：你们同意谁的说法？

---

① 卢峰. 小数的性质 [J]. 江苏教育，2004（9B）. 收录时有删改。

通过辩论，学生发现在 0 和 3 之间加 0 会改变数的大小。比如，在 0 和 3 之间加一个 0 变成 0.03，则橡皮擦的价格由原来的 3 角变成了 3 分，显然不对。因而，0 和 3 之间不能随便加 0。

接着，教师抛出"你们有办法证明 0.3 和 0.30 的价格是一样的吗?"这一问题，并提议分组讨论。学生利用备好的材料（每组一把直尺、几张数位顺序表、两张方格纸）开始讨论与操作验证。第一组发现 0.3 是 3 分米，0.30 是 30 厘米，它们在直尺上表示的长度是一样的。第二组发现把 0.3 和 0.30 写在数位顺序表上，它们的位数虽然不同，但"3"所处的位置相同，说明 0.3 与 0.30 相等。第三组用正方形图验证，发现在图上涂出 0.3 和 0.30 的图形一样大。

于是教师引导大家总结："通过这些操作，你们发现什么规律了吗?"师生通过对话一致明确：0.3 表示 3 个 $\frac{1}{10}$，0.30 表示 30 个 $\frac{1}{100}$，也就是 3 个 $\frac{1}{10}$，所以 0.3 = 0.30。

## 智慧屋

"数学味"就是要"拓展学习的深度"，要"开展多样化的、富有挑战性的思考活动"，这已经成为广大数学教师的共识。但简单的教学内容要上出大境界实属不易。

小数的基本性质是"在小数的末尾添上 0 或者去掉 0，小数的大小不变"。简单地掌握这一知识点对学生而言几乎没有困难。而在上述教学中，教师避开了抽象的说教与示范，把有限的数学知识融入具有亲和力和思考性的场景中，引领学生通过对关键数学问题的探究来揭示小数基本性质的本质。教学过程充分体现了数学的探索性、推理性、抽象性。其具体的教学策略可以归结如下。

第一，既关注数学问题的生活化，又重视现实问题向数学问题的转化，在揭示知识的生活意义到数学本源的过程中，让学生经历"建模"的过程。教师将"小数点末尾的 0 究竟有什么实质意义，它对小数的大小会产生怎样的影响"这一抽象的数学问题，转化成生活中的价格比较问题，又通过师生之间的对话与质疑，引导学生通过猜测、操作、验证、观察、对比来证明小数末尾的 0 对小数大小的影响，这样，既凸显数学知识的本质，又使得学生在观点交锋、思维碰撞中形成分析推理能力，感受到数学的理性精神，领悟到数学需要

"透过现象看本质"。

第二，善于借助情景制造问题，设计陷阱，引发辩论，将学生推至自主探究的前台，促使其从简单的好奇走向理性的思考。当有学生认为"0.3 与 0.30 一样，只是写法不同"时，教师通过一系列问题引发学生的探究层层推进："可以再加几个 0 吗？"，"加几个合适？"，"可以在 0 和 3 之间加几个 0 吗？"这些看似顺着学生思路的即兴发问，实则是教师精心设计的学习材料，它直接指向小数的基本性质：小数的末尾加任意多个 0，小数的大小不改变；在小数中间的任何地方加 0，都会引起小数大小的变化。这些结论的获得均由学生利用教师提供的操作材料，在探究中发现和感悟，因而体验十分深刻。

第三，关注学生的思考过程，善于在孩子朴素想法的基础上追问，推动学生接近、触及数学本质。当学生认为"在 0.3 后面加无数个 0 都可以，价格还是与 0.30 一样"时，学生虽然没有总结出小数的性质，但教师已经捕捉到学生朴素想法中的合理成分，他并没有马上要求学生讲明道理，而是紧跟着追问"可以在 0 和 3 之间加几个 0 吗？"，从而引导学生从另一个视角辨析在小数的不同位置加 0 对小数大小将产生怎样的影响，这实质上可以帮助学生更接近知识的本质，从整体上把握小数的基本性质。

由此可见，教师应当善于"将学术形态上的数学知识转化为教育形态上的数学知识"，努力在数学内涵与学生的经验和儿童趣味之间找到一种平衡，使数学冰冷的美丽转化成学生火热的思考，这样，数学课才能充满数学味。

### 学习园

1.《把握数学的本质是一切教学法的根本》，刘加霞，《黑龙江教育（小学文选）》，2008（5）

推荐理由：本文分析了数学发明中火热的思考变成现实中冰冷的美丽的原因，简明深刻地阐述了数学学科的五个本质，倡导"一个数学教师专业成长的核心是对数学学科本质的把握"。文章短小精悍，却十分深刻。

2."数学课堂应有数学味"专题，《江苏教育（小学教学）》，2010（4）

推荐理由：该杂志上有关于"数学味"的专题文章，其中不乏一些数学教育大家（如张奠宙、王尚志等）对"数学味"的独到见解和分析，读来给人启示，引人思考。

# 1.2 怎样理解培养学生的"符号意识"？

文字、图像和符号是数学的基本语言，其中最具数学学科特点的是符号语言。认识和学会使用数学符号历来被小学数学教学所重视，"用字母表示数"、"简易方程"一直是传统教学重视的内容，其教学基本围绕怎样学会用字母表示数和数量关系、怎样解简易方程而展开。《课标（实验稿）》将"符号感"描述为："能从具体情境中抽象出数量关系和变化规律，并用符号来表示；理解符号所代表的数量关系和变化规律；会进行符号间的转换；能选择适当的程序和方法解决用符号所表达的问题。"2011 年颁布的新课标则将"符号感"调整为"符号意识"，这充分说明"符号"在数学上的重要地位和在教育中的重要价值。但课程标准为什么要做这样的调整？如何理解"符号意识"？教师们对这个问题有些莫衷一是。

## 案例角

### ▼ "加法交换律" 教学片段①

教师出示教材情景图，学生思考后列出算式 $60+54=114$（千米）。在教师引导下，学生发现 $60+54$ 和 $54+60$ 可以用等号连接。于是教师要求学生再举几个这样的例子。多数学生依葫芦画瓢地举出一些算式。

**师**：你发现了什么？

学生经过探究后发现：两个加数交换位置，和不变。

**师**：对！两个加数交换位置，和不变，这就是今天学习的加法交换律。同

① 加法交换律教学设计教案［EB/OL］.［2013 - 05 - 10］. http：//www.glzy8.com/show/290847. html. 收录时有删改。

学们能用自己喜欢的方式表示加法交换律吗?

　　学生纷纷用"甲数+乙数＝乙数+甲数"、"△+○＝○+△"、"☆+□＝□+☆"等形式表示。教师仍觉得不够,问:还可用别的方式表示吗?

　　**生:**我用字母表示,$a+b=b+a$。

　　**师:**对,加法交换率就用$a+b=b+a$表示。

　　……

## 讨论区

　　谈到符号,数学老师们首先想到的是"用字母表示数"。毫无疑问,"简易方程"教学单元是培养学生符号感的有效载体,但仅靠一个单元的教学不可能完成培养学生符号意识的重任,于是有老师试图在其他内容中挖掘培养学生符号意识的因素。在上述教学中,老师就符号意识的培养做了尝试:在引导学生总结计算规律的基础上鼓励学生用自己喜欢的方式表示加法交换律,这为学生提供了用符号表示一个等式的时机。但在学生刚从几组算式中总结出来规律,还没有验证规律是否具有普适性的情况下就用符号来表示,是否能真正体现符号的通用性?学生尝试用文字、几何图形、符号来恰当地表达规律,说明学生有了使用符号的愿望和意识,为什么老师要强求学生用字母来表示?

　　发展学生的符号意识究竟具有怎样的内涵?其教学的要义是什么?深入思考这些问题有利于教师有效培养学生的符号意识。

## ✦ 教师沙龙

　　◎培养学生的符号意识就是对学生进行使用符号的教学,比如学习用字母表示数、学习用符号表示数学公式等。

　　◎符号感与符号意识的含义差不多,无非就是让学生学会用字母表示数和数量关系,并用符号进行简单的运算。我们的教学历来就非常注重学生的符号应用。所谓"符号感"也好,"符号意识"也好,不必去纠缠它们的字面含义。

　　◎由"感"变成"意识",说明符号的学习与使用在数学课程中占了更加重要的位置,要求应该是更高了。符号意识不仅仅是指会使用符号进行运算和推理，更重要的是对"用符号表示数及其运算"的理解和感受，并形成使用符号的能力。

◎数学符号具有抽象性，而小学生的思维还处于以形象思维为主的阶段，因此培养学生的符号意识不是一蹴而就的事情。从培养学生符号意识的角度思考，学生仅仅会用字母替代数并不代表符号意识强，学生并没有理解字母背后的通用性和抽象含义。教师应该让学生明白为什么要用符号，经常提供机会让学生经历"具体情境→抽象化→符号表示→深化应用"的过程，学生的符号意识才能真正得到培养和发展。

## ✱ 专家点拨

无论是数学概念、数学命题还是问题解决，都需要用符号去表征数学对象，并用符号去进行运算、推理，得到一般性的结论。因此，让学生理解和使用数学符号是数学教学的重要内容。我们可以从以下几方面理解《课标（2011年版）》将原来提出的培养学生的"符号感"改成培养学生的"符号意识"。

第一，数学符号是数学独特的语言，也是数学的工具，更是数学的方法。相对于通俗易懂、可读性强的自然语言，数学符号具有简洁、明晰、严密的特征。它以浓缩的形式准确、精练、清晰地表达和概括数学信息和规律，简单明了地体现思维的内涵及过程，反映事物的内在本质。在数学学习过程中，学生将无时无刻不与符号打交道，对数学符号的语言、工具、方法的功能和特性的认识事实上构成了学生数学学习的重要内容，成为帮助儿童从算术思维过渡到代数思维的重要载体。因此，引导儿童走进数学独特的符号世界，形成掌握数学符号、运用数学符号的能力，无疑是数学教学的重要目标。

第二，"感觉"是人们接触和认识世界、求得知识的门户，是认识世界的开端。感觉有与生俱来的先天成分。"符号感"指的是一种潜意识、直觉，其主要内涵是运用符号进行数学思考和表达，进行数学活动；而"意识"在心理学中被定义为"人所特有的一种对客观现实的高级心理反应"，其特征是自然、主动而迅速。"符号意识"是指学习者在感知、认识、运用数学符号方面所做出的主动反应，它更强调学习者的主动理解与运用符号的心理倾向，这说明数学符号的学习不仅仅需要一种直觉或感觉，更应该是积极、主动的学习和获取过程，所以用"符号意识"来反映培养目标可能更准确些。

第三，在新课标里，"符号意识"被界定为"能够理解并且运用符号表示数、数量关系和变化规律；知道使用符号可以进行一般性的运算和推理，得到的结论具有一般性"，"建立符号意识有助于学生理解符号的使用是数学表达和进行数学思考的重要形式"。[1] 国外学者亚拉伯罕（Abraham）认为符号意识应该包含以下内容：①有理解符号的能力，知道什么时候用符号、怎样使用符号；②能够读懂符号表达式的含义，在解决代数问题时能熟练地运用符号进行运算；③具有使用符号表达的意识和设计符号表达式的能力；④会选择符号进行恰当的表征；⑤在运用符号解决问题的过程中有检查符号含义的意识；⑥对符号有一种直觉感，能领会符号在不同情境下的不同作用。由此可见，培养学生的符号意识有着极其丰富的内涵。

培养学生的"符号意识"应该包含以下几个方面的教学要求。

（1）认识符号

认识符号不仅需要认识符号本身，更要把握和理解符号本质的数学意义。数学符号不仅指字母，它包括由现代的数理逻辑研究所发展起来的完整的符号系统：元素符号（如 $a$、3）、运算符号（如+、−）、关系符号（如 =、<、>）、结合符号（如（）、[]、{}）、约定符号（如∵、∴）、性质符号（如+、−）等，每一种符号都有其明确的特定含义。

无论哪种符号都有一定的抽象度，因而对符号的认识和理解应从实质上去把握。如字母可以表示某些特有的东西，不同的字母（表达式）可表示相同的东西，可以把字母看成具体事物，也可以把字母看成未知数等，这些都体现了字母表示的意义，而字母和表达式在不同的场合又具有不同的意义。

全方位认识符号，需要准确认识符号所代表的数学意义，将符号的压缩信息展开理解，特别是将符号语言转换为我们所熟悉的生活语言时，应该抓住其数学本质进行解读和表征。认识符号还需要理解符号之间的关系。比如符号与符号之间的关联（如"+"与"×"之间的关系），同一符号的多重意义的理解（如 $y=ax$ 既可表示平行四边形面积与底、高的关系，也可以表示路程与时间、速度的关系）。

（2）认识和理解符号的作用

学习符号需要让学生认识和理解用符号可以表示数、数量关系和变化规律，更需要让学生体会符号运算的优越性，知道使用符号可以进行一般性的运

---

[1]　教育部基础教育课程教材专家工作委员会. 义务教育数学课程标准（2011 年版）解读［M］. 北京：北京师范大学出版社，2011.

算和推理，利用符号得到的结论具有一般性。理解符号的作用需要经历从用抽象的字母表示数到从具体情境中抽象出数量关系和变化规律，用符号表示并进行运算、推理的过程，这是一个将问题进行一般化的过程。这个过程超越了实际问题的具体情境，深刻地揭示和指明了存在于一类问题中的共性和普遍性，经历这个过程能把人的认识和推理提到一个更高、更理性的水平。

（3）学习使用符号

发展符号意识最重要的是会使用符号并运用符号进行数学思考。这种思考是数学抽象、数学推理、数学模型等基本数学思想的集中反映，是最具数学特色的思维方式。符号化思考能使思维更加流畅、迅捷和便于创造。

一方面，使用符号指运用符号表达数学对象，这里的数学对象主要指数、数量关系和变化规律。这是一个由简单到复杂、由相对具体到相对抽象的过程。学生的学习需要经历认识数字、图形→认识运算符号→用字母表示数→运用符号进行运算和推理的过程。另一方面，能够用符号进行运算和进行符号之间的转换是会使用符号的重要标志。教学要帮助学生逐步学会将用自然语言叙述的数量关系或空间形式转化为用数学符号语言表达的方式；反之，也能将符号语言所示转化为日常问题，能看懂抽象符号所反映的数量关系或空间形式。学会使用符号还包括能选择适当的程序和方法解决用符号所表示的问题，如解方程、解决用符号表示的等量代换推理等。

## 实践坊

## "用字母表示数" 教学实录[①]

### 一、感知字母的意义

教学伊始，课件出示一张卡片，卡片后隐藏 1 个字母 $a$，缓慢移动卡片让字母慢慢露出，让学生猜猜这是一个什么数。

学生茫然，也有的说什么数都可以表示。

---

[①] 此案例由本书作者周锡华根据 2012 年 5 月在湖北宜昌参加中南区小学数学课堂教学观摩赛的听课记录整理而成，执教者为湖南省株洲茶陵县解放学校贺云智。

教师展示字母所在的数列 1，3，5，a，9，11……问："'a'在这里表示什么数？你还在哪些地方见过或用到过字母？"学生列举众多有字母的现象，如"a+b=b+a"。教师追问："刚才数列中的 a 表示 7，这里的 a 也表示 7 吧？"由此引发学生猜想：字母可以表示很多变化的数吗？

## 二、感知字母的优越性并尝试使用符号表示数和数量关系

### 1. 初步感知用字母表示数的优越性

学生续编儿歌"数青蛙"，从"1 只青蛙 1 张嘴，2 只眼睛 4 条腿"开始，逐渐往下数，学生感到越数越麻烦，于是——

师：能编一句儿歌来表示我们要数的青蛙数吗？

生：a 只青蛙 a 张嘴。

师：为什么用字母来表示，而不用 1000、10000 呢？这里的 a 可以是哪些数？

生：用 a 表示就可以想数几只就数几只。

师：那我用 b 表示青蛙的只数行吗？比如 b 只青蛙 b 张嘴。

生：可以。

师：青蛙的只数用 a 表示，为什么嘴巴的张数也用同一个字母 a 表示？

生：因为有几只青蛙就有几张嘴，所以青蛙的只数与嘴可以用同样的字母。

……

### 2. 理解并尝试用含有字母的式子表示简单的数量关系

（1）学生尝试用字母续编"（　　）只青蛙（　　）张嘴，（　　）只眼睛（　　）条腿"。在汇报时出现如下几种情况：

① (a) 只青蛙 (b) 张嘴，(x) 只眼睛 (y) 条腿；

② (a) 只青蛙 (a) 张嘴，(2) 只眼睛 (4) 条腿；

③ (a) 只青蛙 (a) 张嘴，(x) 只眼睛 (y) 条腿；

④ (a) 只青蛙 (a) 张嘴，(2a) 只眼睛 (4a) 条腿。

讨论：括号里填什么字母儿歌才编得最合适？

师生逐句评论儿歌，最后一致认同 (a) 只青蛙 (a) 张嘴，(2a) 只眼睛 (4a) 条腿最合适，因为它只用 1 个字母表示不确定的数，简单、易记，而且字母前面的数字准确地说明了青蛙的只数与嘴巴、眼睛、腿的数量之间的关系。

（2）猜年龄

**师：**（展现央视春晚演员邓鸣贺的照片）猜他有多大？

学生摇头。

**师：**当我们无法确定他多大时，可以怎样表示他的年龄？

**生：**用 $x$ 表示。

**师：**我比他大 25 岁，能表示出老师的年龄吗？

**生：** $x+25$ 。

**师：**我想用 $y$ 表示自己的年龄，你们认为用 $x+25$ 表示，与用 $y$ 表示老师的年龄有什么不同？

**生：**" $x+25$ "一看就知道老师比邓鸣贺大 25 岁，用 $y$ 表示就看不出了。

接着师生随机进行了一场根据字母所取的值口头求含有字母的式子的值的问答游戏：当邓鸣贺（　　）岁时，老师（　　）岁？当老师（　　）岁时，邓鸣贺（　　）岁？当教师问到"当邓鸣贺 500 岁时，老师多少岁？"时——

**生：**（大笑）老师，人不可能活那么长！

**师：**（故作恍然大悟状）哦，你们不是说字母可以表示任意的数吗？原来字母表示人的年龄时，是有限制的，在一般情况下不能超过多少岁？（学生回答略）如果这里的 $n$ 表示的是小乌龟的年龄， $n$ 能不能等于 500 ？

**生：**（热烈地答道）可以，因为乌龟可以活 1000 年。

**师：**（追问）如果用 $n$ 表示老师的年龄，你们的年龄该怎么表示？

……

接着，教师领着学生回顾了学过的计算公式，逐个理解了其中每个字母的含义，并体会其中用字母表示的简洁性、概括性与其约定俗成，并让学生通过自学、讨论明确了含有字母的式子特别是乘法算式的书写方法。

### 三、巩固理解

在基础练习后，教师提出了一组巩固提升练习题——

（1）筐里与筐外一共有多少个鸡蛋？

（2）第 1 组图形所用正方形的个数是"2+1"，第 2 组图形所用正方形的个数是"2×2+1"……第 $n$ 组图形所用正方形的个数是（　　　）

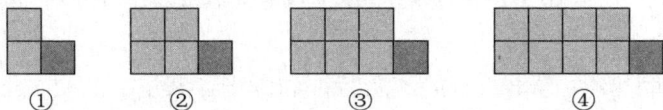

①　　　　　②　　　　　③　　　　　④

（3）出示"3 本字典"的画面和式子"$3b$"，说一说画面与式子之间有什么联系？能具体解释吗？

**生 1**：$b$ 表示一本字典的价格，$3b$ 表示三本字典的总价钱。

**生 2**：$b$ 表示一本字典的页数，$3b$ 表示三本字典的总页数。

……

**师**：如果去掉上面的画面，你觉得 $3b$ 还可以表示什么？

**生 3**：3 个苹果的总价钱。

**生 4**：3 瓶饮料的总重量。

……

## 智慧屋

用"字母表示数"是小学数学教学的经典内容，常规教学仅限于完成"让学生感知用字母表示数，学会用字母表示数的方法"的教学任务，而在如何培养学生的符号意识上思考甚少，教学着墨不多。"实践坊"中的案例有效地利用"用字母表示数"这个内容载体，较好地诠释了符号意识培养的教学要义。其教学过程具有如下特点。

（1）引导学生经历了一个"感知符号→认识和理解符号→体会符号产生的价值"的循序渐进的认知过程

每一个数学符号的诞生，背后都凝聚着数学工作者艰辛的努力，凝聚着人类的智慧，发展学生的符号意识也离不开让学生经历符号产生、运用、推广、建模的过程。教学中，老师没有把数学符号当作"一种规定的记号"简单地教给学生，而是把对符号的认识与理解渗透于教学的始终，让学生既对每一个符号的出现产生好奇感，认识它的不同含义，又从猜测字母在特定情境中的含义到如何用字母简洁、清晰地表示出青蛙的只数与青蛙的嘴、眼、腿的数量关系的过程中，了解数学符号产生的需要，体会使用符号对于清楚、简洁地表达具体的数量关系和变化规律的意义，并由此感受数学符号的抽象性，实现了从研究特定的数到研究用字母表示数的思维飞跃，使学生的符号意识和抽象思维能力得到培养。

（2）注重让学生感悟符号的本质特征和深刻含义

数学符号高度的集约性、抽象性、丰富性使简单中沉淀了丰富的意义，如果不准确理解和判断其本质含义，就会出现推理和证明上的混乱。"实践坊"中贺老师的教学则通过多种活动、多种方式来帮助学生完整理解符号的含义与概念：猜数活动中，字母没有受到任何限制，可以表示任意的数；在一组数列中，字母表示的是特定的数；而在用字母表示老师或者乌龟的年龄时，却只能在各自限定的范围内表示不同的数。这样设计使得学生能深刻而清晰地理解字母这一符号在不同情境中的不同含义和本质。这种理解将有助于学生在后续学习中使用符号进行逻辑的推理和判断。

（3）重视在沟通数学符号的生活意义的基础上，帮助学生实现符号语言与自然语言之间的相互转化

理解符号的抽象性对于以形象思维为主的小学生来说是件不容易的事，而在具体的情境中，数学符号会因生动、实在、简洁的情境而变得更容易接受和理解。上述案例中，每一种符号的出现和使用都有着现实的背景：如学生从数列规律中能够发现字母可以表示特定的数；用任意字母表示教师的年龄或孩子的年龄，学生都能根据两者的年龄差发现字母表示的具体数量，也能凭借生活经验和原有知识判定字母的取值范围，这样，字母符号所含的抽象意义便在具象的背景下生动地彰显出来。

引导学生准确地把叙述语言转化为数学符号语言，还表现在续编儿歌的过程中。教师引导学生讨论"哪句含有字母的儿歌更合适"时，实质上是讨论怎样用符号表示具体情境中隐含的数量关系和变化规律。当学生在争执、比较、推敲中发现"（2a）只眼睛（4a）条腿最合适，因为它只用1个字母表示不确定的数，简单、易记，而且字母前面的数字准确地说明了青蛙的只数与嘴巴、眼睛、腿的数量关系"时，学生不仅学会了用字母表示数，也学会了将冗长、复杂的自然语言向准确、精练的数学符号语言转换。练习最后出示3本字典和式子3b，讨论"如果去掉上面的画面，你觉得3b还可以表示什么"的问题，则是引导学生进一步沟通数学符号与生活意义的联系，引导学生有意识地运用符号去概括、表述、研究问题。因此，本课对学生符号意识的培养从符

号表示数开始，在符号运用中提高发展，在符号的转换中迁移升华。

值得注意的是，培养学生的符号意识还应要让学生学会创造符号，鼓励学生用自己独特的方式表示具体情境中的数量关系和变化规律。从自由使用到约定俗成，是发展学生符号意识的关键因素。

## 学习园

1.《从"符号感"到"符号意识"》，沈永玲，《江苏教育报》，2011-11-10

推荐理由：本文对课程标准为什么要将"符号感"调整为"符号意识"进行了深入的思考。作者以一线数学教师的视角，分析了二者之间的联系和区别以及课标对此进行调整的理由，并结合具体的符号教学内容，提出了培养学生符号意识的教学思路。全文文笔流畅，思路清晰，行文简洁明了。

2.《浅谈新课程下符号意识的含义和特征分析》綦春霞，《数学教学研究》，2012（1）

推荐理由：綦教授是数学课程与教学研究的专家，本文从专业研究的视角对符号意识的含义给出了解释，并阐述了符号意识在教学内容中的具体体现，同时对怎样培养学生的符号意识提出了具体的教学建议。

# 1.3 数学教学需要培养学生的 "形象思维"吗?

数学学科和其他学科相比,具有结构严谨、逻辑严密的特点。通常,我们把培养学生的抽象思维、逻辑推理能力作为重要的目标,在数学课堂上我们反复强调的是分析、推理、概括、总结,仿佛这样数学教学才体现了其应有的价值。对于形象思维这一类非逻辑思维的培养,始终未能引起我们的普遍关注和应有的重视,一些教师甚至认为培养学生的形象思维是"小儿科",是幼儿园教学应该完成的任务。抽象逻辑思维是否比形象思维更具优势?随着孩子的年龄增长,他们是否需要更多的抽象的理性思维?

## 案例角

### ▼ "鸡兔同笼"教学片段①

教学问题:今有雉兔同笼,上有三十五头,下有九十四足,问雉兔各几何?

**师:** 能想办法求出鸡和兔的只数吗?

学生用自己喜欢的方法解出了本问题,教师发现,90%的学生都用了方程解法,只有少数的学生在听到提问后明白老师是希望自己用多种方法解决本题,于是便用了假设法、列举法。教师注意到这一现象后,不断提醒学生还有没有别的方法,学生有的想到了改变"假设量",也有的"凑"了几种方法。

**师:** 大家用了这么多的方法解决这道题,有没有想过这些方法之间还有联

---

① 此案例由本书作者何亩文根据 2012 年 12 月在湖南省株洲市天元区白鹤小学的听课记录整理而成。

系呢？

生1：列举法和假设法其实是一回事。列举时，兔减少一只，鸡增加一只，脚就会减少2只。140和94相差了几个2，就是有几只鸡。（讲解的学生明白其中的联系，但大部分学生仍然很茫然）

生2：（一边画图一边解释）这种假设法其实相当于给所有的鸡都添上2只脚，使其都变成"兔子"。这样，多出的脚就是增加的脚，多出了46只脚，所以，应该是有23只鸡。

## ▰▰▰ 讨论区 ▰▰▰

以上案例中，老师没有止步于"鸡兔同笼"的问题解决，而是将重心放在"沟通不同方法之间的联系"上，应该说这种设计有一定高度。一开始，"列举法"这一具有普适意义的"笨办法"几乎没有学生使用，"图示法"更是无一人直接用。老师试图沟通不同方法之间的联系这一目标也无法达成。这一现象显然令老师始料未及，所以老师不得不反复提醒学生用不同的方法来解决本问题。随后，虽然学生用了几种不同方法，有个别学生也能沟通不同方法之间的联系，但大多数学生并没能真正理解这些方法之间的联系。

为什么"方程"这一解法备受学生青睐？学生缘何难以想到借助"图示"这一形象的思维方式帮助沟通列举法与假设法之间的关系呢？在方程解法有明显优势的情况下，是否有必要再去用其他的方法？当学生具备了一定的"抽象思维"能力后，是否仍然有必要培养"形象思维"能力？这两种思维是否有"优劣"或"低级与高级"之分呢？

## ★ 教师沙龙

◎类似于"鸡兔同笼"的问题被数学家及数学老师们认为是训练学生思维的载体，但其学习过程一旦跳跃初始的"形象思维"，将这类问题专题化、模型化后，我们期待的培养目标就成了一句空话。作为数学老师，重要的是培养学生遇到"陌生的题"会用一些策略来灵活解决，这往往与"形象思维"直接相关，而且，以形象（或直觉）为载体的思维方式，有时更具普适性。形象思维和抽象思维并没有优劣之分。

◎对于"鸡兔同笼"问题，低年级学生用画图法解决，三年级学生已经会用列表的思路解决，四年级已会用假设法解题，五年级用方程解决问题。六年级再教这个问题，便不能仅仅关注"解决问题"，要更好地发挥这一经典名题的育人价值，启迪学生的思维。"方程法"的过程无须借助任何形象，大脑的这种合乎数理的机械化运作，是典型的抽象思维。

◎"鸡兔同笼"传统算法——"抬腿法"中，包含着极为可贵的形象思维，这也是中国传统思维的特色之一。"抬腿"就是指所有的鸡都"金鸡独立"（即让鸡抬起一只脚），所有的兔都"玉兔拜月"（即让兔子抬起两只脚）。这样，用"脚数÷2－头数"求出兔的只数，再求出鸡的只数。这个形象思维用列式表示，就是把 $2x+4y=94$ 变为 $x+2y=47$。"减头"，就是将"$x+2y=47$"减去"$x+y=35$"。得 $y=12$。求得了 $y$（兔），自然有了 $x$（鸡）数。这种解法极富想象力，是创造性的形象思维，非常生动。

◎中国传统数学有较强的具象性、实践性和针对性，善于化抽象为具象。"鸡兔同笼"的问题设计及"抬腿法"解答就是将一个抽象数学问题转化成了一个很具象的解题过程。它非但不幼稚，反而是重要的思维品质和传统特色；而将抽象的思维转化为一种生动可感的形象，更是一个人不可或缺的能力。

## ✦ 专家点拨

在人们的印象中，数学等于逻辑思考，等于抽象思维。而实质上直觉行动思维、形象思维、抽象逻辑思维都是人类思维的基本形式，在同一思维活动中，它们可以相互启发、相互渗透、相互转化。它们之间协同活动，才能完成高级的思维过程。我国著名科学家钱学森曾经说："我建议把形象思维作为思维科学的突破口……这将把我们的智力开发大大向前推进一步。"

案例角案例中的"鸡兔同笼"实为二元一次方程组的模型，以"鸡兔同笼"命名本身就含有以形象直观的事物帮助学生建立数学模型之意。在学习方程后，学生使用方程解题无疑是一种非常便捷的方法，但这并不能否认"形象思维"在解决这类问题中的价值。如数形结合就是形象思维与抽象思维的完美结合，它既是解决问题的一种策略，也沉淀为一种经典的数学思想。

小学生随着年级升高以及不同性质的智力活动的变化，形象思维与抽象思维消长变化。在小学低年级，学生所掌握的概念大部分是具体的，可以直接感知。如"比多比少"的概念，在低年级是通过实物与实物之间的比较获得的，如比球的大小、比个子的高矮、比尺子的长短、比水果的多少等。随着年龄增长，学生通过学习集合元素的比较，学习抽象数目之间的比较，逐步掌握了"比多少"的概念。即使在高年级，学生的思维活动在很大程度上还是与面前的具体事物或其生动的表象联系着。他们在借助具体形象来思考时，往往更容易解决问题。

形象思维在不同的年龄阶段有着不同的作用。从以上案例中不难发现，不同的个体其思维发展表现出不平衡性，有的学生能直接从列式中沟通列举法和假设法之间的联系，但有的学生却只是会解题，很难理解其中的联系。因此，教师在教学时，要重视学生之间的个别差异，注意学生思维发展的实际水平，有的放矢地加以训练，使学生的"形象思维"和"抽象逻辑思维"均逐步地向前发展。

## 实践坊

### "长方体的认识"教学片段①

在认识了长方体的面、棱、顶点的特征后，教师出示一个长方形（实物纸片，长3分米，宽2分米），问学生：要做成一个长方体，还缺几个面？学生很容易知道还缺5个面。教师接着追问：你能想象得出另外的五个面分别是怎样的长方形吗？有了前面的基础，很多学生开始想象：如果这个面当作"前面"，那可以确定它的"后面"也是长3分米，宽2分米的长方形。在大家认可后，教师拿出另外一个长3分米宽2分米的长方形摆在前一个长方形的对面。接着问：还能想到哪个面？学生回答：能想到上面，也是一个长方形。一条边3分米，还有一条边长度不确定……

就这样，学生在想象和操作的基础上，依次确定了长方体的"后面"、"上、下面"、"左、右面"，并且也知道上、下面的长方形必须有一条长3分米的边，左、右边的长方形必须有一条长2分米的边，这四个面的另一条边虽然不能确定，但一定必须保持相等。学生通过互动交流和补充后，教师引导学

---

① 顾志能. 想象吧，那是一种力量："长方体的认识"教学实录与思考 [J]. 小学教学：数学版，2012（3）. 收录时有删改。

生充分想象，然后通过课件演示（如图1），帮助学生理解道理，形成共识。然后，顺势得出长方形的尺寸。最后，借助课件，完整地得出围成长方体的六个面。

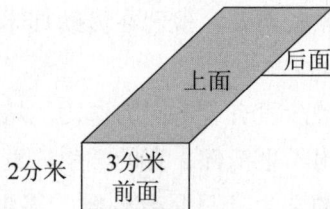

图1

## 智慧屋

教学"长方体"这个内容，除了"掌握长方体面、棱、顶点的特征，理解长、宽、高的含义"这些基本目标之外，"发展空间观念"是一个更上位、更有利于学生后续发展的重要目标。这里的"空间观念"是指物体的形状、大小、位置、距离、方向等在人头脑中的映象，是空间知觉经过加工后所形成的表象。这显然是"形象思维"。要通过"长方体"一课发展学生的形象思维，绝不能止步于观察，要很好地利用"想象"这一方式，帮助学生把长方体的面、棱、顶点的特征以及它们之间的内在联系在头脑中建立清晰的表象。让学生说出长方体面的特征，通常情况下，老师们都会有这样的设计。但是，能说出特征的学生是否在头脑中有了长方体的面的清晰表象？恐怕不见得。老师以"给定一个面，想另五个面"为载体，引导学生开展自由想象，然后通过反馈交流，尤其是通过后续的再想象以及课件演示，使学生系统地经历了一次从一个面到六个面的组建过程。在这样的过程中，学生运用他们的形象思维，从整体到局部、从局部到整体地对六个面进行拆分、拼接，从而加深理解了面与面之间的联系，甚至体会到棱的形成及棱与面之间的关系。上述案例可谓是培养学生形象思维的一个经典案例。

我们可以这样理解培养学生"形象思维"的意义。

第一，形象思维是人头脑中运用形象（表象）来进行思维。很多发明都始于形象思维。比如牛顿万有引力的发现、锯子的发明、飞机的发明……这些都充分说明，形象思维实质上是人们的直观感觉在现实生活中的的应用，这种直觉就是以形象思维为基础，在此基础上进行充分的联想、想象和创造，最终有了一个又一个发明创造。

第二，小学生以具体形象思维为主，逐步向抽象思维过渡，这个阶段的抽象思维仍然有很大的具体形象性。但是，在我们日常教学活动中，研究如何培养学生抽象思维能力较多，研究如何培养学生形象思维能力较少，造成在实际教学中学生在对具体事物（图形）直观感知以后，教师还没有引导学生对直观感知的材料进行概括，在学生头脑中形成鲜明的形象，并能运用这种形象进行思维，就直接跳到抽象概念，使学生对所学的知识一知半解。在很多概念教学中，教师都会呈现一些实物图让学生观察，就会出现这种现象。如"角的认识"一课中，有的老师让学生"摸一摸"，在学生产生尖尖的、直直的这种直觉后，马上就抽象：尖尖的我们把它叫顶点，直直的我们把它叫边，这种图形我们把它叫角。待到学生认识长方体、正方体时，学生带着这种不完善的认识，以为长方体、正方体都有八个角（实际是八个顶点），应该说，这种现象在我们的课堂中还较为普遍。

第三，形象思维的基本形式包括表象、联想和想象。事实上，在课堂中让学生获得丰富的表象，充分发挥学生的联想和想象思维，也是提高教学质量的需要。这主要是因为表象是对感知过的对象产生的映象，它既能直观地反映现实，又有一定概括性。因此，在教学中我们常常提醒学生注意"画图"、"列表"等解决问题的策略，而这些策略往往能形象地反映一些较为抽象的数学内容。掌握了这些方法，可以使学生能更顺利、准确地解决问题。例如，在教学一道分数加法题 $1-\dfrac{1}{2}-\dfrac{1}{4}-\dfrac{1}{8}-\cdots-\dfrac{1}{128}$ 时，如果引导学生画一个正方形代表1，在此基础上依次减去所剩图形的一半，很快便能得出结果，比起常规的"通分"方法更为简便。数学是思维的体操，也是公认的比较抽象的一门学科，但如果能架设好从抽象到形象的桥梁，很多时候能起到事半功倍的效果。

我们要紧扣影响小学生形思维的几种因素（表象、想象和联想）培养学生的形象思维能力。

（1）直观教学，培养学生的形象思维能力

直观教学是培养形象思维能力的有效手段。例如，在教学平行四边形面积时，将平行四边形纸片沿高剪开，拼接成长方形，并将接前和拼后的图形展示在黑板上，学生马上就能发现转化前和转化后面积相等，周长却发生了变化。同样，将一个由硬纸板做成的长方形框架拉成平行四边形，并将拉前和拉后的图形展示在黑板上，学生就能发现周长没变，面积却缩小了。

（2）数形结合，培养形象思维能力

数学是数与形结合的学科。各种类型图形，给大脑的形象思维提供了丰富的表象，同时调动了人的右脑主动积极地思考，使人变得更加灵活、聪明。例如，我们解决问题常用的线段图就属于半抽象的事物，对理解数量关系十分有利，而且对学生形象思维能力的发展起着重要的作用。

（3）引导想象，发展形象思维

现代认知心理学认为，人脑不但可以储存表象，而且可以对储存的表象痕迹（信息）进行加工改组，形成新的表象。例如，教师在教完梯形的认识后，便可引导学生想象：如果把梯形的上底慢慢缩短至0，梯形会变成什么新的图形？如果把梯形的上底（默认为比下底短）延长到与下底相等，梯形又会变成什么图形？在想象的基础上，学生便能很好地把学过的三角形、平行四边形和梯形进行沟通。有了这个基础，在教学完平面图形的面积计算公式后，教师又可以引导：如果要用一个面积计算公式计算所学的长方形、正方形、平行四边形、三角形、梯形的面积，会选哪一个呢？这样，学生很容易把长方形、正方形、平行四边形看成上、下底相等的梯形，把三角形看成上底为0的梯形，用梯形的面积计算公式来统一这几个图形的面积计算公式。

///// 学习园 ////

《小学数学教育学》，梁镜清、袁运开，浙江教育出版社，1993

推荐理由：本书以小学生数学学习过程的分析为基础，按照学生的思维特点和小学数学课程的目标，得出相应的教学原则和方法，使数学教学的规律有所依循。其中关于形象思维与抽象思维的阐述也非常清晰。全书通俗流畅，体现了时代精神，具有实用价值。

# 1.4 在图形与几何领域，教学如何定位？

几何知识在我国小学数学教学中一直是重要的内容，但 2000 年前各个时期的"教学大纲"大都侧重长度、面积和体积的计算。直到 2000 年《九年义务教育全日制小学数学教学大纲（试用修订版）》中才在提出要培养学生的空间观念的同时，明确提出"求面积计算的数据不应过繁。组合图形面积作为选学内容，只限于两个图形的组合"①。《课标（实验稿）》和《课标（2011 年版）》在重新审视传统几何课程目标的基础上，重新明确了几何教学的目标，即经历图形的抽象、分类、性质探讨、运动、位置确定等过程，掌握图形与几何的基础知识和基本技能，建立空间观念，初步形成几何直观。

## 案例角

### ▼"平行四边形面积计算"的练习设计②

（1）算出下面每个平行四边形的面积。

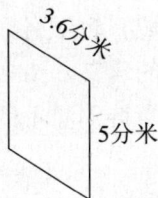

---

① 中华人民共和国教育部. 九年义务教育全日制小学数学教学大纲 [M]. 北京：人民教育出版社，2000.

② 此案例由本书作者张新春提供。

（2）计算下面每个平行四边形的面积。

① 底＝24 厘米，高＝18 厘米。

② 底＝4.3 米，高＝3.7 米。

（3）下表中给出了平行四边形的底和高，通过计算把平行四边形的面积填在空格里。

| 底（厘米） | 38 | 70 | 21.5 | 18 |
|---|---|---|---|---|
| 高（厘米） | 21 | 6.2 | 9.8 | 5.2 |
| 面积（平方厘米） | | | | |

（4）有一块平行四边形的菜地，底是 27.6 米，高是 15 米。每平方米收油菜 6 千克。问这块地收油菜多少千克？

（5）有一块平行四边形的麦田，底是 250 米，高是 78 米，共收小麦 13650 千克。问这块麦田有多少公顷？平均每公顷收小麦多少千克？

## 讨论区

以上练习设计，几乎无一例外地指向平行四边形面积计算公式的直接运用。第 1 题是直观图形计算面积，第 2 题是根据抽象的文字条件直接计算面积，第 3 题是以表格的形式，对面积计算公式进行巩固，第 4、第 5 两题，是以应用题的形式来巩固面积计算公式，通过这些练习，学生当然可以巩固平行四边形的面积计算公式，但这些练习呈现方式相对单一，练习目标也相对单一。

在图形与几何教学领域，教学目标该如何定位？除了计算以外，教学目标是否还应该被赋予更深远的含义，诸如几何直观、空间观念的培养，基本思想方法的渗透？传统几何教学特别注重的"计算"与其他教学目标有什么联系？

## ✦ 教师沙龙

◎小学生学习数学公式时，要掌握一个公式，离不开应用。因此，在"平行四边形面积计算"一课中，安排这些练习题是恰当的。

◎练习过于机械，每个问题都是给出底和高，求面积。这样的学习对学生的发展意义不大。

◎什么是教育？当学生把老师所教的东西都忘记了，剩下来的东西就是教育。这样的练习，如果哪一天学生忘记了平行四边形面积计算公式（这是完全有可能的），那还有什么可以剩下的呢？

◎练习与学生的实际生活联系不紧。第1、2、3题就不用说了，与生活几乎没什么联系。第4、第5两题中提到的土地也是规规矩矩的平行四边形。

## ★ 专家点拨

重视几何计算（即根据相关公式计算）是我国几何教学的重要特点，课程改革以前，我们国家的数学教育"以四则计算为中心"，相应的几何教学"以求面积为中心"。尽管从1992年到2000年的"教学大纲"中，对空间观念的概念作了一些描述，但落实到具体的教学要求上，还是非常少的。2000年的《九年义务教育全日制小学数学教学大纲（试用修订版）》中，在几何方面，对三年级的要求是：会计算长方形和正方形的周长，掌握长方形和正方形的面积计算公式。对五年级的要求是：掌握平行四边形、三角形、梯形的面积计算公式，会计算长方体、正方体的表面积；掌握长方体和正方体的体积计算公式。对六年级的要求是：掌握圆的周长和圆面积的计算公式，会计算圆柱的表面积和圆柱、圆锥的体积。在实践中，为了达到这些要求所进行的教学，占了小学几何教学的很大一部分比例。笔者手上有一本北京师范大学1996年出版的《中国特级教师教案精选：小学数学分册》，书中共选编了42份特级教师的教案，其中有7篇是几何内容，这7篇教案中，有6篇是面积与体积的计算，由此可见面积与体积的计算被重视的程度。

几何计算是"图形与几何"部分教学的重要目标，但不是唯一目标，甚至不是最主要的目标。就以上案例的练习设计而言，教师较多关注的仅仅是基础知识与基本技能。上海特级教师潘小明对海明威提出的"冰山原理"有一个自己的解释。潘老师认为，这一原理说明，显性的数学知识只是冰山很小的一部分，隐藏在冰山水上部分之下的，是更为基本、更为重要的数学思想方法、数学思维、探究策略、数学精神、数学情感、数学态度等。具体到图形与几何领域，其教学内容是来源于几何学。我们不妨考虑一下几何学的起源，几何学源于人类对客观世界的空间形式的抽象，通过这种抽象，人类获得了最原始的几何概念，这些最原始的几何概念加上逻辑的手段，使得几何学得以不断发展。这一过程中，就体现出很重要的思想方法，比如抽象的思想、公理化思想等。另外，在解决几何问题的过程中，常常需要用到基本的数学思想方法，如化归、类比等。因此，无论从几何学本身的特点看，还是从几何学的教育价值来看，图形与几何（《课标（2011 年版）》之前称"空间与图形"）领域的教学目标都不应该仅仅定位于计算。《课标（2011 年版）》对数学课程具体目标的阐述中，和图形与几何领域有关的有如下内容：知识与技能方面，要求学生"经历图形的抽象、分类、性质探讨、运动、位置确定等过程，掌握图形与几何的基础知识和基本技能"[1]；数学思考方面，要求学生建立"空间观念，初步形成几何直观，在参与观察、实验、猜想、证明、综合实践等数学活动过程中，发展合情推理和演绎推理能力，清晰地表达自己的想法"[2]。从这些目标的表述中可以看出，作为义务教育阶段数学教育纲领性文献的数学课程标准，对图形与几何领域的目标定位远不限于计算那么简单，而是更为深刻，更为丰富。

## 实践坊

### 平行四边形面积[3]

教师出示一个边长分别为 5 厘米和 7 厘米的平行四边形，要求学生想办法计算面积，通过讨论，最后剩下 35 平方厘米和 28 平方厘米两个答案。

教师提出问题：那下面我们要做什么事情？

学生认为应该讲道理。教师让学生前后 4 人为一小组，积极讨论。

经过讨论，一些学生仍然认为是 28 平方厘米，教师要求这些学生说说自己的理由。

学生借用讲台上木条制成的平行四边形框架，边演示边说明：平行四边形的周长是不变的，而里面的面积是会变的。

**师：** 你能说出 28 平方厘米是怎么思考得出的吗？

---

① 中华人民共和国教育部. 义务教育数学课程标准：2011 年版 [M]. 北京：北京师范大学出版社，2012：8.

② 同①，第 9 页。

③ 潘小明. 数学思维的发展不是空洞的："平行四边形"教学实践及思考 [J]. 人民教育，2012 (12). 收录时有删改。

生：我是用排除法算出的。因为平行四边形变成长方形的时候，它的周长是不变的，面积是变的。长方形的面积是 35 平方厘米，平行四边形的面积就不可能是 35 平方厘米的，剩下的是 28 平方厘米反而是对的了。

师：你知道人家 35 平方厘米是怎么算出来的吗？

教师鼓励其他同学说一说。这个时候，一共有七八个同学积极举手，要求发言，学生的观点是：用平行四边形底边的长度 7 厘米乘以左边 5 厘米的那条边长，就算出面积是 35 平方厘米。

教师引导学生讨论：这样计算得到 35 平方厘米，你同意吗？

学生继续讨论。一名学生明确表示不同意，并指出：通过平移，把三角形平移过去就能得到一个长方形，这个长方形的长 7 厘米，宽 4 厘米，面积自然是 28 平方厘米，因此，平行四边形的面积也就是 28 平方厘米。

结合学生的回答，教师进行课件演示：将平行四边形沿高分开，平移，得到长方形。

另一名学生认为，他们也是把平行四边形变成一个长方形（他们的方法是"拉一拉"），只是长方形的长是 7 厘米，宽是 5 厘米，所以，面积是 35 平方厘米。

教师演示这名学生所说的"不剪开平移，拉一拉把平行四边形转化成长方形"的办法。学生认为长方形的面积确实是 35 平方厘米，从而平行四边形的面积也是 35 平方厘米，教师佯装支持这种方法。

师生继续讨论，一学生指出，这样"拉一拉"，高发生了变化，长方形的面积比原来平行四边形的面积大。另一学生指出，平行四边形是可以任意拉的。

教师进行操作演示，如下图：

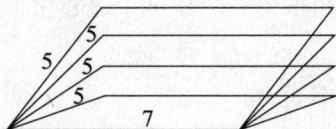

师生对于这种变换进行了讨论。

师：同学们思考，拉一拉，面积和原来一样吗？继续拉呢？这样不断地往下拉，平行四边形快变成一个什么图形了？

众生：快变成一条线了。

师：平行四边形快变成一条线了，那它的面积呢？

**生**：面积快成 0 了。

**师**：是呀，这 5 乘 7 等于 35，还成立吗？

同学们异口同声地喊："不成立！"有同学还补充了一句："绝对不成立！"

## ////// 智慧屋

"平行四边形面积计算"是"图形与几何"领域的典型课例。通常在教学中，我们强调如何实现平行四边形向长方形的转化（一般是出示一个一般的平行四边形，让学生通过剪一剪、拼一拼的方法转化为长方形），强调平行四边形的底与长方形的长，平行四边形的高与长方形的宽，平行四边形的面积与长方形的面积之间的关系。在此基础上理解平行四边形面积计算公式，随后进行一些面积计算的练习。我们不难发现，这样的教学，其目标主要定位于基础知识与基本技能。与这样的目标定位相比，实践坊中的教学强调基本思想与基本活动经验，强调提高学生发现问题、提出问题、分析问题和解决问题的能力，并通过以下教学过程落实这些目标。

1. 从研究具体问题开始

本课例中，教师首先直接提出问题——如何计算手中具体的平行四边形的面积，并给学生充分的时间进行研究。在此，平行四边形面积的计算不是一个需要学习的知识点，而是一个需要学生研究解决的问题。面对这样一个问题，学生积极思考，想各种办法进行计算，得到了不同的结果。这些结果都是学生自己研究所得。在教师的引导下，学生一起来讨论这些结果的合理性。有些结果很快被判定为错误，最后集中在两个答案的判定上。这两个答案一个是由底乘高得到，另一个是邻边相乘得到。在这个过程中，学生分析问题、解决问题的能力得到提高。

2. 在充分的讨论中明确算法

邻边相乘计算平行四边形面积的算法，是学生根据长方形面积计算方法类比得到的。这种类型的思路是特别值得珍视的，尽管这一次类比得到的结论是错误的。本来，对于学生研究的这个具体的平行四边形而言，由于有学生用割补的办法计算出其面积为 28 平方厘米，从而就说明了 35 平方厘米这个答案是错误的，如果从学会平行四边形面积计算的角度来看，就可以直接去掉那个错误答案了，但教师没有这样做，而是让学生充分发表自己的看法，不断从各个方面讨论邻边相乘的方法是否正确。在这个过程中，学生通过质疑、辩论等形式，不断地发现、提炼出问题。

3. 关注数学思想方法

通过不断"拉一拉"的过程，学生对平行四边形的变化情况进行了观察和比较，他们从"变化"中找到了"不变"。在这里，变的是"拉一拉"所得到的平行四边形的面积，不变的是这些平行四边形的面积大小与它的底和高有关。这样就揭示出了平行四边形面积的计算公式。同时，通过"拉一拉"，将平行四边形拉成一种特殊的形状（高越来越小），学生还意识到邻边相乘是不可能得到一般的平行四边形的面积的：如果这样的话，那个面积明显接近于0的平行四边形，也用邻边相乘计算面积，显然不可能得到正确的答案，这其实是一种归谬的方法。另外，在探究活动过程中，学生也体验了无限逼近的思想和从特殊到一般的思想。

## 学习园

1.《数学思想概论（第2辑）：图形与图形关系的抽象》，史宁中，东北师范大学出版社，2009

推荐理由：作者以专业又通俗的文笔对图形与几何领域的基本思想进行了阐述。全书共分10讲，分别是"图形的认识"、"图形的表示"、"图形抽象的思想基础"、"图形抽象的典范"、"几何作图及相关数学发展"、"平行线及相关的数学发展"、"公理体系的数学发展"、"图形的量化"、"图形的变换"和"图形的抽象"。了解这些内容，对我们深刻理解图形与几何的教育价值十分重要。

2.《小学生空间观念的发展规律及特点研究》，刘晓玫，东北师范大学博士论文，2007

推荐理由：文章从课程的角度出发，利用自行编制的空间观念发展水平测试卷对小学生空间观念的发展水平、发展规律和性别差异等进行了分析和研究，得出了相关的结论，这些结论对于我们认识和了解小学生在空间观念方面的发展规律和特点提供了重要的事实依据。

# 1.5 怎样理解教学中的"等待"?

学生掌握知识与形成能力孰轻孰重?老师一般都会认为,两者同样重要,或者说形成能力比掌握知识更重要。然而,这种教育理念在实际教育过程中的落实情况却因各种因素的干扰而难尽如人意,有时还会被忘到九霄云外。比如,在具体的教学过程中,我们可能更关心一节课的进度是否如期进行,教学任务是否顺利完成,学生是否正确地掌握了所教的知识点,学生每一次答问的正确性、作业的正确性……在课堂上,教师提出问题后,并不在意给学生思考的时间是否充分,当学生的回答不是自己期望的答案时,教师往往急于重复问题或转问他人,甚至自己代答,以此求得标准答案的快速获得,求得教学过程的顺利与完美。

## ▨▨▨ 案例角 ▨▨▨

### ▼ 案例1 "时 分 秒"教学片段①

教师出示钟面让学生观察钟面上的时针和分针发生了怎样的变化:现在钟面上是什么时间呢?学生得出两个答案:"9时1分"和"9时5分"。

**师**:看来大家都认为时针过了9就是9时多。多多少,看分针,分针走了多少?

**生**:分针走了一大格。

**师**:分针走一大格就是5分。现在钟面上是几时几分呢?

教师板书"9时5分",并要求学生拿出小闹钟拨一拨,数一个大格里有几个小格。

---

① 此案例由本书作者刘登峰老师提供。

生：一大格里有 5 个小格。

师：那一小格是多少分呢？

生：1 分。

师（课件演示）：一大格果然是 5 分。如果分针再走一小格，现在钟面上是多少分？

生：6 分。

师：你怎么认出是 6 分的？

生：我是接着 5 分数的，就是 6 分。

师：你数得对极了，就是 6 分。

……

师：谁来说说分针从 12 走到 2 走了多少分？

生 1：走了 10 分。

师：说说你是怎么数的。

生 1：我是 5 分加 5 分，就是 10 分。

师：你是数大格，5 分 5 分数的，这种方法好，既简单又快速。还有谁能用不同的方法也能数出是 10 分？

生 2：我是 6 分加 4 分。

师：你真爱动脑筋，想出了与众不同的方法。

## ▼ 案例2　"简易方程"教学片段①

在认识方程后的课堂练习中，老师只设计了一个活动——"数学超市"：用"6"、"$x$"、"48"、"$2x$"让学生自选数据，组列方程，并选择其中部分方程求解。学生兴致很高，组列出了大量的方程，并正确地解出了这些方程。在展示学生作业时，一个学生列出"$6x+2x=48$"，教师只淡淡地说了一句："哪来的 $6x$？"

①　此案例由湖南省岳阳市岳阳楼小学柳中平老师提供。

## 讨论区

认识几时几分是学生认识时间的一个难点。教师试图让学生在观察钟面的基础上尝试认识几时几分。学生回答是"9时1分"和"9时5分"时，实质上反映了学生的两种典型认识：一个是明确了分针走一大格是5分，另一个则把分针走一大格看成是经过了1分，而分针走一大格究竟是多长时间是认识时间的关键之一，教师应该通过反问和引导让学生观察、思考，并掌握认读几时几分的关键是"要将分针与时针同时看"，先看时针确定是几时"多一点"或"差一点"，至于多多少、差多少则要看分针，分钟走了几小格就是几分。让学生多花一些时间探究一大格对于分针和时针的不同意义，必将使学生对几时几分的认读更加深刻。遗憾的是，教师很快就总结了学生的发言，并将认读时间的方法和盘托出，学生没有时间去反思两位同学的回答是否合理就被动接受了教师的灌输。在此教学片段中，教师替学生做总结的现象比比皆是，教学虽然顺利进行，学生的思维并没有被激活。

在"简易方程"教学片段中，学生用"6"、"$x$"、"48"、"$2x$"四个元素组合出"$6x+2x=48$"实质上是一种创意，它说明学生对方程的理解不仅到位，而且深刻，它为课堂呈现了方程的另一种形式。通过对这个方程的判别，可以让学生巩固对方程概念的理解，更可以开阔学生关于方程领域的视野。然而学生的创意不仅在教师"哪来的$6x$？"的评价中扼杀，也使得有效的教学资源在不经意中流失。

以上两个教学片段反映了教师在课堂教学上的一种普遍心态：急于求成！教师在教学过程中是否需要等待？是否能允许孩子慢慢成长？

## ✭ 教师沙龙

◎很多课堂上虽然有师生对话，但教师对学生的反馈其实并不真正关心，心里装着的仅仅是标准答案。这样导致教师不思考学生的思维过程，不重视对学生答问的理解，课堂上的反问、启发、点拨也就只是为了追求最接近正确答案的回答，久而久之会抑制学生思维的发展。所以，教师应该在课堂上学会适当地等待，等待学生自己发现问题，等待学生自己找到答案，等待学生自己总结与梳理。

◎现在的教学基本还是沿着自主探究、师生交流对话的思路去完成的，说明教师已经尊重了学生，启发和引导了学生，这是否算是等待了学生？当然，等待学生自主探索出正确答案当然是好的，但是课堂只有40分钟，有时学生答非所问，老是走不到教学的正常轨道，教师难免急躁，担心不把握时间、调控节奏，教学任务完不成。等待了半天学生还是找不到答案，岂不是得不偿失？

◎教师在心里也知道要启发学生自己思考、自己得出结论，但不知道在什么时间、哪个环节应该等待学生。教师的课堂等待是否有什么技巧？

## ★ 专家点拨

孩子成长、成熟是一个渐变的过程，教育只是促进其成长的外因，"外因通过内因起作用"是一种自然规律，违反这个规律会适得其反。

上述教学反映了教师急躁的典型现象：一是当学生的回答不是教师心中预期的完美答案时，教师情不自禁代而作答、代而总结，堵截了学生思考的时间和空间；二是教师认为学生的回答有错时，并不去思考学生反馈中的合理成分或者出错的原因，而是贸然否定，导致学生的创意和学习热情被扼杀，一些关键的教学资源流失；三是教学依旧沿用小碎步式教学，课堂缺乏适度的等待时空。

其实，孩子都是愿意思考、愿意学习的，数学教育的本质是促进孩子的思考。灌输硬塞虽然快捷，但容易让学生养成学习的惰性，对知识的一知半解更会让学生失去学习的后劲。如果教师多一份淡定，多一份耐心，多一份等待，学生获取的将不仅仅是知识，还有对思考的热情与能力。

"等待"是一个动词，原意指"不行动，直到所期待的人或事出现"，其实质是一种表面静止下的动态过程。教育中的"等待"则是指教师放慢教学的脚步，期待学生的慢慢觉醒，等候有利的施教机会。

"等待"遵循的是"以人为本"的教育理念。孩子是发展中的人，其生理和心理的不成熟、不协调往往会导致行为上出错与反复，而孩子正是在这种不断尝试错误又排除错误的过程中认识世界、认识自我、完善自我、不断成长成熟的。人的成长有其普遍规律，但个体的发展速度却因人而异，因时而异。等待可以让学生感受到教师对自己的理解和尊重，从而保持一种平和的心态投入进一步的学习与思考中；等待可以让教师冷静观察、寻找教育的机会和对策；等待可以为教学的瓜熟蒂落、水到渠成提供机会。"不愤不启，不悱不发"揭示的正是这样一种教育规律。

"等待"展示的是教师良好的教育心态。愿意等待意味着教师面对教学不顺时不心浮气躁，不急于求成。愿意等待意味着教师在教学设计时不是千方百计地架桥铺路，而是设置适宜的有挑战性的问题或活动，使学生经历不断思考、纠偏的过程；当学生出现障碍或问题时，不奢望通过一两个学生的回答就得出结论，而是满怀信心地引导学生反省和觉悟。愿意等待意味着教师用真诚去面对学生，当学生反馈时，不是只关注自己心目中的标准答案，而是会静心倾听学生的心声，分析、推断学生的思维过程；当学生错误不断或是答得文不对题时，不是仓促追问或者越俎代庖地和盘托出正确答案，而是力求捕捉反馈中的合理与不合理成分，并转化成教学资源。即使面对学习明显弱势的孩子，也有足够的宽容与耐心。

"等待"是一种积极的教育干预。等待不是袖手旁观，不是对问题学生的纵容、漠视不管和放弃，更不是不讲教学进度与效率。等待也应讲究成本，考虑等待的价值。善于等待的教师是以学生的发展为己任，以课程目标的落实为己任；善于等待的教师会在设计中为学生留下自主探究的时空，为孩子犯错与纠错留下机会；善于等待的教师会把握等待的时机，比如在学生遇到疑难时等待，在学生出现错误时等待，在学生观点碰撞时等待；善于等待的教师会特别关注师生之间、生生之间交流中出现的分歧点，静观其变、延迟理答，既为学生提供思维碰撞与摩擦的平台，也为自己把握学生的学习状态、思考教育对策提供时间；善于等待的教师会在等待中捕捉有效的教学资源，抓住学生思维的闪光点、解决问题的困难点，放大学生言行中隐含的信息加以追问或点拨，让学生经历一个"山重水复疑无路，柳暗花明又一村"的心理过程。有了这种刻骨铭心的自悟过程，才能瓜熟蒂落，此所谓"磨刀不误砍柴工"。

## ///// 实践坊

### "轴对称图形"教学片段[1]

在认识对称图形以后，老师让学生分组，每组发放了一个信封，内有圆

---

[1]　此案例由作者周锡华根据网络视频记录整理而成，执教者为江苏省南京市北京东路小学张齐华老师。

形、长方形、正方形、平行四边形等平面图形，请学生判断哪些图形是轴对称图形。

老师建议大家可以先猜猜，然后再用准备好的图形折一折，验证一下。学生通过研究后，开始汇报。

**生1：**（举着一个平行四边形）平行四边形是轴对称图形，因为它分成两个部分，就可以完全重合了。（边说边将手中的菱形对折，以说明自己的理由）

**生2：**不是，平行四边形对折不可能重合。（边说边举着手中的一个常规的平行四边形演示）

此时，全班学生有些迷糊，似乎他们两人说的都对，不知道该支持谁的观点，一时间课堂气氛有些紧张。此时教师沉稳地走向生2，并与他握手。

当该学生正为自己的答案庆幸时，教师说道："握手并不是表示赞同你的意见，而是因为你给我们的课堂带来了第二种声音。"

接着老师让支持与反对"平行四边形是轴对称图形"观点的同学分别说说自己的理由。

生1在反思中对自己的结论有些迟疑，意识到如果手中的平行四边形不通过剪拼的话，可能就不是轴对称图形了。

**师：**哦，你是在心里将这个图形剪成一个特殊的平行四边形了？如果就指这样一般的平行四边形，它是不是轴对称图形？

学生一致摇头，说"不是"。

## 智慧屋

这是被老师们称为"数学王子"的张齐华老师展示的"认识轴对称图形"的片段，个中精彩举不胜举，而"辨别一组图形是否是轴对称图形"的片段给人印象尤为深刻。其成功源于以下几个因素。

1. 崇尚等待的教育理念，本着从容大度的心态对待课堂出现的意外

按课前的教学预设，判断平行四边形是否是轴对称图形是教学的难点，应该会在判断其他图形之后出现。然而学生一开始汇报交流就对平行四边形的判断出现分歧，这出乎意料的状况令讨论伊始就进入紧张状态。面对学生的僵

持，张老师并没有简单地表扬结论正确的学生，而是坦然应对，机智地与表达不同看法的学生握手，以示欣赏和鼓励，并说明"握手并不是表示赞同你的意见，而是因为你给我们课堂带来了第二种声音"。如此评价表明教师理解学生提出的哪怕是错误的见解，课堂的讨论由此在从容中进行，不同观点在辨析中明确。

2. 懂得等待的技巧与艺术

教师善于在等待中倾听，并捕捉学生的言外之意，将其提炼成有效的教学资源。对于判断错误的学生，张老师不是含糊其词、敷衍搪塞，也不是直奔标准答案仓促追问，而是针对分歧鼓励学生各抒己见，大胆说自己的理由。从生1反馈的"如果单讲这个图形，不让剪的话，就不是轴对称图形"中，教师敏锐地捕捉到学生的言外之意，明白了学生的分歧来自于对不同的平行四边形的判断，于是追问：如果单指一般的平行四边形，你认为是轴对称图形吗？于是学生开始反思自己的思路，顺势得出正确的结论。由此我们明白：会等待的老师首先要善于倾听学生的心声，了解他们的妙想、他们的错误甚至离经叛道，并理解和接纳他们的想法。等待不仅能让教师把握学生的学习状态，孩子们的奇思妙想也为课堂带来无尽的惊喜与快乐！

3. 善于在等待之后帮助学生突破思维的瓶颈，重燃学习的热情

在等待中教师对学生的引导并非不痛不痒的反问，而是在耐心倾听学生判断的理由之后将讨论的主题提炼为"关于一般的平行四边形与特殊的平行四边形是否是轴对称图形"，这使得学生的思考趋向于对问题本质的认识。教师紧接着追问"平行四边形是（或不是）轴对称图形是否适用于平行四边形的所有情况"，对这个问题的辨析不仅帮助学生顺利得到正确的结论，而且深刻体验了数学语言的严谨性。

本片段的交流源于教师对学生认知的等待。虽然花费了一定的时间，但它不仅使学生对"平行四边形是不是轴对称图形"的认识从混沌到清晰，而且让学生体验到一种理性思辨的数学精神。课堂上"忽如一夜春风来，千树万树梨花开"的繁荣景象正是教师愿意等待的结果。

"等待"是教育的艺术，"善于等待"则是教师的一种修为。学会等待需要教师提高自己的专业素养，加深对数学教学本质的理解，并在课堂上不断历练，这样，教师才能体会"等待"的真谛！

## 学习园

1. 新浪博客"黄爱华大问题教学工作室"，http://blog.sina.com.cn/cnhuangaihua

推荐理由：倾听是教学等待的一种方式。黄爱华老师博客中的文章多涉及具体教学智慧与艺术。其中《主动倾听》一文深刻剖析了倾听的内核，揭示了诸多倾听的技巧。学习本文，可以让读者更好地理解教学等待不是将学生放任自流，而是在主动倾听中了解学生，寻找教育对策。

2. 《小学数学教学中的等待艺术》，朱加元，《新课程研究（上旬刊）》，2011（7）

推荐理由：文章提出了一些具体的教学等待策略和这些策略在不同教学情境中的灵活应用，对于一线教师具有指导与借鉴作用。

# 推敲教学设计

教师的课堂教学行为取决于教学设计，课堂教学效果的优劣依赖于教学设计。时下教研活动中流行的"同课异构"足以说明不同的教学设计对教学效果产生的不同影响。应该说研究课、参赛课的教学设计一般都经过教师或研究团队的反复推敲，而常规的教案则反映出教师的教学设计有些漫不经心，比如教学目标设置随意、教学过程轻描淡写、教学指导空泛无物等。

教学设计需要考虑教学要素的方方面面。影响教学的因素纷繁复杂，对于缺乏教学经验、教学设计能力薄弱的老师来说，重点把握设计的几个核心要素显得至关重要。本章针对常规教学设计存在的缺失，针对教学设计应该重视的"教材"、"学生"、"环境"等因素，针对"预习准备"、"学习新知"、"练习"几个关键教学环节，提出问题，引发思考，启示教学设计的艺术。

教学设计应该关注什么？应从提高对教学设计的认识、把握设计的关键要素入手，渗透正确的教学设计理念。怎样针对学生的学习心理设计数学活动？怎样将"情感态度价值观"通过设计落在实处？这些是常规设计中容易忽略的问题，也是教师颇感棘手的教学问题。展开对这些问题的研究，既可以展示一些设计的艺术，也向读者传递着"了解学生"和"求真求实"的设计理念与态度。怎样引导学生预习、怎样创设问题情境、怎样设计问题、怎样把握练习的度是数学教学必须研究的核心问题。本章对这些问题的探讨，旨在强调学生的数学学习活动重在思维活动，教师应从有利于引领学生经历思维活动的过程，有利于激发学生的学习参与热情，有利于影响学生的观察、思考、探究，有利于启迪学生智慧的角度来把握教学设计。

凡事预则立不预则废。只有当教师在进行教学设计时把"专注设计、精心推敲"变成一种职业习惯，设计才可能使教学收到良好实效。

# 2.1 教学设计应重点关注什么？

> 课堂是学生接受全方位教育的主场地，在课堂上的 40 分钟里教师通常会倾注足够的精力与心血。然而课堂教学不是孤立的 40 分钟，它是一个创造性的系统工程，包括教学设计、教学材料准备、课堂教学与指导、课后检查与反馈等系列活动，而教学设计是这个系统工程中的基础工程，也是一个控制工程。
>
> 教学设计是一个复杂的教学准备过程，它是广义的备课，与常规备课的含义有所不同：教学设计包含了学习与研究、整理与归纳、构思与设计等过程，与上课、辅导、作业与效果评价等有着必然的逻辑关系，对学生的发展产生重大的影响。因而，每一个教学管理者、每一位教师不得不重视它、研究它。

## 案例角

### ▼ "简单的推理" 教学设计[①]

**教学内容**

人教版教材数学二年级上册"数学广角"部分。

**教学目标**

（1）通过猜测、实验等活动，使学生感受简单推理的过程，初步获得一些简单推理的经验。

（2）培养学生初步的分析及推理能力。

**教具准备**

课件、水果图。

———————————

① 此案例由本书作者刘登峰提供。

**教学过程**

1. 游戏一

师：（出示橘子和苹果图，找一名学生上台）来，给你一个，可千万不能让他们看到。

师：我拿的不是橘子，猜一猜我拿的是什么？他呢？

生答。

师：大家真聪明，你们愿意到数学广角玩猜一猜的游戏吗？（板书：猜一猜）

2. 游戏二

（1）（出示教材第100页例2组图1）齐读小精灵的提示。

（2）猜一猜他们分别拿着什么书。（小组交流）

（3）指名汇报，并说说自己的想法。

3. 游戏三

（1）（出示教材第100页例2组图2）齐读小精灵的提示。

（2）猜一猜他们分别拿着什么书。（同桌交流）

（3）指名汇报，并说说自己的想法。

4. 游戏四

（1）师：你们想玩游戏吗？同桌玩一玩吧。

（2）生生进行自创游戏。

（3）指名汇报游戏。（游戏）

5. 游戏五

（1）师：刚才的游戏太简单了，我们再来玩一些难点的。（出示教材第100页例3）

（2）齐读小精灵的提示。

（3）小组交流、讨论，并说说自己的想法。

（4）指名汇报。

6. 游戏六

（1）游戏玩法见教材第100页例3、例4，过程同游戏五。

（2）自创游戏。（三人小组进行）

（3）选择有创意的提示法表演。

7. 小结：谈收获。

## ///// 讨论区 /////

　　从以上案例的字里行间看得出教师着力于教学活动与过程，但各项活动的意图不明，活动要求不明，活动方式不明，通过活动过程要达成的目标不明。在教学总目标上，设计者似乎想通过教学让孩子们经历推理的过程，感受推理的经验，培养初步的分析推理能力，然而，这是对哪个年龄段学生提出的要求？本课的推理"简单"到何种程度？学生要学习哪些分析或推理的方法？通过这样的推理活动试图让学生获得怎样的情感体验？教学将通过怎样的指导促进教学目标的达成？这份教案对以上问题几乎没有体现。

　　教案是呈现教学设计的载体。教学设计是对课堂教学的整体预计，是教师教学行动的指南。上述教案能承载这样的重任吗？教师在教学设计时应该关注哪些因素？思考哪些问题？一个有效的教学设计应该呈现哪些内容？

　　为了了解教师对教学设计的认识和备课的现状，2012 年年初，我们通过问卷调查、查阅教师教案等方式对一线教师做了相应调查，并就下列问题与教师进行了访谈：

　　① 常规的备课活动中，教师通常怎样进行教学设计？有什么程序？

　　② 设计一堂课通常花多少时间？时间主要花在哪些环节上？

　　③ 设计教学时关心或思考哪些问题？

　　④ 是否会花很多精力思考教学目标？在制定目标时会从哪些方面考虑？总体目标是怎样分解的？

　　⑤ 备课时如何研究教材？

　　⑥ 备课是否会考虑课标的要求？怎样考虑的？

### ✦ 教师沙龙

　　通过对调查和访谈的结果进行分析和讨论，我们发现，教师对教学设计在认识与操作上存在以下问题：

　　◎认为教学设计就是完成教案的写作，应付检查。多数人认为"如今的教案，条条框框的要求太多，为节省时间和应付检查只能剪贴加复制，而且形式单一"。

◎教学设计可有可无。有经验的教师没有备课的必要，没有经验的老师，教学设计写得密密麻麻，课堂却是一团糟，备课等于白费力气。有的老师写教案写了一辈子，不同年份的拿出来对照，大同小异，年复一年几乎是原地打转。即使新课程来了，三维目标也写上了，教学过程也是换汤不换药。

◎备课一般喜欢用现成的教案，二次备课最多花半小时。新教师写教案依赖集体备课，自主备课的成分极少。备课的主要精力放在找好教案、拷贝完整教案上。设计时一些教师不知该在哪些地方下功夫。

◎写教案不关心教材的单元结构，不重视教材内容分析，关心教科书的正文，关注知识点，忽视教材中"数学历史"、"实践活动"等其他参考信息。

◎很少花时间思考教学目标。先设计活动再考虑目标，甚至为了教案的完整才添上目标的大有人在。有的教师知道教学目标重要，但教学目标设计笼统、含混，不知哪个活动可以实现哪些教学目标，认为设计了小组合作、自主探究活动，学生掌握知识、形成能力就水到渠成；知道要让学生掌握数学思想方法，但对于在什么环节进行、怎样体现出来比较茫然；知识技能目标写得具体，而数学思考、情感态度方面的目标空话、套话多。

◎课后更多关心学生掌握知识的程度如何，使用的方法是否有效，很少反思教学目标是否合理、教学流程是否科学等与教学设计相关的问题。

## ✱ 专家点拨

教学设计是以先进的教学理念为依据，对教学所需的各种因素进行分析、规划，以期取得良好教学效果的过程。教案是教学外显形式，教案中的问题是教学设计不足的直接反应。

正如讨论区的调查所反映的，教师在教学设计上存在种种问题，对这些问题与备课现象进行深入分析，可以看出教师在教学设计中的失误。

（1）认识上存在偏差

把备课当成简单的写教案过程，应付了事，有"被迫备课"的心理，有抄教案或照搬优秀教案的习惯；认为备课只是为课堂教学服务，而不是一个教学研究的过程，对教学设计与课堂教学效果的关系、与自己专业成长的关联性缺乏认识。

（2）设计缺乏全局观，着眼点单一或偏离重点

这一点表现在对教学目标定位不准，只关心知识目标的具体化，而能力、情感态度价值观方面的目标标签化，笼统而含糊；对教学内容的研究不够，只关心教材的显性知识点，不重视对知识点的分析与挖掘，不关心教材的单元结构；对教学资源的关注停留在优秀教案、课件、习题等参考资料上；教学活动设计松散、零碎，练习设计缺乏针对性和有效性。

（3）备课方式不合理

备课用时、用力布局不当，少则 40 分钟，多则需要 3 ~ 4 小时，所花时间主要用于在网上查找资料、完成教案的写作上；依赖现成教案，不愿意花时间分析教学内容的本质、思考教学的价值追求，喜欢在一些教学细枝末节的问题上纠结（如教学环节如何完整、细节处理如何精致等）；集体备课流于形式，通常由每个年级安排某一个或几个有能力的教师写出共用教案，个性化的二次备课不足；教学活动只有流程，缺乏对学生反馈的研究与有效的指导预设。

（4）支持优质设计的软实力不足

部分教师对数学的本体性知识掌握不够系统，不够全面，年轻教师容易抓不准教学的重难点、在概念的诠释与展开的过程中出现一些本质错误；对学生的学习心理缺乏科学认识，活动的设计难以从实质上引发学生的学习热情；教学设计的创新意识和能力不够强。

（5）教学管理失误，导致教师备课动力不足

部分教师教学任务重，备课数量多，而教学检查部门注重对教案的呈现形式、完成时间与数量的检查监督，忽略对具有原创性、个性化优秀教学设计的鼓励，导致备课的慵懒情绪滋生。管理者重奖罚轻专业化引领，也使教师对如何改善教学设计心有余而力不足。

以上种种问题，都将导致教学设计对于课堂活动的指导的有效性大打折扣。因此，改善教学设计需要注意以下问题。

（1）认识教学设计的价值

教学设计过程实质上是一种教学研究的过程，是教师专业成长的有效途径。无论教案如何呈现，它都反映教师的教育观念、教学智慧以及自身的学识修养。教师、教材、学生是教学环节中的三个核心要素，要实现三者的有机互动、和谐共生，教学设计是关键环节。对于课堂而言，教学设计实质上是对教学的一种"谋划"：对教学内容的科学理解与深入挖掘，对学情的全面把握，对教学目标的正确定位，对教学重点、难点的准确处理，对教学流程的清晰体

现，对学生学习活动的具体引导与指导。设计中缺少对教学任一方面的思考与规划都将导致教学的失败或低效。

（2）重视对教学内容的学科本质分析

数学教学成功的关键点在于凸显数学的本质。理解和把握基本的数学概念、数学思想方法，感悟数学独特的思维方式，在数学学习的过程中始终保持一种理性精神与探究精神，同时学会欣赏数学的美，这些都是数学学科本质的体现。数学教学设计只有着眼于对这些学科本质内容的思考与把握，才能促进课堂的高效学习。教师教学的内容基本取材于教材，而教材不是简单的"信息源"或"知识点"的堆砌，它具有"结构化"与"指导性"功能。教学设计的第一步就需要深入挖掘教材，真正理解教材编写意图，准确把握知识点的前后联系，思考怎样在参透内容的基础上走出教材、活化教材。任何对教材不加研究的、随意的"创造性"变更，都将带来教学失败的风险。

（3）探寻学生学习的认知起点

学生的学习起点与教学的有效性存在必然联系。教学设计的关键是根据教学内容、学生和教学目标，确定合适的教学起点与终点，优化安排教学诸要素，形成教学方案。学生学习任何内容都具备相关的知识经验、学习态度、学习能力基础，这种基础就是学习该内容的认知起点。准确把握认知起点，教学设计才可能找准学习难点，才可能针对认知起点设计出"既是学生所熟悉的，同时又能为新的抽象活动提供合适的基础"的活动，以使学生"借助于相关的认知基础，顺利地去作出相应的发现而无须依靠对于相关法则的简单记忆与机械应用解决所面临的新的类似问题"。① 学生善于怎样学，教师就应思考如何教。

（4）准确而具体地定位课堂教学目标

"教什么"、"教到什么程度"与"怎样教"是同等重要的。教学目标是学生通过一段时间的学习后所产生变化的水准，标明学生能干什么或将变得怎样。它是教学活动的"指挥棒"，是评价教学效果的"标尺"，是一切教学活动的出发点和最终归宿。教学目标不是为完善教案体例的摆设，更不是信手拈来的标签。每一堂课目标的设置要注意以下两方面：一是既要考虑学生发展的总体目标和学段目标，又要准确反映教学内容的具体要求，目标的表述既要体

---

① 郑毓信教授对《植树问题》的解读［EB/OL］.［2013-04-30］. http://www.52fansi.com/shi/2012071154.html.

现全面性，又要体现针对性、层级性；二是要体现数学课本身所承载的特殊教育功能。数学教学总是以某一核心数学知识为基本载体，以发展学生的数学素养为主要目标的，而思维是数学素养的核心。教学目标既要反映让学生掌握怎样的概念和规则，又要考虑学生通过学习感悟或掌握哪些方法与策略，促成哪方面能力的形成，获得哪些情感态度价值观方面的收获。

（5）追求教学设计的融合性

教学不是简单的"1+1＝2"式的知识传授。课堂需要传授知识，更需要启迪智慧、完善人格，因而数学教学设计需要体现一种融合的智慧。教学设计必须关注以下几方面的融合。一是教学内容的有机融合。每一堂课只涉及一个或几个知识点，这些点与哪些知识有着怎样的联系？怎样帮助学生沟通知识之间的内在联系？如何将看似分离的部分（或内容）融合成一个有机的教学整体，使课堂教学"形散神聚"？如何让学生对所学的知识知其然也知其所以然？二是具体教学内容与数学视野的融合。如何结合具体内容渗透相应的数学文化？用怎样的方式渗透？三是教学预设与教学生成的融合：怎样的流程与活动才能使教学具有开放性？开放的活动中学生可能出现哪些现象，产生哪些问题？对生成的课堂资源教师该依据哪些原则取舍？四是教学理念与教学行为的融合：一堂课的设计秉承哪些教学理念？这些理念通过哪些教学环节和教学行为具体落实？

进行教学设计时，对以上问题的思考越深刻、越周全，备课对教学的指导才越具有有效性。用情、用心、下力和善思，将使我们提高设计能力。

////// **实践坊** //////////////////////////////////////////////////////////////////////////

## 关于"分数的意义"的教学思考[①]

"分数的意义"是一节经典的老课，教学线索与思路也基本定型，但某教师在教学设计时提出了以下教学思考：

（1）分数中的"单位1"究竟是什么？数学上，为什么我们把这些平均分

----

① 杨波. 数学课堂的数学味［EB/OL］.（2011-10-30）［2013-04-30］. http：//ruiwen.com/xs/news/17584.htm. 收录时有删改。

的对象叫作"单位1","单位1"究竟只是一种纯粹的数学规定,还是另有其数学的合理性?

(2)分数既可以表示两个量之间的倍比关系,也可以表示一个具体的数,用数学上的专业术语来讲,分数既有其无量纲性(即部分与整体的关系),同时也具有量纲性,如何更好地沟通分数、"1"及整数之间的关系?

由此,执教"分数的意义"时,可做如下教学设计。由对"单位1"的探讨引入:先引导学生认识"1"这个数的包容性,即所谓1个梨可以看作"1",3个梨也能看作"1",6个、12个梨同样能看作"1",然后经由讨论,使他们进一步理解,一旦在某一语境下我们将3个梨看作了"1",那么,6个或12个梨通常就不再看作"1",而应该看作"2"或"4"了。理由很简单,3个梨既已看作"1",6个梨中包含2个这样的"1",当然就是"2",12个梨亦然。事实上,在上述情境及过程中,我们已然发现,3个梨所构成的"1"其实已经成为一个计数或计量的单位,此时,称其为"单位1"已是自然而然的事了。

## 智慧屋

"分数的意义"是传统而经典的教学内容,它既是分数教学的重点,又是学生学习的难点。关于这个内容的优秀案例不胜枚举,而杨波老师在执教本课前并没简单地模仿常见的设计,而是紧抓分数的数学本质进行深入的思考。

1. 解读教材,挖掘核心知识点的本质含义,在突破教学的重点、难点上和帮助学生建立知识之间的联系上做深入研究

沟通知识之间的联系是科学有效地构建数学概念的前提。分数究竟有什么意义?其意义怎样体现?教学的设计通常要抓住两个要点:一是怎样理解"单位1",二是怎样理解"平均分"和分得的"份数"。由于"平均分"与分得的"份数"具体、直观,借助形象的图片或实物可以使学生顺利理解,而"单位1"则因其抽象而丰富的内涵成为学习的难点。突破了对"单位1"的理解,就能帮助学生顺利地把握分数的意义。教师以本课的核心知识为基本载体,将教学设计的重心落在如何理解"单位1"这个点上。从对教材内容的挖掘,到对"单位1"的逻辑思考,无不体现了教师对数学本质的严谨追求与对教学要点的深入思考。这正是数学教师应该具备的思维习惯。

2. 紧扣学生的认知起点展开教学设想

在杨老师看来，引导学生从单一纬度把握分数的整体与部分的关系向更好地形成有关数的整体认知转化，应该成为本课教学的要点，而把握由无量纲性向着有量纲性的跨越对学生来说有一定的难度，教学活动设计正是基于学生这样的认知起点，围绕着如何让学生借助生活经验逻辑地感悟、理解"单位1"而展开。这样的教学设想是建立在对教材的研究、对教材编写意图的深刻理解、对教学内容本质的把握及对学生认知基础的充分研究之上的，这样设计的教学活动才有可能顺利地唤醒学生原有的知识经验，激活学生的思考，帮助学生构建新的概念。时下有人将"创造性地使用教材"肤浅地等同于"部分内容的更换"或"个别活动的变化"、"改造一些情境"等，把关注点放在更换教材内容、变化活动、改造情境上，显然是对教学本质的片面理解和对教学形式的盲目追求。

先思而后行是教学成功的关键。只有每一个教师在进行教学设计时，对"教什么"与"怎样教"做深入而独立的思考，课堂教学才有可能步入"有效"的轨道。

## ////// 学习园

《小学数学教学案例研究》，李士锜、张晓霞、金成梁，高等教育出版社，2010

推荐理由：该书是高校数学教育系列教材之一，也很适合小学数学教师阅读。书中不仅介绍了数学教学设计的相关知识，还通过教学案例呈现了小学数学教学设计中需要研究和解决的主要问题，并凭借具体的案例，诠释了数学教育理论和数学学习理论。案例中的成功经验和具体教学建议，能带给一线教师有益的启示。

# 2.2 怎样针对学生的学习心理
## 设计数学活动？

数学教学是"数学活动"的教学。教学设计要"充分考虑本阶段学生数学学习的特点，符合学生的认知规律和心理特征，有利于激发学生的学习兴趣，引发学生的数学思考"①。但许多教学的失误甚至失败都是由于教师不了解学生的学习心理，只关注如何根据教学内容和计划完成教学任务造成的。这样的做法无疑使学生变成接受知识的"容器"，既不符合新课程理念，也难以调动学生的学习兴趣，不能真正促进学生的有效学习。因此，探讨怎样针对小学生学习心理设计有效的数学活动，是促进学生有效学习的基础。

## 案例角

### ▼ 大象卷走了几根木头？②

**教学内容**

人教版小学《数学》一年级上册第五单元第48页。

$$6 - \square = \square$$
$$\square - \square = \square$$

---

① 中华人民共和国教育部. 义务教育数学课程标准：2011年版 [M]. 北京：北京师范大学出版社，2012.

② 此案例由本书作者姚红梅提供。

**教学过程**

**师**：草地上原来有 6 根木头，大象用鼻子卷走了 2 根，还剩下几根？

**生**：（响亮地齐答）2 根。

**师**：草地上原来有 6 根木头，大象用鼻子卷走了几根后，这时草地上还有 4 根，大象卷走了几根木头？

学生都陷入思考，个别学生犹犹豫豫的样子。

**师**：好好想想，草地上原来有 6 根木头，现在还剩下 4 根，大象卷走了几根木头？

**生**：（踊跃回答）2 根。

## 讨论区

这是一个很有趣也很普遍的现象，同样的问题内容，不同的提问方式，差别只在于中间一句话“大象用鼻子卷走了几根后”，学生的反应却截然不同。这是为什么呢？这个现象不得不让我们思考：面对这样的问题，学生是怎样理解的？会怎样思考？不同年龄阶段的学生在学习中有哪些心理特点？他们怎样认识和理解周围的现象？教师应该如何针对小学生的学习心理设计有效的数学学习活动？……

这是教师普遍存在的困惑，也是个不易解决的难题。针对这种症状，常德市武陵区北正街小学部分数学教师进行了专题研讨。

### ★ 教师沙龙

◎从小学生用减法解决问题的角度来讲，“草地上原来有 6 根木头，现在还剩下 4 根，大象卷走了几根木头”这个问题是减法中的“已知总数和部分数，求另一部分数”，对学生来讲解题思路轻车熟路，很快就能算出来。但是“草地上原来有 6 根木头，大象用鼻子卷走了几根后，这时草地上还有 4 根，大象卷走了几根木头”这个问题是已知总数和另一部分数，求部分数，对小学生来说，语言习惯上绕了，学生觉得十分陌生，所以他们不容易回答出来。

◎这个问题属于逆向思考问题。对于学生来说，他们对顺向思维问题理解、接受得快，对逆向思维问题感觉有难度，反应就慢很多，甚至有些学生理不清问题与条件，找不到解题思路。除了这样的减法外，还有如"拿出3本书后书包里还剩4本书，书包里原有几本书"等问题，有些学生看到"还剩"就以为要用减法算，没有理解其中的数量关系。

◎逆向思考的问题对于学生总是有难度的，教师可以想办法让学生学会思考这样的问题。如上面案例中这个问题配有情境图，教师可以好好使用这幅情境图，将其中的内容变化或先后出示，这样学生可以发挥想象感知"卷走了几根"。

◎低年级学生是以形象思维和动作思维来思考问题的，因此，游戏和操作活动是他们解决问题的重要方式。教师可以让学生用学具小棒代替木头，在操作中感受数量变化的过程，体会"卷走的几根"也是总数的一部分，从而感知这个问题仍然是一个减法问题，仍然是求部分数。

## ✦ 专家点拨

案例中提出的"问题"从表象上看，只要列式计算就可以完成任务，但学生只有具有一定的思维能力，才能将具体情境转化成为数量关系，然后将数量关系转换成具体的算式，最后计算出结果。数学问题呈现的方式有顺向、逆向、正叙、倒叙之分，据数学家和心理学家的研究，小学生尤其是低年级学生对逆向、倒叙的表述方式普遍感到理解困难，他们习惯利用自己的生活经验进行思考，当题目的叙述方式与生活行为顺序不一致时，如"大象卷走几根后"这样的问题，会对小学生思维的流畅性造成干扰。一方面，学生弄不明白：为什么前面老师说了"大象卷走了几根"，后面还要再问一遍"大象卷走了几根"呢？另一方面，这源于思维定式的干扰。教学中教师们往往过于强调把类型结构作为选择算法的依据，如"求总数用加法、求剩余用减法"，当题目中没有直接出现"还剩"这样的关键词时，学生们就变得犹豫、不知所措。因此，教师应该根据学生的学习心理设计教学活动与教学用语。

## 实践坊

### "千米的认识" 教学设计与反思[①]

**课前准备**

（1）组织学生用平常步行的速度走 100 米的跑道，要求他们分别记住自己所走的步数和所用的时间。

（2）在体育活动时，带领全班学生绕着 200 米的跑道跑了 5 圈。

**教学过程**

1. 感受 100 米的长度

昨天大家沿着 100 米跑道走了一次，大约走了多少步？走完 100 米，大约用了多长时间？你们认为走 100 米有多长？

2. 体会 1 千米的长度

1 千米里面有多少个 100 米？昨天大家绕着操场跑了 5 圈，正好 1 千米，感觉怎样？有什么感受？

如果我们把在操场上跑的 1 千米拉直，会有多长呢？闭上眼睛，选择一个熟悉的地方来想象，从校门口到哪儿大约是 100 米，走 10 个 100 米，该从校门口走到哪儿了？

**教学反思**

"千米"是一个常用的长度计量单位，在学生的生活中经常会听到、看到有关千米的使用信息，但是，"千米"不像"米"或者"分米"等长度单位那样，学生通过观察直尺上的刻度，就能直接感受到它们的长短，建立表象。"千米"是一个较大的长度单位，虽然学生知道 1 千米＝1000 米，但由于无法看到 1000 米的实际长度，对 1000 米缺乏感性认识，所以建立"千米"的概念比较困难。上述案例中的教学针对学生的心理，利用体验活动，很好地解决了数学知识抽象性和学生思维形象性之间的矛盾，其成功点主要体现在以下两个方面。

第一，找准"100 米"这个连接点，帮助实现知识的迁移。奥苏贝尔认

---

① 李继峰. 丰富的体验促进学生主动建构［J］. 小学数学教师，2010（10）. 收录时有删改。

为：一切新的有意义学习都是在原有的学习基础上产生的，不受学习者原有认知结构影响的有意义学习是不存在的。"千米"的学习建立在"米"的学习之上，但是从"米"到"千米"，一下从形象到抽象，跨度太大，需要寻找一个连接点，使学生从具体形象思维向抽象逻辑思维过渡。"100米"虽然也是较大的单位，但教师巧妙地设计了课前跑100米的活动，学生在跑道上直观地见过100米的具体长度，因而对它的长度有具体形象作为支撑。100米与1千米有着逻辑的联系，建立和把握关于100米的感觉是实现建立关于1千米感觉最恰当的连接点。

第二，化静为动，让抽象的"1千米"生动起来。纸上得来终觉浅，绝知此事要躬行。100米，看得见，可它仍然只是眼里的长度。教者组织走100米，通过数步数、看时间等方式，学生不仅从空间观念上感知了100米的实际长度，还从时间观念的角度进行了感受，操场上静静的100米立时变得鲜活起来；再跑1000米，学生从空间观念和个人体能两方面感受了10个100米、也就是1千米的长度，抽象的概念化为直观的感受，枯燥的数据变得温暖亲切。在这过程中，教师还注意了让学生通过言语表达分享体验活动的感受，并对学生个体的感觉加以总结归纳，从而形成"1千米很长"的共识。

在课堂上，学生永远是学习的主体，而且是能动的教育主体。教师只要充分把握他们的心理，设计不同的数学活动，那么学生收获的将不仅是知识与能力的增长，还有更重要的——对数学学习始终如一的热爱。

## 智慧屋

小学生的认知心理主要包括感知觉、注意、记忆和思维等方面，皮亚杰认为：小学生的智慧和道德结构同我们成人不一样，因而新的教育方法应尽一切努力按照小学生的心理结构和他们不同的发展阶段，将要教的材料以适合不同年龄小学生的形式进行呈现。因此，只有把握不同年龄学生的心理特征，有针对性地设计教学活动，才能让学生有效地学习。

首先，小学生对外界事物的感知从笼统、不精确地感知事物的整体渐渐发展到能够较精确地感知事物的各部分，并能发现事物的主要特征及事物各部分间的相互关系，这个特点直接影响学生对外界信息的获取。数学活动常需要学生进行观察、分析，收集信息，教师对观察内容的设计就应该注意从整体到局部，从粗略到精细，提出的观察要求也应从随意观察到有针对性地观察，从罗列信息到寻找规律，探究数量关系。

其次，低年级孩子的想象具有模仿、简单再现和直观、具体的特点，到中高年级，他们对具体形象的依赖性会越来越小，创造想象开始发展起来。他们的思维从以具体形象思维为主逐步向以抽象逻辑思维为主过渡，但他们的抽象逻辑思维在很大程度上仍是直接与感性经验相联系的，具有很大成分的具体形象性。数学学习需要抽象思考，但思考的起点依旧要依赖具体形象，无论学习怎样的内容，教学设计的起点依然要借助具体事物，借助学生的生活经验提炼数学知识与数学概念。如认识"三角形"要借助"红领巾"的形象，依赖"黑板表面"等类似物体的形象才能抽象出"长方形"概念。

再次，小学生的注意力不稳定，且常与个人的兴趣密切相关，他们控制自己情绪的能力弱，意志活动的自觉性和持久性都比较差，在完成某一任务时，常是靠外部的压力，而不是靠自觉的行动。数学内容的抽象性和思考的严密性往往使他们感到枯燥乏味，因而设计的教学活动首先要能引发学生的兴趣，激发孩子的参与热情。如竞赛类活动——"夺红旗"、"争奖杯"等，游戏类活动——"找朋友"、"活动房"、"计算棋"、"24 点"等，特别是在练习的环节更需要变化学习形式，吸引学生保持注意。

数学学习的过程是一个艰苦的思考过程，它需要学生不断地做出积极的努力，如集中注意力、坚持不懈、接受挫折等。随着学生年龄的增长，教学设计应通过展现数学内在的魅力来吸引学生，比如设计新旧知识的矛盾，恰当地引发认知冲突，激发探究活动，让学生遵循"发现问题→研究问题→解决问题"的思路，感受数学探究的魅力。

复次，小学生好奇心强，行为常常受到情绪的左右，只有在积极的情绪状态下学生才能坚持学习。单纯的外在学习形式并不能使学生保持学习兴趣，真正要使学生保持对数学思考的热情，需要教师设计能引起学生心灵震撼、内省、反思的活动。体验性活动就可以让学生乐此不疲。如教学"吨的认识"时，可以利用学生每天都在使用的书包，称一称"你的书包有多重"，想一想"多少个书包的重量合起来大约是 1000 千克，也就是 1 吨"，试一试"你能抱起多少个书包，大约多重"，让学生充分地体验、充分地表达。经历这样的体验活动后，学生对"1 吨的认识"一定能从模糊到清晰、从直观到抽象，并牢牢掌握"吨"的概念。同时，享受成功的喜悦可以令学生保持对数学的热情。

最后，小学生容易受到知识经验迁移的影响，其中负迁移将不利于学生的学习。负迁移也叫定式干扰，即已获知识、方法对新知识的接受产生消极影响。教师在设计教学活动和教学语言时，要注意规避负迁移的影响。如学生初学除法时教师过于强调"只有大数除以小数、不能小数除以大数"，虽然在学生初学除法时这可能有利于学习，但这样片面以至错误的判断方法，对以后学习小数除法、分数除法就会造成一定的困扰。另外，设计练习时可多用变式引导学生正反思辨，从而消除思维定式的干扰。

## 学习园

1. 《小学数学课堂的有效教学》，刘加霞，北京师范大学出版社，2008

推荐理由：该书亮出作者关于"有效教学"的鲜明观点：把握数学本质+研究学生=有效教学，并以发生在课堂教学中的真实故事为载体，阐述了数学的核心概念、基本技能及小学阶段能够渗透的数学思想方法的具体内容及教法，并教一线教师学习怎样研究学生。每个故事都有其特定的主题、细节以及多角度的分析和诠释。该书能引发教师对当前小学数学教学的本质进行思考。

2. 《比较变式，让概念教学更深刻》，卢峰，《小学数学教师》，2012（1/2）

推荐理由：概念教学中我们常常遇到这样的现象：对于概念，学生能背能默，但一到应用时就出问题。这是为什么呢？作者以"三角形的认识"为例，分析学生认知冲突产生的原因，并立足于学生心理，设计了感知规律的探究活动，提醒一线教师：概念理解需要多维度、多层次的感悟，需要让学生经历概念的形成过程。这样的观点及教学实践对一线教师展开概念教学很有启发。

# 2.3 怎样设计有效的数学问题情境？

　　数学教学应从学生实际出发，创设有助于学生自主学习的问题情境，引导学生通过实践、思考、探索、交流等，获得数学的基础知识、基本技能、基本思想、基本活动经验，促使学生主动地、富有个性地学习，不断提高发现问题和提出问题的能力、分析问题和解决问题的能力。创设问题情境是数学教学的重要策略之一。那么，数学课的问题情境该如何设计呢？

## 案例角

### ▼ "角的度量" 教学片段①

　　教师在导课阶段创设了三个问题情境。

　　**师**：同学们，日常生活中会见到各种各样的角，说说你们在哪儿还见过角？

　　**生**：窗户、纸张、门、黑板、墙面、红领巾上……

　　**师**：你知道什么是角吗？画一画。

　　**生**：由一个顶点两条边组成。

　　学生自由画出如下图形：

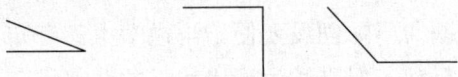

　　**师**：你们画的角一样大吗？比比看。

---

① 此案例由本书作者张新蔚根据 2011 年 9 月在长沙市芙蓉区杉木小学的听课记录整理而成。

生1：我们可以直接用观察法比较大小。

生2：我们可以把两个三角形重叠在一起比较大小。

生3：我们可以利用三角板这个工具来比较大小。

……

## 讨论区

在上面的教学片段中，学生似乎缺乏思考的欲望。究其原因，我们认为与教师创设的问题情境有直接关系。本课是四年级的学习内容，学生在二年级时对于角已有了初步的感知，显然教师给出的"日常生活中各种各样的角"这一情景无助于激发学生的好奇和思考兴趣。"比一比画的角"虽然可以启发学生思考比较角的大小的方法，但学生在二年级时就明白角的大小与角的开口相关，与角两边的长短无关，此时的学习还让学生继续在这种浅显的方法中游走，显然无法激起他们探究的欲望，更谈不上进行深层次思考。这样无效的问题情境等于浪费学生的学习时间。

怎样设计出有价值的问题情境？怎样通过情境来激发学生的深度思考？这是每一堂课都应该思考的问题。

针对上述现象，长沙市芙蓉区张新蔚小学数学工作室的部分教师们进行了网络专题研讨。

### ✦ 教师沙龙

◎创设问题情境是引导学生主动学习的有效教学手段。问题情境中的"情境"一定要有吸引力，要能激发学生的学习动机，促使学生全身心投入到学习中；通过解决情境中的问题，学生要能经历一种思考的过程，而不是简单地直接获得结论；问题情境的创设要便于沟通学生已有知识之间的联系，沟通数学与生活的联系，有利于促进学生形成积极的情感、态度与价值观。

◎通过情境呈现问题最重要的目的就要激活学生内在的学习需要。上述教学片段中的现象，正是教师追求问题情境形式化，忽略情境要"以学生为本"的基本要求的缘故。若情境创设不能提高学生的学习热情，不能科学地引导学生解决问题，不能促进学生认知能力的协调发展，这样的情境就形同虚设，要坚决摒弃。

◎问题情境的创设要突出情境的数学功能，为情境而情境只会分散学生的注意力，所以教学要注意避免问题情境游离于数学内容之外的"包装"。

◎问题情境的学习主题要明确，避免情境过于生活化或者情境中角色、过程纷繁复杂，防止学生的思维过多地被纠缠于无意义的人为设定中。

## ✦ 专家点拨

美国著名学者杜威曾指出，学习是基于真实世界（真实情境）中的体验。以情境体验为特征的数学课堂教学模式，正是将情境与体验结合起来，突出强调营造有利于学生创新发展的良好氛围，置学生于丰富复杂的教学情境中，用情境唤起学生的生命体验。但实际教学中，由于诸多原因，课堂的情境创设往往"变味"、"走调"，失去了应有的价值。

数学课问题情境的创设要注意以下几点。

（1）既有情境又有数学问题

问题情境要符合真实生活的逻辑，要与学生的生活经验相联系，不能为情境而"伪造"情境。同时，情境中一定要包含数学问题，并且问题必须紧扣所要教学的知识要点或要求掌握的基本技能。缺乏有思考价值的数学问题的情境毫无教学价值可言，即使这样的情境能吸引学生，也只能引发学生暂时的兴趣，不能真正促进学生学习的心理参与。

（2）情境中的问题要具有适度的思考性，要有利于促进学生思维的发展

问题是数学的心脏，大问题引发大疑，小问题引发小思。情境中难易适度的数学问题既能引发学生的认知冲突，又能让学生保持对问题的兴趣、对数学思考的热情。在课堂有限的时间内，情境中的问题给学生的探究空间要适度，情境的引导要便于学生解决问题，形成知识，提升能力。

（3）问题情境要有适宜的呈现方式

课堂的环境有其特定性，情境的展开要符合课堂环境，帮助学生顺利开展学习。比如，通过现代教育技术（录像、动画等）再现真实的情境，通过故事引发学生想象生活的情境等，给学生既新鲜又真实的感受，以吸引学生保持对问题情境的好奇心。

（4）问题情境具有"煽情"的因素

学生的数学学习需要热情的参与，需要有积极的情感体验，有效的问题情

境在教学中正是积极情感的催化剂。无论是情境的外在形式，还是情境的内在问题，都应该有利于引发学生的内心体验，使他们保持一种学习与思考的热情。

## 实践坊

## "角的度量" 导入情境设计[①]

**激趣导入**

师：同学们，这是什么？

生：折扇。

师：（渐渐打开折扇到少半时）瞧，现在你想到了什么？

生：角。

师：有关角你都知道什么呢？

生1：角有一个顶点，两条边。

生2：角是由一点引出的两条射线。

生3：角有锐角、直角、钝角。

师：谁还有不同的想法？

生1：角太小啦，没多大风！（学生大笑）

师：你们在笑什么呀？（渐渐打开折扇打到多半时）瞧！

生1：角变大了！

师：让我再来扇一扇吧，风大了一些。

师：就这把折扇怎样才能让它扇出的风最大？

生1：让角尽量最大。

生2：全打开吧。

看来，生活中还有许多现象和"角的大小"有关，今天我们就来学习角的度量。（出示课题：角的度量）

---

① 此案例由本书作者张新蔚根据 2012 年 9 月在湖南省长沙市芙蓉区大同第二小学的听课记录整理而成。

设疑

**师**：看了这个课题，大家觉得要能正确进行角的度量需要具备哪些条件？
（有足够的时间让学生思考）

**生1**：要有度量的方法。（师赞许地点点头）

**生2**：先要选择工具。

**师**：你是个细致的孩子

**生3**：还得了解工具的用法才行。

**师**：你真善于思考。

**师**：那就让我们把这些问题排排队，共同研究如何度量角吧。

## 智慧屋

上述教学情境是教师对案例角中案例的改进性教学设计。在情境的创设上，它具有一些特点。首先，情境可以引出研究的核心数学对象"角"，且情境的展开过程（教师将扇面逐渐展开）科学地体现了角的动态定义（一条射线绕着它的端点从一个位置旋转到另一个位置所形成的图形叫作角），有利于学生正确建立关于"角"的概念。其次，情境与学生的生活经验联系密切，情境中的问题指向明确。教师"一把折扇"、一句"你想到了什么"中，情境中角色单一，问题不仅明了而且开放，可以调动不同层面的学生进入思维的"活化"状态；再次，情境有一定的新颖性，能对学生产生吸引力，能激起学生对此事的关注和兴趣。上面的情境在"风大小"与"折扇角度大小"的关系中让学生对这一"有用、有挑战性"的学习任务产生了学习欲望，身心都投入到情境创设的状态中。最后，有灵活的技巧性，情境创设来源于生活，但要高于生活，要把"生活数学"课堂化。案例通过对课题的设疑，加上教师适时的评价，让学生直奔主题，将本节课的学习内容进行提炼，很快进入下一步的实践探究活动状态。

同样的教学内容，不同的情境创设，教学效果差异如此大，根源在于有效问题情境的创设，会激发学生的深度思考，引发学生积极主动探索、获取知识，提供学生发展能力、培养良好情感的可能性。

有效问题情境的创设要做到朴实、实用，要从教学条件、学生生活实际、简单好操作等方面去考虑。要注意每一个问题情境要有助于学生学习，要重视让每一个学生都能体验到并参与到问题情境中，要善于多途径、多形式创设情境，善于将预设的问题情境与课堂随时生成的问题情境结合运用。要用数学的眼光看待、分析问题，让学生的思维火花在问题情境中绽放。

## 学习园

1.《情境数学典型案例设计与评析》，李吉林、王林，教育科学出版社，2012

推荐理由：该书呈现了准确抓住知识的"生长点"与"延伸点"来创设好的问题情境的案例，说明好的情境能让儿童把认知活动与情感活动结合起来，把形象思维与逻辑思维结合起来，启迪儿童的数学智慧。阅读本书能够让一线教师很好地去理解数学问题情境。

2.《从教学案例的片段中浅谈小学数学教学中问题情境的创设》，http：//shkxx. bchedu. net/Article Show2. asp ArticleID=31

推荐理由：作者对本校教师执教的多个课例片段进行分析，逐层深入研讨，在研讨的基础上对情境教学的理论性、系统性、实践性的研究又有深入思考。这些来自实践的资源值得珍视。

# 2.4 怎样设计有效的课堂提问?

在数学课堂教学中,课堂对话是一种重要教学手段。"学起于思,思起于疑",课堂提问成为数学课上师生对话的纽带。多种教学实践表明,课堂提问是有效教学的核心,是培养学生问题解决能力的重要载体,而问题设计的优劣则是影响教学效果的重要前提。但很多课堂教学反映出教师对问题的设计研究不够,泛问、碎问、跳问、问题指向不明等现象普遍存在。课堂低效的问题不仅不能激发学生的兴趣,而且导致教学流程的松散、紊乱和课堂效率的低下。

## 案例角

### ▼"找规律"(五年级) 教学片段[①]

通过观察情境图,学生认定需要研究的问题是:盆花按蓝花、红花、蓝花、红花的规律摆下去,第 15 盆是什么颜色的花?在学生自主探究后,一学生在黑板上介绍自己是用画图的方法解决问题的,用圆形表示蓝花,用三角形表示红花。

**师:**(面向其他学生)有没有同学用别的图形表示的?
**生 1:**还可以用字母 A 表示蓝花,B 表示红花;
**生 2:**还可以用正方形表示蓝花,用长方形表示红花;
**生 3:**还可以用横线表示蓝花,竖线表示红花;
**生 4:**还可以用数字 1 表示蓝花,数字 2 表示红花;
……

---

[①] 此案例由本书作者张新蔚根据 2011 年 11 月在湖南省长沙市芙蓉区马坡岭小学的听课记录整理而成。

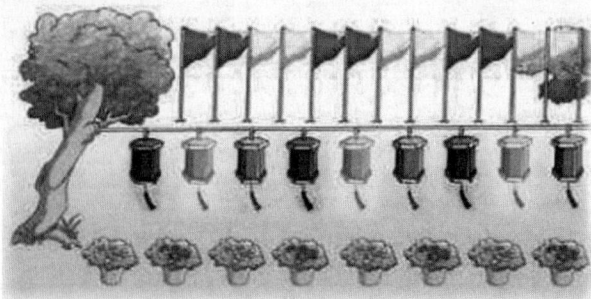

从左边起，盆花是按什么顺序摆放的？彩灯和彩旗呢？你能在小组里说一说吗？

照这样摆下去，左起第15盆是什么颜色的花？

## 讨论区

上面是某教师执教苏教版五年级上册"找规律"一课的片段。教学重点是探索并发现一些简单周期现象中的规律。学生在自主探究后用图示法表示出来，即表明学生已经会用自己的方法解决本问题，也代表学生有初步的符号意识，会用简单的图形表达自己的思路了，至于用什么具体图案来表示不同的花，并非本课的核心问题。教师此时抛出问题"有没有其他同学用别的图形表示的？"，学生的注意力马上转向如何用符号表示上，并花了很多时间来联想不同的符号，而对"怎样发现问题情境中的规律"并没有得到任何启示。

教学中可以研究探讨的问题很多，在有限的 40 分中教学时间内，抓住主要问题进行探究才能达到我们预期的教学效果。怎样抓住重难点设问，怎样让问题既具有启发性又具有挑战性，这值得每一位数学教师深入思考。

针对上述现象，长沙市芙蓉区张新蔚小学数学工作室的部分教师们进行了网络专题研讨。

## ✦ 教师沙龙

◎常规教学在提设计中易出现以下问题：（1）提问目的不明，教师不能分析自己设计的问题会将学生的思维引向哪里？（2）提问的个人主观性太强，太随意。在一节课中的提问多的可达几十个问题，少的却只有几个问题。（3）问题设计没有触及知识的本质，低效的重复性应答式提问多，答案开放的问题比较少，这在一定程度上制约了数学课堂教学效率的提高。

◎不会根据学生的反馈进行追问，只是照着自己的设计按程序走，师生对话也成了"剃头挑子一头热"。

◎要设计好的问题首先要转变自己的观念，改变教师牵着学生鼻子走的固有观念，设计一些开放性的问题，用问题引导课堂对话和沟通。要尝试让学生大胆提出问题，鼓励互相争辩，鼓励学生不唯书、不唯师，努力开发学生的"问题意识"。

◎有针对性地开展教学听评课活动，可以提高数学课堂提问的有效性。听评课研究主要从提问的数量要少而精、问题的难易要适度、提问要切中要害等几个方面入手。这样既可以揣摩优秀教师的提问技巧，也可以规避自己不当的提问。

◎用多种方式让学生参与课堂提问的设计。学生大胆质疑的问题才是他们真正感兴趣的问题，才是他们真正的疑惑。有些问题虽然幼稚，也应给予积极的肯定。

## ✦ 专家点拨

在课堂教学中，精心设计课堂提问是一门艺术，运用得好，可以吸引学生的注意力，促进学生的思维发展，同时能有效调节教学进程，促进教学目标的达成。陶行知先生曾说过："发明千千万，起点是一问。"课堂教学的提问，只要我们问在导入点上，问在重点、难点处，问得有趣味，问得明白，就能调动学生的学习积极性，激活学生的思维，促进课堂教学的有效进行，并使学生养成良好的思考习惯。上面案例中的第一个设问"盆花按蓝花、红花、蓝花、红花的规律摆下去，第15盆是什么颜色的花？"是整节课的核心问题，是以思考为中心的问题，学生可以通过猜想、假设、分析来推断简单的周期现象，并用自己喜欢的图形、符号来清晰地表明思考的结果。这是一个比较大而开放的问题，当学生在思考过程中有障碍或闪现相关的思维火花时，教师应用其他的小问题来加以引导，以帮助学生有效地思考。但第二个问题"还可以用什么图形来表示"是在学生已经自主探究出用图形来代表规律的情况下发问的，学生会用图形符号来表示规律，说明学生已具备符号意识，这时再强调换其他的图形显然转移了学生的注意力，反而不利于对核心数学问题的研究了。

课堂设问要有利于引发前后知识的联系。数学是一门系统性很强的学科，前面的知识往往是后面知识的生长点。教师通过课堂的提问，巧妙地结合复习旧知识，通过联想求得新知识，能起到"温故而知新"的作用。例如，学生已学了等腰三角形这一知识，为了巩固学生对这一图形概念的理解，在新课开始不是直接提问"什么样的三角形是等腰三角形"，而是这样设计提问："如果一个等腰三角形，它的一边是 4 厘米，另一边是 10 厘米，怎样求第三边？如果一个等腰三角形，它的一边是 4 厘米，另一边是 6 厘米，怎样求第三边？"该提问主要通过题组导入复习，不仅让学生回忆了等腰三角形的概念，还巩固了"三角形的两边之和必然大于第三边"这一基本原理，为后面的教学作了铺垫。

课堂设问要围绕重点。所谓的教学重点就是在整堂课教学中有着重要地位和作用的内容，也是学生必须掌握的基本知识和基本技能。因此，教师要善于抓住教材内容的本质，设计富有针对性的问题。如"四边形的认识"的教学，就可以直接突出重点抛出问题："你认为什么样的图形是四边形？"通过观察、操作、思考、讨论，引导学生自主得出结论。

课堂设问要有利于突破难点。教学难点主要是指那些比较抽象、过程复杂、学生不易理解的知识或不易掌握的技能或技巧。这就需要教师在设计课堂提问时，抓住教学难点设问，通过学生对问题的思考为其解决问题架桥铺路、突破难点。

课堂教学提问要目中有人。在实际教学当中必然碰到优、中、差三种不同层次的学生。如果设问只针对少数"优等生"，那些中等生、差生会因回答不出或答不准而避开，这样必将导致部分学生在教师提问时不是积极参与，而是消极等待，甚至对自己没有信心，最终导致学习兴趣下降。因此，教师要根据本班学生的能力和水平设计难易不同的问题，并有针对性地提问。提问个别同学时，教师可要求其他同学仔细听，认真评，大胆说自己的看法，这样既可以照顾到大多数学生，又能激发弱势学生学习和思考的兴趣。

课堂提问设计要富有情趣、意味和吸引力，使学生不由自主地思考相应的问题，并饶有情趣地保持思考的热情。教师要着眼于教学内容，巧妙、艺术地构思提问，以引起学生的好奇心。当学生寻求到答案以后，就会为获得新知识和能力而激动、振奋，为探索和创造的成功感到愉快。

## 实践坊

# 分数除法（六年级）教学实录[①]

**师**：同学们好，这节课我们来探究乘、除法之间的秘密。首先，请根据 $4×3=12$ 改写出两个除法算式。

**生**：$12÷3=4$，$12÷4=3$。

**师**：很好，你能根据 $\frac{3}{7}×\frac{5}{9}=\frac{5}{21}$ 改写出两个除法算式吗？

**生**：$\frac{5}{21}÷\frac{3}{7}=\frac{5}{9}$，$\frac{5}{21}÷\frac{5}{9}=\frac{3}{7}$。（教师根据学生汇报板书）

**师**：同学们真不错，这么快就能利用乘、除法各部分的关系，得到两个肯定正确的除法算式。下面，请同学们再口算下面这两个乘法算式。

$$\frac{5}{21}×\frac{7}{3}=\left\{\frac{5}{9}\right\}\qquad\frac{5}{21}×\frac{9}{5}=\left\{\frac{3}{7}\right\}$$

**师**：刚刚我们根据一个乘法算式得到了两个肯定正确的除法算式，通过计算又得到了两个乘法算式。（指板书）这样就形成了两组算式。（打大括号）请你仔细观察（板书：观察）每组的上下两个算式，有什么相同和不同点呢？

$$\begin{cases}\frac{5}{21}÷\frac{3}{7}=\frac{5}{9}\\[2mm]\frac{5}{21}×\frac{7}{3}=\left\{\frac{5}{9}\right\}\end{cases}\qquad\qquad\begin{cases}\frac{5}{21}÷\frac{5}{9}=\frac{3}{7}\\[2mm]\frac{5}{21}×\frac{9}{5}=\left\{\frac{3}{7}\right\}\end{cases}$$

学生回答略。

**师**：刚刚同学们提到每一组算式的结果都一样，那么我们就可以把 $\frac{5}{21}÷\frac{3}{7}$ 和 $\frac{5}{21}×\frac{7}{3}$ 用"="号连接。同样，$\frac{5}{21}÷\frac{5}{9}$ 也等于 $\frac{5}{21}×\frac{9}{5}$（板书）。

**师**：观察这两个等式，你发现了什么？同桌或者周围的学生展开讨论，互相说一说再汇报。

---

① 此案例由本书作者张新蔚提供。

**生**：一个数除以另一个数，就等于这个数乘以另一个数的倒数。

**师**：老师把你们猜想的结果记录下来，也就是"甲数÷乙数＝甲数×乙数的倒数"，（板书）乙数的倒数该怎么表示？当然，要使除法有意义，乙数应该不等于0。（板书）

如果只根据观察两个等式，我们就下这样的结论，还是过于草率了。所以我们可以把它当成一个猜想。（板书：猜想？）为了证实这个猜想是正确的，我们还需要举出更多的例子进行验证（板书：验证）怎么验证呢？

**生1**：要验证这个猜想，我们可以列举。

**生2**：我们可以先写一个分数乘法的算式。再由乘法改除法算式，通过这个肯定正确的除法算式来进行验证。

## ///// 智慧屋 //////

思维是从问题开始的。在上面的这个教学片段中，教师通过"一个整数乘法算式改写成两个除法算式"的活动，让学生在复习旧知识中引出"分数除法的意义"，然后通过计算从分数乘法（一个因数是刚刚除法算式中的被除数、另一个因数是除数的倒数）中得到相应的除法算式中的商，从已知巧妙地迁移出未知，使学生的思维火花得到激活。这个乘法算式与除法算式之间的关系到底是巧合还是存在某种规律呢？老师又轻松地提出一个问题："观察每一组的上下两个算式，有什么相同点和不同点呢？"这是一个指向明确的问题，学生可以从观察中客观地发现算式之间的异同，得到比较明确的结论。而接下来的"观察这两个等式，你发现了什么"则是一个较为开放的问题，不同层次的学生可以根据自己的理解得出不同层面的结论；这也是围绕核心知识提出的一个关键性的思考问题，这个问题可以引起学生对题组的观察与思考，并引发与"分数除法计算法则"相关的猜想，便于学生得出正确的结论。这样的提问方式为学生的思考预留了发现、探究、创新的宽度，也自然地开启了后续的教学活动，但这种提问方式并没有给学生以思维的暗示，它有利于开启学生探究、思考的深度，为学生的思维提供生长点。

设问是一门学问。能否科学艺术地驾驭课堂提问，是对一个教师教学能力和教学艺术的考验。巧妙地设问源于教师对教学内容的准确理解与适度挖掘，也依赖于教师对学生学习心理的科学把握。在"善问"、"巧问"的同时，更应该用心设计怎样追问。尽管课堂追问要根据学生的课堂实际表现而定，但教学预设才是有效追问的保障。追问的关键在于导疑与释疑，而学生的疑问究竟会出现在什么地方，出现后该怎样搭桥，这些都可以通过教学设计来做到心中有数。

## 学习园

1.《让学生的思维活起来》，严永金，西南师范大学出版社，2008

推荐理由：本书以案例为主，解说、评点、分析为辅，用通俗的创作方法，把最先进的教育理念和方法融入有趣的情境中，让读者更充分地领会先进、有效的课堂提问艺术。

2.《课堂提问的艺术——发展教师的有效提问技能》，丹东尼奥著，宋玲译，中国轻工业出版社，2006

推荐理由：该书是一本实用的关于教师提问技能发展的指导手册。全书分五个部分介绍了教师学习有效提问的成长历程和教师提问才能的发展模型。

# 2.5 怎样设计"预习"才有利于学生后续学习?

有效的数学教学活动是学生学与教师教的和谐统一。在信息化的时代里,知识不再完全由教师教给学生已是不争的事实。如果把学习活动仅仅理解为上课听讲、下课做作业,恐怕有些学生永远也学不会怎样学习和怎样思考,学生的"学"与教师的"教"应摆在同样重要的位置。基于这样的理念,课前预习成为提高学生学习效率的重要手段。预习是新课教学前,学生通过适当的方式自主学习,尝试探索新知识或者获得与新知识相关的学习基础或经验的一个环节,其目的在于激发学习热情,培养学习能力、提高学习效果。但事与愿违,许多学生在自学后就获得了解决例题的思路与结果,或者了解了要学的概念,待正式学习新知时,却丧失了学习的热情,或者因为对概念的一知半解而变得心不在焉……

////// 案例角

▼ "分数的初步认识"教学片段①

**教学内容**

人教版小学《数学》三年级上册第七单元第一课时。

**课前预习**

看书91—92页,完成93页的"做一做"的第1题。

---

① 此案例由本书作者姚红梅提供。

**教学过程**

**师**：课前我们对"分数的初步认识"进行了预习，通过预习你们都知道了些什么？

**生1**：我知道了1个月饼平均分成2份，每份就是$\frac{1}{2}$，平均分成4份，每份就是$\frac{1}{4}$。

**生2**：像$\frac{1}{2}$、$\frac{1}{4}$这样的数叫作分数。

**师**：除了$\frac{1}{2}$、$\frac{1}{4}$这样的分数外，你们还知道哪些分数呢？

学生踊跃作答。

**师**：你们预习得很认真，现在谁把"做一做"第1题的答案和大家交流一下？

## 讨论区

认识分数是学生数概念的一次扩展，因为在意义上、读写方法上以及计算方法上，分数和整数都有很大差异，所以学生初次学习分数难免会感到困难。案例中教师对学生课前预习的要求就是"看书"与"练题"，认为经过课前预习后学生已经基本掌握学习内容，教学中教师只要检查预习效果就行了。从学生的回答中我们可以看出，面对教师提出的问题，学生虽然基本上都能给出回答，但学生的视野停驻在书本的那两页内容上，表达也仅局限于书上呈现的文字。

没有操作的感受与体验，学生对分数的产生和意义缺乏自己的思考与真正的理解，这算不算真正认识了分数？课前预习学生只是记忆书中的内容，这是否有价值？数学与其他学科的课前预习有什么不同？教师怎样设计预习的内容和形式才有利于学生的后续学习？

常德市武陵区北正街小学一直进行数学课堂教学改革，根据"先学后教"的理念，部分数学骨干教师率先展开了"自学导航"等形式的课前预习，并针对"课前预习"这个话题集中进行了交流。

## ✦ 教师沙龙

◎ 课堂教学中，当教师提出问题，经过课前预习的学生对于知道的问题都会愿意当"小老师"表达自己的见解，对预习中不知道的内容会认真听讲，以解决心中的疑惑。所以，课前预习确实能提高学生学习的效果。

◎ 如果预习仅仅是看书，则预习效果就值得商榷。有的问题教材上有现成的答案，学生不用动脑就可以找到答案。即使需要理解思考，不同的人对教材有着不同的理解，这种理解可能是正确的、也可能是错误的。如果误读，先入为主地形成错误观念，反而对后面的课堂学习产生障碍。所以，对于学生的独立预习，教师需要用心设计。

◎ 小学数学教材每个单元知识目标对学生学习的要求各不一样，案例中"分数的初步认识"需要生活情境、需要操作感受，但是有的内容如"约数和倍数"等概念又重在理解。教师应该针对不同的知识内容设计课前预习的内容和预习的方式。

◎ 课前预习指向学习目标，但是对学习目标的达成度比课中学习要低一些。它只要求学生初步了解学习内容，允许学生存在疑惑，鼓励学生带着问题进课堂。如果认为学生借助课前预习就应该完全掌握要学习的知识和技能，这个观点是不对的。

◎ 看书的确是课前预习中常见的方法，但并不是唯一的方法。课前预习时如果只是看书，那么对知识的印象不仅很肤浅，而且容易直奔教材中的"黑体字"，画上记号就认为"看过了"、"知道了"，直接接纳教材中的结论，结果很有可能出现"知其然而不知其所以然"的现象。

◎预习该从哪些方面入手？不同的教学内容应该怎样设计？这是值得深入研究的问题。正如教学设计一样，课前预习要根据学生的不同情况区别设计。

## ✦ 专家点拨

课前预习的特点是先人一步，本质是主动学习与独立思考。但是，课前预习绝不仅仅等于课前自由看书。教师对课前预习如果不进行精心设计，不提出明确的要求，也不提供方法指导，纯粹依靠学生个人的努力，将导致学生茫然摸索。无论对于集体教学还是学生个人来说，不仅收效甚微，还会出现学生

"有所知"与"无所知"并存的局面，从而给后续的课堂教学带来更多的困扰。

课前预习与课中学习一样，同样是有目的的学习。教师必须通过对预习的设计来调控、引导学生的预习。对于教师教学而言，预习主要有两个作用：一是引导学生为学习新知识做一些尝试，培养学生的自学能力；二是通过预习了解学生的知识与经验储备，寻找学生知识的生长点。数学课的预习不仅仅是看看书、做做练习这么简单，精心设计预习的内容，推敲预习的形式，才能提高预习的效果。

首先，设计预习要思考具体的预习目标、内容和程序。通常，设计预习可以从以下几个方面考虑：

一是思考怎样让学生领会显性的教材资源。教材中的每一个例题和习题都蕴含着一定的编写意图，预习设计要用足、用够教材资源，使其在学生的学习过程中发挥应有的作用。

二是分析学习内容的广度与深度。广度指内容横向上的容量与范围，一般来说就是"有哪些知识点"；深度指纵向上的思考，指这些知识点与前后知识的联系及对其的理解运用。教材资源通常都具有可以启发思考或揭示规律的功能，但学生并不能一眼看出规律，需要我们在预习中设计一些辅助性的问题、活动或练习、变式练习等，为学生理解教材的显性资源搭建思考的桥梁，储备一些相关的数学活动经验。如案例"分数的初步认识"预习中可以让学生思考如"$\frac{1}{2}$、$\frac{1}{3}$等都是分数，但是各个分数的意义与表现形式有哪些不同"等问题，感受不同的分数与分数中分母、分子的关系，还可以思考"将一个西瓜平均分成若干份，依次吃掉其中的每一份直至整个西瓜都被吃掉，这些情况该怎样用分数表示"等问题，让学生不仅感受分数单位与分数的关系、部分与整体的关系，还可以感受分数在生活中的应用。这样的学习内容都具有广度与深度上的意义。

三是思考预习的侧重点。每一堂课可以预习的内容很多，而预习切忌给学生过多的学习负担，可以根据不同的内容与目标设计不同的预习侧重点。"数与代数"内容的教学目标指向发展计算策略、引导探索规律、培养数感等，预习中则要以理解概念与尝试发现规律为主。如案例 1 是初步认识分数的含义，从知识目标上来讲要能领会、表达部分与整体的关系，并在写法上感受分数和整数的不同。这需要通过创造并观察大量的分数，从而体会几分之一在不同的物体中有什么共同的特点，不同的几分之一在写法上有什么相同的地方。"空间和图形"内容要求学生有比较强的空间想象能力，动手操作、观察思考则成为该领域不可或缺的预习手段。"统计与概率"内容在布置预习任务时就要侧重于让学生去收集他感兴趣的数据，也可独立进行分析，这样在课堂中可以直接交流分析，制定问题解决策略。

其次，预习设计要让学生明确预习的步骤，掌握一定的自学方法。

预习的内容要注意突出三个方面。一是做什么：告诉学生预习的内容。二是怎样做：开展哪些预习活动？思考哪些具体问题？怎样思考？数学预习不同于语文预习，不能死记硬背结论，也不是单纯理解解题步骤，而是为解决课堂教学的核心数学问题做一些尝试性的思考。三是做得怎么样：反思预习效果。这样的预习步骤不仅使学生带着明确的学习目标进入课堂学习，还能培养学生的有序思维和自我管理能力，增强学生学习的主动性。

预习的过程应该让学生掌握一定的预习方法。课前预习方法一般有五点：一是动眼看，数学教材是学习数学的依据，预习时要逐字逐句地读，从教材的情境中发现数学信息，从整体上了解新知识；二是动笔记，对于新知识中重要的概念、法则、定律以及不懂的地方做一些标志，便于课堂上予以关注；三是动手做，预习时勤动手，对书上的实物、直观图、线段图、模型等动手做一做、画一画，增强图形与空间观念，培养动手能力；四是动脑想，对新知识多问多想，如与旧知识有无联系、与生活经验有无联系、其中的定理有无变式等，为学习新知识做好充分的铺垫、切实提出有价值、有思考性的问题，以便在课堂学习中和老师、同学进行探讨、分析；五是动笔练，针对新知识从课后习题中选择和教材例题同等难度或类似的习题练一练，检测自己的预习效果。案例中教师仅仅要求学生用"看"的方法是不够的，教师应该要求学生折一折、涂一涂、画一画等，用不同的形式创造出任意的"几分之一"，然后观察思考，揭示共性，从而理解几分之一的意义。

最后要注意的是：课前预习的目的是促进学生的自主学习，使其获得全面的发展。低年级的学生可以侧重在预习兴趣、习惯的培养，中高年级学生则逐步转向数学思考和数学学习的方法上。同时，在课前预习中，教师要注意允许不同的学生有不同的预习效果，要承认学生的个体差异，对预习效果不要强求学生都达到同样的水平。

## 实践坊

# "认识三角形" 课前预习设计①

**教学内容**

人教版小学《数学》四年级下册第五单元"三角形的特性"

**课前预习**

（1）动眼看：看书 80—82 页"三角形的特性"，初步了解学习内容，把其中关键的话用"_____"画出来。

（2）动手做：①用学具棒做一个三角形，拉一拉，看看会不会变形。②任意的 3 条线段都能围成三角形吗？用学具棒验证一下。

（3）动笔画：自己动手画一个三角形，注明各部分的名称，并尝试画出它的高。

（4）动脑想：①你还能说出生活中哪些物体上有三角形吗？你觉得三角形和原来学过的其他图形间有什么联系？②通过预习，对于三角形的知识你知道了哪些？还有哪些疑问？

## 智慧屋

"三角形的特性"属于"空间与图形"领域，其中涉及 3 个例题，知识目标包含：①抽象概括出三角形的特征，认识三角形各部分的名称及底和高的含义，学习用字母表示三角形；②联系生活实际，了解三角形的稳定性；③探索"三角形任意两边之和大于第三边"。案例中的课前预习内容准确把握了知识目标，有效地设计了预习方法，有梳理、有归纳，这样的课前预习有利于学生后续的课堂学习。其设计策略主要有：

1. 用符号圈点概念性知识

教材中的概念一般是学习的重点或难点，用一定的符号将其标注出来，一方面能很快明白学习的主要目标，另一方面有利于注意力的集中，帮助记忆。

---

① 此案例由本书作者姚红梅提供。

2. 动手实践操作性问题

案例中设计了利用学具"做三角形"、"拉三角形"、"用不同的学具棒做三角形"、"尝试画图"的操作要求,把教材中抽象的语言变成了生动、直观的活动,让学生亲历了"做数学"的过程,这样的过程不仅能帮助学生认识和掌握三角形的特性,还增加了学生对数学学习的情感。

3. 联系生活拓展思考

数学来源于生活,问题"你还能说出生活中哪些物体上有三角形吗"就是引导学生发现生活中的三角形,感受三角形在生活中的作用。问题"你觉得三角形和原来学过的其他图形间有什么联系",是引导学生挖掘教材主题情景图蕴含的内容,借助生活中图形的表象,体会与思考事物之间的相互联系,为后面学习"平行四边形的面积"等知识埋下伏笔。

4. 注意预习效果的整理归纳

这是课前预习中最关键的一个环节,通过整理归纳,学生了解到自己的收获,对学习重难点心中有数,增强了学习信心,同时找到了自己的困惑,为后续的课堂学习确立了目标,从而达到了事半功倍的学习效果。

## 学习园

1.《课前预习与课后复习》,石岭、贾娟、孟微微,世界图书出版公司,2010

推荐理由:本书立足于课前预习与课后复习,充分强调了两者的意义及预习、复习的各种方法。特别对于课前预习方面,编者不仅根据不同学科的特点提出有针对性的预习方法,如数学预习"三步走"等,还根据教学实情,提出了"最大限度提高预习效果"的注意事项。这些内容对教师指导学生进行课前预习具有很强的借鉴作用。

2.《对小学数学课堂预习的叩问》,荀步章,《教学与管理:小学版》,2011(9)

推荐理由:本文针对目前数学课堂预习的现状提出了10项叩问,问题小而精,涉及预习的意义、预习指导方法、预习后的课堂教学应把握哪些原则等教师非常关注的话题。每个问题都设有回答,回答语言平实朴素,提出的方法和内容贴近教学实际,具有很强的可读性和实际操作性。

# 2.6 如何准确把握数学练习的"度"？

课堂是学生进行数学学习的主阵地，而课堂练习大约占了课堂教学一半的时间，它是促进学生知识、技能、思维、情感等发展的重要手段，也是学生巩固知识、形成技能的基本途径。长期以来，数学教学提倡"精讲多练"和"以练代讲"。因此，课堂练习中常常存在繁、杂、多、乱的现象。

## 案例角

### ▼ 案例1 真能"以多取胜"吗？[①]

教学"两位数的除法笔算"时，老师在新课学习后马上出示了这样的一组练习。

1. 做一做

   | | | |
   |---|---|---|
   | $434 \div 60$ | $78 \div 20$ | $350 \div 70$ |
   | $434 \div 62$ | $78 \div 26$ | $345 \div 68$ |

2. 先说出把除数看作多少来试商，再列竖式计算

   | | | |
   |---|---|---|
   | $69 \div 23$ | $180 \div 22$ | $275 \div 68$ |

3. 照样子连一连

   $40\sqrt{80}$  　　　 $20\sqrt{180}$  　　　 $70\sqrt{420}$

   $408 \div 68$  　　　 $86 \div 43$  　　　 $189 \div 21$

4. 不用竖式计算，很快说出下面各题的商

   | | | |
   |---|---|---|
   | $140 \div 18$ | $358 \div 52$ | $216 \div 36$ |

---

① 此案例由本书作者程五霞根据 2011 年 11 月在湖南省岳阳市东方红小学的听课记录整理而成。

5. 赵老师带了 146 元去商店买 22 元一本的课外书，能买多少本？

## ▼ 案例 2  "纸上谈兵"行不行？[①]

一位老师设计的"长方形和正方形的周长和面积"课堂练习如下。

1. 抢答

（1）要计算长方形的周长与面积必须要知道（    ）和（    ）。计算正方形的周长和面积必须要知道（    ）。

（2）我们学过的长度单位有（    ），面积单位有（    ）。

（3）计算结果是周长用（    ）单位，是面积用（    ）单位。

（4）长方形周长 =（    ），其中的 2 表示（    ）。正方形周长 =（    ），其中的 4 表示（    ）。

2. 计算下列图形的周长与面积

（1）长 7 米、宽 3 米的长方形。（2）边长为 20 厘米的正方形。

3. 列式解答

（1）配一块长 6 分米的正方形玻璃，玻璃的面积有多大？

（2）给一块长 20 厘米、宽 16 厘米的镜子配上镜框，需要多长的木条？

（3）小明绕长 100 米、宽 50 米的操场跑了 3 圈，一共跑了多少米？

（4）王爷爷给长 7 米，宽 4 米的菜地围篱笆（一面靠墙），需要多长的篱笆？

（5）正方形手帕的周长是 100 厘米，它的面积是多少？

（6）一个长方形游泳池周长是 200 米，宽 40 米。它的面积是多少？

────────

### ▰▰▰▰▰ 讨论区 ▰▰▰▰▰

两位数的除法笔算的计算原理与一位数除法相同，只是试商难度加大。其关键是让学生掌握试商的方法，养成良好的笔算习惯，发展学生的思维能力。而案例 1 中从第 1 题到第 4 题都是单一模仿和重复练习。第 5 题涉及解决实际问题，但缺乏趣味。计算需要练习，但这样单一、盲目的练习意义有多大？难

────────

① 此案例由本书作者程五霞根据 2012 年 5 月在湖南省岳阳市东方红小学的听课记录整理而成。

道练习真能"以多取胜"吗?

案例2中的练习大多是信息明确、思维封闭、结论确定的知识性习题,缺乏信息隐蔽、思维灵活、结论开放的实践性习题,侧重了知识和技能训练,忽视了思维和情感因素。学生花费了大量的时间做练习,依旧收效甚微。

以上两个教学片段反映了教师在设计课堂练习中的一种普遍现象:练习设计过多地关注学生课堂知识的巩固,强调练习的正确率,而忽略了练习设计的针对性、递进性和多样性等,对练习的呈现形式也思考不够。究竟要怎样设计课堂练习才能事半功倍?练习设计在量与度上该如何把握?

针对"如何设计课堂练习"的主题,笔者组织岳阳市部分小学数学骨干教师进行了专题研讨。

## ✦ 教师沙龙

◎"以多取胜"的做法是不可取的。重复单调、杂乱无章地盲目多练,不仅不能加深学生对基本概念与法则的理解,反而容易增加学生对数学学习的厌恶。练习的量不一定要多,但一定要有针对性。要针对重点知识、学习难点设计练习,针对教材要求和学情控制练习的量。练习也不一定是学生单个埋头苦练,可以组织学生分组讨论,通过互动交流来理解、突破难点内容;也可以设计改错题型,让学生在纠错中有所体会。

◎由于学生的学习基础、接受能力不同,兴趣爱好各异,练习内容和要求"一刀切"的做法不利于学生个体的发展。教师应关注学生的个体差异,练习设计要讲究坡度,注重层次性和挑战性,做题除了操练和思考,更要带给学生成功与自信的体验。

◎练习只是一种手段,巩固知识不是唯一目的,培养能力与发展思维才是最终目的。教师不能只关注对数学知识的简单检测,而忽略学生数学思维和能力的检测与培养。仅仅是简单模仿例题来解题的练习不宜过多,适当变化练习的呈现方式,变化练习的角度,设计一些具有生活性、趣味性和开放性的练习,更能培养学生举一反三的能力,培养学生良好的思考习惯。

## ✦ 专家点拨

练习是小学数学教学中的一个重要环节,是学生系统掌握数学基础知识与技能，培养能力、发展智力的重要途径。在小学数学课堂中，练习应该具备以下四个功能：一是教学功能。可以促进学生对数学的基本概念、法则、公式、定律、性质的进一步理解、掌握、巩固和应用；也可以促使学生将计算、解题、画示意图、测量等基本技能转化成熟练的技能技巧。二是反馈功能。能否保证教学质量在很大程度上依赖于能否获取矫正性的反馈信息。练习是反馈学生掌握知识、形成技能等各种信息的重要渠道，教师只有根据学生的练习情况调整自己的教学计划，才能真正促进学生的发展。三是发展功能。通过练习，学生可以学到一些解决问题的方法，领悟基本的数学思想，训练思维的品质，提高逻辑思维能力。四是教育功能。数学练习题往往蕴含具体生动的数据和统计材料，可以向学生进行多侧面、多层次的思想教育。通过自评和互评，学生在练习的态度、解题的策略、练习的效率等方面也会受到教育与启迪。

小学数学练习的设计既是技术，更是艺术。课堂练习设计的优劣将影响学生数学学习的有效性，同时也会影响到学生良好思维品质的形成与良好学习情感的获得。因此，教师应准确把握数学练习的"度"，精心设计练习的量，提高数学练习的效率。多练并不能取胜，精练、巧练才有利于学生的后续学习。

首先，设计练习时要从研读教材中的习题内容出发，充分理解教材编者的意图，数量适当，目的明确。教师可以针对教材的某一个重点或难点安排练习，巩固和突破教学重点、难点；也可以针对某一个容易混淆的概念安排练习，以提高学生的辨别能力；还可以在平时作业或考试后，针对典型错例，及时安排纠正和补漏练习。

其次，练习的设计要有层次、有坡度，难易结合。要注意以中等生为着眼点，面向全体，兼顾两头，因材施教，既要有一定数量的基本练习和稍有提高的变式练习，还要有一些综合性的开放练习，以适应不同层次学生的需要。对学习困难的学生，让他们多练一些基本题，然后再逐步提高；对于中等学生，可让他们练习一定数量的基本题和难度不大的变式题；对于学有余力的学生，可以让他们做一些需综合运用知识和富有思考性的开放题，使每个学生都能得到相应程度的提高和发展。

最后，练习的设计要注意趣味性、多样性和思想性相结合。教师既要编选一些带有浓郁趣味的习题，做到寓练于乐，练中生趣，在减轻学生心理负担的同时提高练习效率；也要设计出具有实用价值和富有思考性的开放性练习，使学生感受数学的严谨美和思维美，体会数学的生动有趣和内在魅力，形成实事求是的态度以及进行质疑和独立思考的习惯，促进学生全面和谐发展。

教师还可采用初学之后单项练、揭示本质变式练、关键部分重点练、沟通知识系统练、易错问题辨析练、易混知识对比练、培养能力创造性练等多种方式，大胆删减重复的、模仿性质的习题，添加一些有助于学生综合运用所学知识和密切联系生活的练习题，精心设计一些典型而富有思维价值的练习题，使学生在举一反三中增强知识学习的效果，同时也给学生独立探究留下一定的余地，使每个学生的思维通过练习得到不同程度的提升。

## 实践坊

### 对案例 2 练习的改进设计①

通过对案例 2 练习设计中存在的问题进行深入分析，针对现今学生知识面宽、理解能力强的特点，并结合教材内容和《课标（2011 年版）》的要求，可在"长方形和正方形的周长和面积"学习后设计如下课堂练习。

1. 个体尝试

先判断要计算什么，再提出问题并解答出来。

（1）配一块长 6 分米的正方形玻璃，（　　　　）？

（2）小明围绕长 100 米，宽 50 米的操场跑了 2 圈，（　　　　）？

（3）王爷爷给长 7 米、宽 4 米的菜地围篱笆（一面靠墙），（　　　　）？

教学策略：学生先独立完成，教师巡视、及时发现问题。第 1 题和第 2 题全班订正，第 3 题重点讲解。通过"一面靠墙"这个关键词提出问题"你认为哪面靠墙？"，引出本题的两种情况，并提问后解决。

2. 男女对抗赛

（1）一个长方形坐垫的面积是 28 平方分米，长 7 分米。在四周缝上花边，花边有多长？

（2）一个正方形游泳池周长是 200 米，它的面积是多少？

教学策略：男女生计时比赛，全班订正时，说说计算时要注意什么。

3. 小组讨论

（1）用 16 厘米的铁丝可围成多少种不同的长方形和正方形？怎样围面积最大？

---

① 此案例由本书作者程五霞提供。

**温馨提示:**

① 要计算哪个面积最大,必须要知道长方形或正方形的什么?

② 这里的 16 厘米的铁丝其实是长方形或正方形的什么?

③ 通过周长能算出长方形的长和宽以及正方形的边长吗?如何计算?

④ 动手画一画,完成下表。

|  | 第一种 | 第二种 | 第三种 | 第四种 |
|---|---|---|---|---|
| 长(厘米) |  |  |  |  |
| 宽(厘米) |  |  |  |  |
| 周长(厘米) |  |  |  |  |
| 面积(平方厘米) |  |  |  |  |

⑤ 你的结论:(周长相等的长方形和正方形中,正方形的面积最大)。

⑥ 应用:兔妈妈分别给了三只小兔一根 64 米的绳子,请它们为自己圈出一块菜地,你认为怎样圈最划算?

(2)用两个周长都是 12 分米的正方形拼成一个长方形,它的面积和周长分别是多少?

## 智慧屋

课堂练习应该是概念强化、技能熟练的过程,是促进学生认知结构不断完善的过程。练习活动应以问题为核心,通过问题解决沟通知识之间的联系,形成更为清晰的知识脉络,促进学生思维能力的发展。设计练习时一定要紧扣目标,提高练习的有效性。改进后的"长方形和正方形的周长和面积"练习设计准确地把握了练习的"度",有效地提高了课堂练习的效率,主要体现在以下两点。

1. 紧扣教学目标定位练习的内容、坡度和密度

在练习设计时教师首先应该明确通过练习需要达成哪些目标,练习的内容有哪些,为什么要练习这些内容,练习的要求是什么,等等。明确了这些,教师才能正确把握练习的方向,才能为实现有效练习而奠基。

　　该案例中设计了三组富有层次的递进式练习，重点关注学生对周长和面积含义的进一步理解、区分与扩展，关注计算方法的熟练以及知识技能的实际应用，同时发展学生的数学思维。

　　第一组基础练习中，学生必须根据题中已有信息独立思考做出判断：第1小题是要求玻璃的面积，第2小题是求2个操场的周长，第3小题是计算篱笆有多长。特别是第三小题，通过"一面靠墙"这个关键词，能较好地帮助学生进一步厘清周长的概念，同时培养学生比较能力、分析推理能力和空间想象能力。

　　第二组比较练习采取男女对抗赛的形式进行扩展，有效地提高了学生练习的积极性，并通过后面的质疑"计算时要注意什么？"跟进，帮助学生进一步明确周长和面积在含义、计算方法、计量单位等方面都不相同。

　　第三组变式练习采取小组讨论的形式，让学生合作交流，猜想验证，主动探索，灵活运用所学知识总结规律。

　　这样紧紧围绕教学目标的三组练习，不仅有效体现了练习的坡度，还加大了课堂密度。

　　2. 在练习中渗透数学思想方法，把握练习的深度和难度

　　练习的目标不仅仅是帮助学生掌握知识，更重要的是发展学生的数学思维能力。练习时要关注数学思想方法的渗透，让练习的过程更加深刻，更加丰盈。

　　该案例中的练习旨在引导学生采用比较的方法进行练习，促使学生在比较中梳理知识，加深对周长和面积的概念、计算方法的理解与掌握；在比较中不断深化、拓展新知，提高学生解题的综合能力；在比较中发现周长与面积的一些变化规律，形成新的认知结构，培养学生思维的灵活性、深刻性、广阔性和独创性。

　　数学思想方法是数学的灵魂。特别是在第三组的变式练习中，着重渗透了"数学建模"和"数形结合"的思想。教师通过温馨提示，引导学生分组合作，主动探索与发现，通过画图、填表、观察、比较这一系列数学活动，引导学生感知和发现周长和面积的内在关系：面积相等时，它们的周长不一定相等；当长和宽越来越接近时，它们的周长越小；周长相等的长方形和正方形中，正方形的面积最大。接着，教师引导学生利用所学知识解决身边的数学问题，使数学在练习中散发出它独有的魅力。正如周玉仁教授所说，数学学习是从厚到薄，又从薄到厚的过程。

总之，教师只有在认真研读、吃透教材、领悟编者意图的前提下，才能把教材的精神内化为自己的思想；才能不让学生做无层次练习，也不让学生无层次地去练习；才能避免随意、机械或盲目练习的现象；才能立足教学目标和数学本质，精心设计适应不同程度学生发展需要的习题，突出习题的层次性、针对性、思考性和开放性，努力做到练习内容和练习形式统一，掌握知识和培养能力统一，练习量、练习时间和练习效率统一。

## 学习园

《课堂练习设计相关资料整理》，http：//bbs. cersp. com/dispbbs. asp？boardID＝171&ID＝188570&page＝1

推荐理由：该网址中有大量教师关于课堂练习设计的研讨，也有相关主题的讲座转帖，还有一线教师的教学实践案例与反思，资源丰富，有利于我们集思广益。

# 2.7 情感态度与价值观如何通过教学设计落实？

倡导"三维"教学目标的落实是新课程改革的一面旗帜。对于一线教师而言，"知识与技能"、"过程与方法"这两个维度的目标的落实易于理解和操作，而"情感态度与价值观"历来被传统教育所忽视，即使有注意到的，充其量也是关注学生学习兴趣的培养。在教师看来，情感态度与价值观目标的落实困惑颇多：一是在理解层面显得虚无缥缈，因时而异，难以把握；二是在操作层面上，目标设置不知如何具体，教学落实除了说教似乎没有更好的章法，培养效果难以及时显现，评价更缺乏富有操作性的标准。凡此种种困惑导致在具体的教学过程中教师对情感态度与价值观这个纬度目标的落实感到有心无力，落不到实处。

///// 案例角

## ▼"比的基本性质"教学片段①

本课在"情感态度与价值观"方面的目标设定为：通过观察、比较的研究过程，使学生体会转化思想在数学中的运用，培养学生求真求实的科学态度。

师：（出示"3∶4"、"6∶8"、"9∶12"）请同学们求下面比的比值。（指定一名学生上台板演）

师：结果有怎样的关系？

---

① 此案例由湖南省常德市武陵区北正街小学管惠珍老师提供。

生：3∶4＝6∶8＝9∶12。（生说，师板书）

师：请同学们仔细观察，从左向右看，你发现什么规律？从右向左看，你发现什么规律？

生1：比的前项和后项同时乘同一个数，比值不变。

生2：比的前项和后项同时除以同一个数（0除外），比值不变。

师：也就是说，比的前项和后项都乘以或除以相同的数（0除外），比值不变。（师板书：比的基本性质）

师：这个性质与我们前面学过的哪些知识有联系？

生：分数的基本性质、商不变的性质。

## 讨论区

"比的基本性质"是小学数学高年级教学中的重要内容。其教学过程应该蕴含丰富的关于情感态度价值观方面的教育素材，如感悟"变与不变"的观念，理解数学的应用价值，体验数学推理的严谨等。而上述教学中师生一问一答似乎顺利地找到了比的基本性质，那么其设定的"求真求实的科学态度"是否已落实到位？数学是一门自然科学，"求真求实的科学态度"可以成为每一节课的目标，那么如何依托"比的基本性质"这一内容落实这个目标？或者说如何将培养学生求真求实的态度这一目标具体化？上面的教学似乎没有体现，因而情感态度与价值观的目标显得大而空泛。

在小学数学教学中，怎样制定情感态度价值观方面的具体目标？这些目标与具体的教学内容有怎样的联系？我们认为有必要就"情感态度与价值观的培养如何落到实处"这一问题进行探讨。

针对以上困惑，湖南省常德市武陵区北正街小学部分数学教师进行了专题研讨。

### ✦ 教师沙龙

◎作为一名数学教师，要把情感态度与价值观的培养目标贯穿到知识与技能、过程与方法的培养过程中去，首先必须充分认识情感态度与价值观在数学教学中的重要性。在应试教育依然盛行的背景下，教师注重知识与技能的培养，忽视其他目标的培养几乎成为一种根深蒂固的习惯。只有从思想上对情感态度与价值观培养目标足够重视，才会去思考在教学过程中如何去落实它。

◎情感态度与价值观的培养应该承载在知识与技能的学习过程中。渗透、感染是最好的落实方式。教师要努力创设适宜的活动环境与条件，灵活多样地选用教学活动和组织形式，使学习过程变成学生不断提出问题、解决问题的探索过程，让学生在活动中获得成功的体验，建立自信心，形成正确的价值观。

◎现在各级教育主管部门都重视考试评价，而情感态度与价值观强调的是学生的主观体验、心理反应、价值认同，不是一张纸质考卷就能考查出来的，要想客观准确地评价它们并不是一件很容易的事。正因为这样，教师通常都不重视怎样将这方面的目标落实，也不知道该如何落实。

◎基于教案的完整性教师还是会考虑情感态度与价值观方面的目标，上面的教学就设置了“培养学生求真求实的科学态度”这一目标，但设计归设计，如何落实并没有考虑。目标设计没有具体化，也没有根据目标设计相应的教学活动，这是我们最需要改善的地方。

## ★专家点拨

情感是人的自然心理活动，在学习活动中学生会自然地产生正面（高兴、兴奋、感兴趣）或负面（不愉快、厌恶）的情绪反应，只有积极的情绪才能保障学生的有效学习。价值观是人对周围事物的基本看法，它决定着一个人的思维活动与外在行为。当一个人具备科学的态度和价值观时他才能正确地认识和对待周围世界。数学看似“冰冷”的符号，但在适宜的条件下数学学习可以唤醒学生的热情与好奇心，培养其求真求实的科学态度和勇于探索的理性精神。教育的出发点和落脚点都是“育人”，在数学教育中提出“情感态度与价值观”目标，是为了学生全面发展和可持续发展的需要，是新课程改革的一大进步。

教师在这一维度的教学困难，来自于自己对“情感态度与价值观”的教育价值认同不够，对其教学要求研究不深，往往记住的是一些放之四海皆准的套话，对具体落实的方式方法缺乏思考。要将情感态度与价值观的目标在教学中落到实处，教师应该在教学活动开始以前就付出努力。

首先，要明确“情感态度与价值观”的内涵和外延。

情感指的是学习兴趣、学习热情、学习动机，更指爱、快乐、审美情趣等丰富的内心世界和心灵世界；态度指的是学习态度、学习责任，更指乐观的生活态度，实事求是的科学态度，宽容的人生态度，包括克服困难的勇气、充满自信的乐观态度等；价值观不仅强调个人的价值观、科学的价值观、人类的价值观的统一，还强调科学价值与人文价值的统一、人类价值与自然价值的统一。明确了情感态度与价值观的具体范围，教师才能准确表述教学目标，有针对性地落实教学目标。案例中的"使学生体会转化思想在数学中的运用"指向的是学生的基本技能而非情感态度，"体会"与"学会"、"掌握"只是对技能要求的程度不同而已。

其次，要推敲教学目标，细化教学要求。

（1）根据具体的教学内容思考教学目标

《课标（2011 年版）》提出的情感态度与价值观的目标要求分为五点："积极参与数学活动，对数学有好奇心和求知欲。在数学学习过程中，体验获得成功的乐趣，锻炼克服困难的意志，建立自信心。体会数学的特点，了解数学的价值。养成认真勤奋、独立思考、合作交流、反思质疑等学习习惯。形成坚持真理、修正错误、严谨求实的科学态度。"① 上述内容指的是学生在义务教育阶段要达成的目标，是每一堂课可以关注的点，但只有根据不同的教学内容赋予每个目标具体的要求，教学才具针对性和可操作性。如"比的基本性质"教学目标可设定为：引发学生研究"比"的兴趣，在探索"比"的规律的过程中感受数学的严谨性，体验"反思与质疑"的价值等。若教学"比的应用"则应该设置"体会按比例分配在生活中的应用，形成数学应用的意识"等目标。

（2）理解各目标之间的相互关系，制定分层递进的教学目标

在设置情感态度与价值观目标时，要分析各目标点的层次性、递进性和相互关系。发展兴趣的前提是引发学生的好奇心和求知欲，而好奇的反映是集中注意力；体验获得成功的乐趣是培养学生求知欲和建立自信心的基础；"锻炼克服困难的意志"需要以"勇于尝试"为基础；"体会数学的特点，了解数学的价值"后，"求知欲"才得以巩固；"锻炼克服困难的意志"需要以"勇于尝试"为基础；在学习习惯的培养上，"认真"、"勤奋"的前提是"集中精力"，或者说"专心"、"专注"；学会"反思质疑"之前必须学会"独立思

---

① 中华人民共和国教育部. 义务教育数学课程标准：2011 年版 ［M］. 北京：北京师范大学出版社，2012：9.

考"，缺乏独立思考，学生不可能产生真正的疑惑，缺乏真正的疑惑，合作交流时只会人云亦云；养成"合作交流"的习惯则可以让学生在独立思考的基础上汲取集体的智慧，不断修正自我、完善自我；而促使学生养成"全面、深入地思考"、"批判性思维"的习惯是数学教育的落脚点。教师对情感目标的具体含义要认真体会，准确把握。例如，"质疑"是指学生针对书本或者同伴、教师的推理、观点、结论进行分析判断后表示怀疑；而"反思"是指学生主动思考和总结自己的活动过程与结果。只有当学生会为自己的疑问寻找证据，知道否定、修正或证实他人的结论，当知道自己有错误时能理智地放弃错误、尊重科学，他们才能在思考问题时做到严格、谨慎，才能"形成坚持真理、修正错误、实事求是、严谨求实的科学态度"。

最后，要从有利于学生获得情感体验的角度设计教学活动。

（1）设计适宜的情境、活动、问题等，强化学生的情感体验

情感态度与价值观不能像讲解知识一样"教给学生"，而是重在渗透，讲究"随风潜入夜，润物细无声"。这要求教师提供能引发情感共鸣的问题情境，设计能让学生获得体验的活动，给予学生体验和感悟的时空，使学生有机会、有条件获得情感体验。在上述案例中，学生的学习显得亦步亦趋，虽有一问一答，但缺乏主动性和思辨性，教师关心的是知识传授，忽略的是学生体验。如果教师让学生运用分数的基本性质和商不变的性质的迁移教学，引导学生猜想比的基本性质，尝试写出不同的例子来证明 3∶4 =（　　　）∶（　　　），再通过小组对例证进行观察、比较、分析，最后发现比的基本性质，就能使学生亲历一次由假设到验证的发现过程，这样的学习活动才能让学生体会探索的魅力，在论证中感受务实与严谨。

（2）紧扣教学要点设计富有感染力的指导语言

中国教育历来主张晓之以理、动之以情。"情感态度与价值观"的落实需要教师用自己健康的情感、积极的人生态度与价值取向去影响学生，通过自身行为的示范让学生模仿，通过评价时的认可、赞许或反对来彰显自己的态度和立场以及价值观。然而，对于大多数教师而言，仅靠课堂的随机应变并不能达到教育目的，在教学设计时，对于在哪几个环节有意识地渗透哪几项目标，用怎样的语言来引导与评判会对学生产生怎样的影响，都应该深思熟虑。如上述教学中让学生感受"变与不变"的观念就值得教师用心设计。

## 实践坊

## "圆的认识" 教学片段①

本课的情感态度与价值观目标为：在活动中，感受图形与生活的紧密联系，获得对数学美的丰富体验，提升学生对数学文化的认同。

通过自学，学生认识完半径、直径、圆心等概念后，教师问学生关于"圆"还有什么值得探究的，学生纷纷提出自己的想法。

**师**：说得好，其实不说别的，就圆心、直径、半径，还蕴含着丰富的规律呢。同学们手中都有圆片、直尺、圆规等，这就是咱们的研究工具，待会儿就请同学们动手折一折、量一量、比一比、画一画，相信大家一定会有新的发现……

伴随着优美的音乐，学生们以小组为单位，展开研究。

**师**：光顾着研究也不行，我们还得善于将自己的发现和大家一起交流、一起分享，你们说是吗？（很多小组都向教师推荐了他们刚才的研究发现，教师从中选择了一部分）下面，就让我们一起来分享大家的发现吧！

学生分组表达自己关于圆心、半径、直径的发现后，有一个学生要求补充。

**生**：我有一点补充。不同的圆，半径其实是不一样长的，所以应该加上"在同一圆内"，这一发现才准确。

**师**：大家觉得他的这一补充怎么样？

**生**：有道理。

**师**：看来，只有大家互相交流、相互补充，我们才能使自己的发现更加准确、更加完善。

在接下来的环节，教师出示史料，引导学生逐字理解"圆，一中同长

---

① "圆的认识"教学实录［EB/OL］.［2013-03-29］. http://wenku.baidu.com/view/918119d950e2524de5187ea6.html. 收录时有删改。

也"，并感叹"两千多年前对圆的研究与我们今天的发现完全一致"，引发学生为"我国古代这一发现要比西方整整早一千多年"而由衷地感到自豪。接着，教师又领着学生研究《周髀算经》"圆出于方，方出于矩"的含义，并通过"正方形的边长是 6 厘米"推断关于圆的信息。

**师**：说起中国古代的圆，下面的这幅图案还真得介绍给大家（出示阴阳太极图），认识吗？

**生**：阴阳太极图。

**师**：想知道这幅图是怎么构成的吗？

**生**：想！

**师**：原来它是用一个大圆和两个同样大的小圆组合而成的。现在，如果告诉你小圆的半径是 3 厘米，你又能知道什么呢？

学生纷纷表达自己的发现。

**师**：看来，只要善于观察，善于联系，我们还能获得更多有用的信息。现在让我们重新回到现实生活中来。平静的水面丢进石子，荡起的波纹为什么是一个个圆形？现在，你能从数学的角度简单解释这一现象了吗？

学生回答略。

**师**：其实，又何止是大自然对圆情有独钟呢？在我们人类生活的每一个角落，圆都扮演着重要的角色，并成为美的使者和化身。让我们一起来欣赏。

伴随着优美的音乐，教师展现如下的画面：拱桥、建筑、景德镇瓷器、中国结、剪纸、圆形标志等。

**师**：感觉怎么样？

**生**：我觉得圆真是太美了！

## ///////智慧屋

数学教学中的丰富情感、态度和价值观需要教师用心去挖掘与设计。在张老师的课堂上，我们可以发现老师善于利用丰富、多元、立体的情感态度与价值观方面的教育因素，使之成为学生触摸、领略数学"冰冷背后的美丽"的推手。

　　首先，为学生提供"创造"的机会，促使学生获得成功的体验，并运用完美的语言及时点化，彰显教师解决问题的主张与价值观念。张老师将圆的特征综合在一个探究性的活动中，让学生通过自主探索、合作交流、共同分享等环节，经历一次完整的"研究与发现"的过程。"创造、发现与分享"成为本堂课的主旋律。在创造、发现与分享的过程中，学生不仅把该学的知识转化为自己思维的过程与思考的结果，同时课堂上教师那种理解、欣赏的态度，激发了学生的表现欲望，在让学生享受成功体验的同时，教师用自己经典的语言传递着一些做人、做事的价值观念，如"善于观察，善于联系"的思考理念、"相互交流、相互完善"的行事方式等。

　　其次，根据教学内容安排恰当的史料等教育资源，渗透数学文化，提升学生对数学文化的认同感。与圆相关的数学历史源远流长，张老师并没有停留在古代对圆的记载的介绍上，肤浅地进行爱国主义教育，而是引导学生理解"圆，一中同长也"，感受"圆出于方，方出于矩"，分解太极图的构成，并且在史料中有机地运用圆的特性，使学生触摸到了史料的价值，深刻的民族自豪感、不断超越的探索精神、严谨的数学学风等，都透过课堂浸润到学生的内心。

　　最后，将教学内容与生活实际有机联系，让学生感受数学的价值，体验数学的情趣和魅力。对于"圆"，学生并不陌生。张老师并没有让学生对圆的认识停留在对生活经验的回顾和对圆的概念的简单理解上，而是引导学生在"解释自然中的圆"和"欣赏人文中的圆"相结合的活动中，感受圆的神奇魅力。如此设计教学活动，圆所具有的文化特性便深深地浸润于学生的心间。学生由衷地感叹"我觉得圆真是太美了"，表明学生已深深感受到了"数学至真至善的美"，至此，数学的科学价值与人文价值得到完美的统一。

　　情感态度与价值观目标的达成不像具体的概念、法则、公式一样可以由教师"讲解"给学生，它是一个"润物细无声"的过程，只有日复一日地感染、渗透、启发，它才会内化为学生的一种品质。

## ///// 学习园

1.《浅议新课程情感、态度与价值观目标的教学设计》，刘毅，《现代教育科学》，2008（5）

推荐理由：该文借鉴国外学者对情感领域目标的分类，结合我国中小学教学实际对情感态度价值观进行了分类，并通过实例告诉我们在目标设计时怎样表述比较恰当。该文对教师编制情感态度与价值观的目标具有指导意义。

2.《用文化润泽数学课堂》，张齐华，《人民教育》，2006（3）

推荐理由：该文指出数学文化包含了情感态度与价值观，文中对"情感态度与价值观"的实践与经验值得教师借鉴。

# 探寻教学方法

凡论及教学就离不开对教学方法的探究。不同的教学方法会引发学生不同的学习态度，产生不同的学习效果。

十多年前听过湖南汪松浩老师执教的"小数的初步认识"一课，至今记忆深刻，历久弥新。"小数的初步认识"主要是认识小数各部分的名称、读法、写法，对于这一类属于数学事实和规定内容的教学，老师通常采用讲授法，让学生通过有意义的接受学习来认识小数。汪老师的课却与众不同。教学伊始，老师在大屏幕上出示一张彩色纸，告诉学生："这张纸遮住了一个数字，猜猜被遮住的是个什么数？"学生受知识背景的影响，说出的结果都离不开整数。教师笑而不语，只缓缓地将彩纸下移，露出数的小部分。"是两个0！""可能是一个8、一个0！"学生饶有兴致地猜着。随着彩纸的缓缓下移，学生的猜测集中在"8、9、0"三个数字之中，当数字露出2/3时，所有学生都毫不怀疑地说："是89，绝对是89！"然而，当彩纸完全褪去，学生呆了。"不是89！""8和9中间多了一个小圆点。""没见过这样的数。""好像叫八点九（8.9）。"……待学生的疑惑露尽，教师从容地发问："为什么你们都猜错了？这个数与我们认识过的数有哪些不同？怎么读？怎么写？你还在哪里见过这样的数？"教学活动由此层层拨开……

教育是一种科学，而科学的本质在于它的方法。

本课让人耳目一新的高明之处，就在于老师除了常规的讲授法外，还针对学习者的特点，采用了游戏法吊足学生的胃口，吸引着他们全身心参与；之后又采用探究法、比较法让学生自主释疑，使学生主动感知小数，构建关于小数的认知。教学方法的灵活使用让这个课堂从平淡无味的"白开水"转化成让人回味无穷的"可口饮料"！

尽管教学方法各具特色，但教学的对象是活生生的学生。从某种意义上讲，教学总是与不确定性打交道，以简单的方法应对复杂的教学过程似有难以承受之重，因而，教学有法却无定法！这正是吸引我们孜孜不倦地探寻教法的魅力所在。本章选取新课程改革以后提出的一些数学教学新要求为研究点，如数感的培养、基本活动经验的获得、运算能力的提高、问题意识的培养、算法多样化的处理、估算教学的处理等，展示教师执教不同教学内容所采用的不同方法、不同的教学处理带来的不同效果，引导读者感悟"因材、因人施教"是选择教法与手段的唯一出发点，教学方法的选择应该以始终围绕教学目标、始终符合学生的心理需求、始终促进学生的学习为原则。

# 3.1 如何让学生在操作中获得基本的活动经验?

《课标(2011年版)》明确提出将"双基"发展为"四基",即除了"基本知识"、"基本技能"外,还增加了"基本思想"、"基本活动经验"。对于数学教师,"数学思想"一词耳熟能详,而"基本活动经验"这个新名词,教师则似懂非懂,不少人感到非常困惑:究竟什么是基本活动经验?学生获得基本活动经验有哪些途径?如何让学生在操作活动中获得基本的活动经验?

## ///// 案例角

### ▼"平行四边形面积"教学片段[①]

**师:**(出示一个平行四边形,并板书:平行四边形面积)你准备怎样研究平行四边形的面积?

**生:**数格子。

**师:**数格子的方法好不好?我们以后都用这种方法,会怎样?

**生:**不好。

**师:**我也觉得不好。那还有什么方法呢?我们可不可以把平行四边形转化成我们学过的什么图形呢?

教师提供了剪好的平行四边形、剪刀,让学生动手剪一剪、拼一拼,教师巡视指导后指名汇报,并适时完成板书,得出平行四边形的面积公式。

---

① 此案例由本书作者程五霞根据2011年10月在湖南省岳阳市东方红小学的听课记录整理而成。

## ▨▨▨▨ 讨论区

案例中学生看似在操作，其实完全是在教师牵引下找到问题的答案，并没有真正经历探究的过程。教师虽然设计了操作活动，但却在学生没有自主思考前就明确告诉学生要将图形转化，用剪拼的方法来推导出平行四边形面积公式，这样虽然能顺利地得到公式，但学生的操作体验并不深刻，容易导致学生对公式死记硬背。

这样的教学活动是否让学生获得了活动经验？究竟什么是基本活动经验？如何帮助学生积累基本活动经验？对这些本原性问题是否有清晰的认识，将会深刻影响我们的日常教学行为，决定着我们能否有效落实"让学生获得基本活动经验"的教学目标。

为了解决以上问题和困惑，我们组织了岳阳市部分小学数学骨干教师进行了专题研讨。

## ✦ 教师沙龙

◎"基本活动经验"应该是指学生在直接或间接参与学习的过程中通过对具体事物进行实际操作、考察和思考等活动所形成的感性知识、情感体验和应用意识。上述案例反映教师对基本活动经验的理解不够，没有真正将活动经验作为数学教学关注的目标，学生自然无从积累有价值的活动经验。

◎数学教学应该是数学活动的教学，而基本活动经验正是在活动中积累的。要让学生积累活动经验，就必须让学生真正经历活动，有深刻的活动体验。其实做题也是一种数学活动，只要在做题的过程中学生真正思考了，就会有较深的体验，所以也能获得一些数学方面的经验。

◎只要学生真正参与了活动，就会留下印象。但这种印象要上升为一种经验，还需要教师的具体帮助，至少要多提示、强调一些东西。

◎教师在设计操作活动时应为学生提供一个好的操作活动氛围，尽量使每一个学生都能参与，都能动手"做"数学，为他们提供真正的探索空间，并在其充分感知的基础上，适时地引导学生汇报交流、比较反思，并给予评价、反馈矫正，引导学生提升数学活动经验，领悟数学活动的本质。

## ✸ 专家点拨

　　数学活动的主要目的是让学生经历探究、思考、抽象、预测、推理以及反思的过程，获取丰富的过程性知识。"基本活动经验是个体在经历了具体的学科活动之后留下的具有个体特色的内容。它既可以是感觉知觉的，也可以是经过反省之后形成的经验。"数学基本活动经验是指在数学目标的指引下，通过对具体事物进行实际操作、观察和思考，从感性体验到理性认识的过程中所形成的认识。它是建立在人们的感觉基础上的，又是在活动过程中具体体现的，是动态的、隐性的和个人化的。它可以是深深铭刻在头脑中的数学的精神、思维方法、研究方法、推理方法，甚至经历的挫折等，也可以是对数学活动的领悟。

　　活动是经验的源泉，不亲历实践活动就根本谈不上经验。数学活动经验是学生在学习活动过程中所获得的。离开了活动过程，就不会形成有意义的数学活动经验。动手操作是学生获得活动经验的必然途径，而数学活动不仅仅是外显的活动，也包括学生内隐的思考活动。活动经验是不断积累的，只有在一次又一次的活动中反复积累操作的经验、思考的经验，它们才能最终沉淀到学生的内心深处，成为一种素质或一种能力，受用一生。

　　帮助儿童获得数学活动经验需要教师正确认识以下问题。

　　首先，经验是在经历中获得的。获得经验需要学生参与数学活动，并在活动中经历思考，获得体验。教师应多为学生设计从事数学活动的机会，学生才有可能获得基本活动经验。其次，并不是经历了数学活动，学生就一定能获得充足的数学活动经验。一方面，数学活动必须伴随着不断的反思、总结、提炼才能产生经验；另一方面，学生的数学活动经验是建立在学生参与数学活动的过程和个体感觉基础上的，而学生个体感悟水平的差异，会导致学生在同一活动中所获得的经验也存在差异。在同班学生共同参与的活动中，有的学生获得的数学活动经验比较清晰，有的比较模糊；有的比较丰富，有的比较单薄。吸引、鼓励每一个学生全身心参与数学活动，并积极思考与总结，学生才可能获得较为丰富的经验。再次，经验并非总要亲历亲为。亲历并不是获得数学活动经验的唯一方式，学习、交流与借鉴也是获得经验的一种途径。教学中，适时运用现代教育技术，教师可以充分整合各种教学手段，给学生提供和创造一些观察性经验，让学生在观察、模仿、想象这些替代性经验中获得接近于身临其境的经历与体验。

学生数学活动经验的形成不是一蹴而就的，需要多次的体验、反复的思考与提炼。学生最初所形成的基本经验会随着活动的开展而不断重现、迁移和运用，使得原始经验得到不断的改造和提炼，逐渐地从低级经验向高级经验转化，最终上升为一种理性认识。因此，教师要让学生获得某一种基本经验，就应该多次创设类似的活动情境，使学生有再现原有经验的机会，并在后续的活动中不断地领悟、反思、提炼和内化，这样才有利于学生数学知识的学习与数学思想方法的领悟，有利于学生数学素养的形成和创新能力的培养。

## 实践坊

### "分数的认识"教学片段[①]

**师**：这儿有一个长方形，它的 $\frac{1}{2}$ 该怎么表示呢？

生动手折手中的长方形纸。

**师**：你们是怎么折的呢？

生1展示将长方形对折。

**师**：还有哪些同学是这样折的？有跟他不一样的吗？

**师**：（展示一个折成了4份的长方形）涂色部分是长方形的 $\frac{1}{2}$ 吗？要表示出长方形的 $\frac{1}{2}$，我们得把它平均分成几份？

**师**：（展示三种不同的折法）为什么涂色部分都是 $\frac{1}{2}$ 呢？

**生2**：因为都是它的一半。

**生3**：它们都平均分成了2份。

**师**：说明折法不同没关系，只要平均分成2份，那么其中的1份就是长方

---

① 张齐华. "认识分数" 讲座实录 ［EB/OL］. ［2013-03-21］. http：//blog. sina. com. cn/s/blog_4d6052a4010009zv. html. 收录时有删改。

形的——

生：（齐）$\frac{1}{2}$。

师：（接着出示另外几样图形）涂色部分都是这个图形的$\frac{1}{2}$吗？（学生判断并说明理由，略）

师：看来，不管是蛋糕还是长方形、六边形或者正方形，只要把它们平均分成2份，其中的1份就是它的——

生：（齐）$\frac{1}{2}$。

……

师：（指着图1）这根长方形的纸条，可以用数1来表示吗？（指着图2）仔细观察，现在应该用几分之一来表示呢？

生：（齐）$\frac{1}{2}$。

师：（出示图3）现在还能用$\frac{1}{2}$表示吗？估计一下，你觉得现在能用几分之一表示？

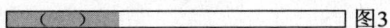

生4：$\frac{1}{3}$。

教师演示课件，提示学生注意观察是几分之一。

师：（出示图4）估一估，现在涂色部分可以用几分之一来表示？

生5：$\frac{1}{4}$。

生6：$\frac{1}{6}$。

师：（演示课件）注意观察，究竟是几份？涂色部分是几分之一？谁一开始就估对了？（生6举手）你是怎么估计的？为什么这么复杂的题目你一下就估对了？有什么窍门儿？

生6：我看见上面是 $\frac{1}{3}$，而底下是上面的一半，$\frac{1}{3}$ 里有两份这样的，所以是 $\frac{1}{6}$。

师：她可不是随便估计的！瞧，她发现这个正好是上面的一半，就意味着我们把这张纸条平均分成几份？……这样的一份就是——？……瞧，借助观察和比较来进行估计，是多好的思考问题的策略呀！

师：观察这里的涂色部分和对应的分数，你还能发现什么？

生1：我发现同样一根纸条，它的 $\frac{1}{3}$ 要比 $\frac{1}{6}$ 大。

生2：我发现 1 里面有 3 个 $\frac{1}{3}$，还有 6 个 $\frac{1}{6}$。

师：看来，今天所学的 $\frac{1}{3}$、$\frac{1}{6}$ 和我们以前认识的 1 有联系吗？如果把这张纸条再往下平均分，还可能会出现几分之一？

生：$\frac{1}{8}$……$\frac{1}{48}$……

……

师：同学们，随着平均分的份数越来越多，表示每一份的分数将越来越——（小）。

## 智慧屋

基本数学活动经验是学生在经历数学活动的过程中获得的关于数学的体验和认知，"是悟出来的，想出来的，而不是教出来的"。张齐华老师执教的这堂"分数的认识"或许能为我们帮助学生获得基本活动经验提供一些借鉴。

1. 数学活动经验要触及数学概念的本质

概念是数学的灵魂，也是学生数学学习的根基。围绕概念本质内涵的活动所产生的活动经验才会带着浓浓的数学味，蕴含着无限的扩展力。

这一堂课张老师通过一层一层的数学活动，像剥笋一样把"分数"这个数学概念的非本质属性一层层地剥离，最后留下的能让学生获得关于分数的最本质属性。分蛋糕还只是处在具体形象思维层次，而之后对长方形纸的操作，则是引导学生感悟：一个东西怎样对折无所谓，这不是分数的本质属性，它的本质属性是它本身只要是平均分成两份，其中的一份就是它的 $\frac{1}{2}$。与分蛋糕比，学生对分数的认识又提升了一步。接着，张老师又拿了几个不同图形让学生判断、分析，明确无论什么图形，只要平均分成了两份，每一份都是它的 $\frac{1}{2}$。后来，张老师又通过小组活动引导学生感悟：只要你有本事找出它的几分之一，它就可以进行分数的比较。

通过三个层次的比较，学生留下了深刻的印象：要表示几分之一，怎样对折没关系，什么图形没关系，只要把一个东西平均分成若干份，表示这样的一份就是它的几分之一；而两个完全一样的单位1，只要你能表示两个具体的分数，那么它就能进行有效的比较。这就是数学活动经验，它的获得有利于学生对分数概念本质的认识，有利于学生以后学习其他的数学概念。

2. 数学活动经验的积累必须以激发学生的思考为前提

数学活动应该成为数学思考的活动。张老师通过让学生估计"纸条"涂了几分之一，引导学生在不断思考中积累估测的经验：先充分感知"1"，然后通过比较，猜测下面的涂色部分究竟是几分之一；接着，张老师并不满足于让学生了解从1到 $\frac{1}{3}$ 再到 $\frac{1}{6}$ 的变化，而是渐渐引导学生去寻求解决问题的策略："你是怎么估计的？为什么这么复杂的题目你一下子就估对了？有什么窍门儿？"这就是引导学生反思自己解决问题的过程，并提炼思考经验。"瞧，借助观察和比较进行估计，是多好的思考问题的策略呀！"便是引导学生感悟操作方法方面的经验：原来估计不应该仅仅是看出来的或蒙出来的，而是通过一定的策略推理出来的。

3. 关注数学思想的渗透能让学生获得深刻的数学活动经验

数学思想是数学的灵魂，是数学的本质所在。在经历纸条多次平均分后，张老师先提出一个很简单的问题："还能把这张纸条继续往下平均分吗？如果再往下平均分，还可能会出现几分之一？"因为直观操作的感性认识，学生一下就感受出来了，回答非常自然："$\frac{1}{8}$…… $\frac{1}{48}$……"张老师接着又抛出问题："随着平均分的份数越来越多，那表示每一份的分数将越来越怎么样？"有了前面分纸条的活动经验积累，再加上后面的想象推理，学生不言自明：平均分的份数越多，表示每份的分数就越来越小。学生在不断获得数学基本活动经验的同时，感悟了数学的极限思想。

　　杜威认为"一盎司经验胜过一吨理论"。教师应从学生的生活经验和已有的知识背景出发，设计一些能彰显数学本质和激发数学思考的活动，帮助他们在动手操作和自主探索的过程中，真正理解和掌握基本的数学知识与技能，体验和感悟数学思想与方法，同时获得"最具生长力"的数学活动经验，成为数学学习的主人。

## 学习园

　　"基本活动经验的理解与行动"专题，《江苏教育（小学教学）》，2011（12）

　　推荐理由：这是关于"基本活动经验"的专题讨论，由许卫兵老师引出话题，然后提供诸多关于基本活动经验的文章供读者赏析，其中有刘加霞、马云鹏等教育专家的论述，也有一线教师的案例分析与反思。这些论述反映了教育专家与一线教师从不同层面对基本活动经验的内涵界定、现状审视、价值追寻和实践探索，对读者深入理解"基本活动经验"起到引领与借鉴作用。

# 3.2 怎样有效地帮助学生建立数感？

数感是我们既熟悉又陌生的一个概念。人们在学习和生活实践中经常要和各种各样的数打交道，常常会有意识地将一些现象与数量建立起联系，这就是数感的体现。数感与方向感一样有一些与生俱来的成分，但数感是一种复杂的心理活动，它的形成必须建立在计数活动的基础上，它可以通过后天的学习得到培养。培养和发展学生的数感既是数与代数学习的核心目标之一，也是小学数学教学的重要任务。当前小学生数感发展水平不平衡，学生数感意识薄弱或缺失的现象比比皆是，为此，我们应该研究一些有效的策略和方法来帮助学生有效地建立数感。

## 案例角

### ▼ 案例1    不可思议的选择[1]

选择：小明的爸爸身高（C）米。

A. 1.76         B. 17.6         C. 176

### ▼ 案例2    这样的结果可能吗？[2]

爸爸今年32岁，比小明的3倍还多2岁，小明今年几岁？

32×3+2=98（岁）

答：小明98岁。

---

[1]  此案例由本书作者关巧华根据2012年9月在湖南省湘潭市和平小学的听课记录整理而成。

[2]  此案例由本书作者关巧华根据2012年12月在湖南省湘潭市和平小学的听课记录整理而成。

### ▼ 案例3　错在哪儿?①

师：（呈示一些计算错误实例，题略）同学们，我们一起来看看，下面的计算对吗？如果错了，请你指出错在哪里。

生1：我认为他没有按运算顺序算。

生2：他抄错了运算符号和数据。

生3：这道题目他没有乘除数的倒数。

……

师：同学们对这些错误分析得很到位，以后大家在计算时，也要避免发生同样的错误。

## 讨论区

当我们看到学生的作业本上堂而皇之地写着"爸爸的身高176米"、"爸爸今年32岁，比小明的3倍还多2岁，小明今年98岁"时，是不是也曾感到又好气又好笑？那么，学生为什么能够比较32和98这两个数的大小，却屡屡出现像"小明今年98岁"这样不可思议的错误呢？如果一个小学生学习了多年的数学知识，但不会下意识地对自己的计算结果表示怀疑，这的确值得我们反思。在案例3中，学生对计算错误的分析都是从算法上找原因，而教师压根就没有想到让学生从估算的视角去推断答案的正误。

不难看出，学生出错的原因在于数感的缺失。纵观我们的教学，可以看到教师舍得花时间在解题方法与思路上反复引导学生，会在计算上耐心、细心地反复提示学生，但却很少反思：在教师的谆谆教诲之后，"小明98岁，小明的爸爸32岁"这样的故事为什么会"换汤不换药"地重复着？要改变这种状况，必须从培养学生的数感上下功夫。

"数感"是数学素养的具体体现，也是《课标（2011年版）》提出的核心概念之一。怎样有效地帮助学生建立数感，湘潭市和平小学部分数学教师于2012年7月6日进行了专题研讨。

———————————

① 此案例由本书作者关巧华根据2012年9月在湖南省湘潭市和平小学的听课记录整理而成。

## ✦ 教师沙龙

◎类似于上述"不可思议的选择"与我们平时教学中不注重与学生的生活相联系有关。有的教师愿意创设生活情境，但仅把生活情境作为激发学生学习兴趣的手段，此后便弃之不用，严重浪费了许多有价值的鲜活素材。数学知识与生活的脱节难免会导致学生对有些数学问题的解答让人啼笑皆非。

◎数学学习与现实生活密切结合时，数学才具有生命力。因此，教师在引入数学概念的时候不仅要注意创设生活情境，还应该在引导学生解决问题的时候，既要求得问题的结果，又要养成检验结果在生活中是否有意义的习惯。这样才能及时发现错误，重新梳理数量关系，正确解答问题。

◎对于学生个体来说，数感发展存在一定的差异。如在计算"27+58+173+42＝?"时，有些学生观察了许久，也看不出来哪两个数相结合比较合适，对数的感觉能力较差。有些学生天生对数比较敏感，如高斯在小时候就凭借强烈的数感发现了等差数列的求和公式，即高斯定理。也许，教师费了十分的力气，学生的数感差异依旧很大。

◎数感不仅与人的先天因素有关，与后天的培养也有很大关系。因此，在教学中要根据学生的个体差异，分层次实施教学，让不同的学生在数感上都有所发展。

## ✦ 专家点拨

"数感"是新课标中提出的一个新名词。经过十年的课改实验，数学教师对这个名词耳熟能详，但对数感的具体含义却了解不多。我们可以这样理解："数感"就是对数与数之间关系的理解与感悟以及在此基础上形成的对数的驾驭能力。数的大小关系及其所对应的数量之间的多少关系，还有变化的量之间的函数关系等都是数量之间的关系。数感就是一种感悟，它离不开对这些数量关系的感性思维和理性思考。因此，感知和领悟缺一不可。数感有时是对于数量与数量之间共同点的理解，有时是把现实背景中的数与数量相联系，并做出合理的判断。

培养学生数感的时机需要教师在师生对话、小组合作交流、学生完成的作业和试卷中去挖掘。学生在学习过程中出现的各种错误都是培养学生数感的宝贵素材。如果只是在课堂上引导学生从解题策略上去考证，势必会造成对"数感"培养的弱化。估算是培养学生数感最有效的载体，"能估算运算的结果，并对结果的合理性做出解释"是数感的一个外显性指标。我们应该采用这样的策略：先让学生通过观察算式，凭数感（估算）判断答案的不合理性，再让学生反思和自查计算步骤和过程是否正确。

现实生活是培养和发展学生数感的素材之源。选择现实的数学情境，能把抽象枯燥的数和现实中的数量有机联系起来，有利于建立和理解它们之间的关系。案例 2 中，当学生通过计算得出小明年龄 98 岁时，教师应该引导学生比较解题数据与实际生活中父子的年龄关系，并由此判断自己的计算结果是否合理。在案例 1 中，学生选择爸爸身高 176 米，实质上反映了学生对"米"这个度量单位的认识与把握的偏差，而对于计量单位的准确把握也是数感的一种体现。我们不仅需要帮助学生在学习各类计量单位时建立相应的量感，更需要让他们在日常生活和解决问题的过程中反复体验，不断思考，有意识地沟通抽象的数据与实际生活的联系。教师若能从低年级就开始加强对学生估算意识与能力的培养，学生必定会对数的意义和运算有灵敏而强烈的感知能力，并能做出迅速、准确的反应。

著名数学家波利亚说过："学习任何知识的最佳途径是自己去发现，因为这种发现理解最深，也最容易掌握其中内在的规律、性质和联系。"因此，教学要尽量结合现实素材，引导学生通过对数的大小进行比较、对物体的多少进行估计、对数与数之间的大小关系进行感悟，在不同的背景下从多种角度来表示一个数等活动，使学生的数感得到有效的培养。

////// 实践坊

## 类比提升，以学生错误为教学起点[①]

教师为了帮助学生能够恰当地运用计量单位，选择以学生的错误为教学起点，通过类比有效提升了学生对"米"这个计量单位的理解。

---

① 吴雷霞. 突出体验培养数感［J］. 小学教学研究，2004（10）. 收录时有删改。

师：176 米有多高呀？谁能给大家描述一下？

生 1：讲台大约高 1 米，176 个讲台叠起来，就是 176 米的高度。（众哗然，"哇!"声一片）

生 2：我想我们的教学楼高 10 米左右，那么 176 米就有 18 幢教学楼叠起来那么高，真是太高了！

生 3：我们学校的跑道长 200 米，减掉 24 米，再把它竖起来，就是 176 米的高度了。

生 4：我记得以前老师说过，老师的身高是 1.76 米，把 100 个老师叠起来，就是 176 米了。

师：同学们描述得很不错，那么有没有同学的爸爸，他的身高有 176 米那么高呢？

生：（惊叹）哇！

师：你们为什么会发出"哇!"的声音呀？

学生们七嘴八舌地议论。

生 1：这么高，太可怕了！他一脚就会把我们踩死的。

生 2：不可能！那样的话，他们家里的房子也要被顶破了！

## 智慧屋

数感不是靠传授得到的，而是在数学与现实生活相互沟通的背景下，借助生动、丰富的数学活动，使学生在主动感知与发现中逐步建立的。在案例 4 中，教师帮助学生建立数感的主要策略如下。

1. 抓住错误，放大辨析

教师敏锐分析到学生的错误答案与数感缺失的必然联系，并以此为教学起点，通过引发学生的讨论与反思，来建立对数与量的清晰认识。"176 米有多高呀？谁能给大家描述一下？"，教师的反问无异于放大学生的错误，也引发学生的讨论与反思，使学生在自我反省中找到了正确答案。

2. 借助熟悉的事物，在推测、估计中感悟数的大小

学习心理学表明，"学"这一活动最好的方法就是"做"。教师引导学生借助自己熟悉的物体的长度来推测 176 米有多高，这既是一种对量的把握，也

是对数的大小进行估计。同学们通过各自的估计，发现了"爸爸176米"是多么荒谬的答案，从而感悟到在解决问题时，要多联系生活想一想。遇到不清楚数有多大、量有多少的时候，可以举一些所知道的数量的实际大小，再把不清楚数量与它对比，是不是合理，这样就可以避免犯那些啼笑皆非的错误了。学生经历多次这样的猜测估计活动后，对数的大小的判断经验不断积累，其合情推理得到发展，数感自然得到培养。

"冰冻三尺非一日之寒，水滴石穿非一日之功"。数感的形成不是一蹴而就的，它是一个潜移默化的过程，需要用较长时间逐步培养。在教学中，教师要善于引导学生从学习和生活中寻找素材，通过多种方法感受数的意义，体会用数来表达和交流的作用，感悟数的大小，从而建立良好的数感，形成良好的数学素养。

## 学习园

1. 《钱守旺的小学数学教学主张》，钱守旺，中国轻工业出版社，2012

推荐理由：该书以《课标（2011年版）》为指导，根据自己的数学教学和研究成果，提出了具有个性的教学主张。本书理论联系实际，是一本不可多得的"名师真经"。

2. 《浅谈数感的培养》，王喜春，《现代教育科学（小学教师）》，2012（12）

推荐理由：这篇文章主要介绍了在小学数学教学中如何在体验生活、观察记录、表达与交流、操作体验、实践应用等方面引导学生感受数的意义，体会用数来表达和交流的作用，提出初步培养和建立数感的几点思考。

# 3.3　如何提高学生的运算能力?

在传统的小学数学教学中,无论是课堂学习、练习作业还是考试检查,计算都是绝对的主角。然而,十年课改后,计算似乎从王者地位沦落成教学内容的配角,"算法多样化"、"想怎么算就怎么算"、"计算不必追求速度"这些提法,让一些年轻教师误认为计算教学可以轻松对付,放低要求;有的教师认为计算教学单一而枯燥、抽象而乏味;有的教师认为计算器方便好用,不必关注学生运算能力的培养。天长日久,学生的运算能力明显整体下滑。

在教学中,数学概念的形成、数学结论的获得、数学问题的解决都需要计算的支撑,因此运算能力的培养是小学数学教学一项最为基本的任务。《课标(2011 年版)》提出的十个核心概念中,"运算能力"就是其中之一。可见,在新课程背景下对学生运算能力的培养不仅不能放松,还需要在计算过程中培养学生的思维能力。

/////// 案例角 ////////////////////

## ▼ "简便运算" 练习课①

从上课伊始到结束,教师一直带着学生不断地进行简便运算的练习:从填空到选择,从判断到计算,从直接说得数到怎样简便怎样算。一节课下来,学生一共完成了 6 种形式至少 60 个算式的计算练习,而在集体订正时,学生出现的错误令老师头疼不已,不断强调:计算时一定要细心,不要成为"马虎大王"! 学生的典型错误如下:

---

① 此案例由本书作者程五霞根据 2012 年 5 月在湖南省岳阳市东方红小学的听课记录整理而成。

$75+25×3 = 100×3 = 300$

$125×8÷125×8 = 1000÷1000 = 1$

$44×25 = 11×4×25 = 11×(4×25) = 11×4+11×25 = 44+275 = 319$

$9÷\dfrac{1}{4}+\dfrac{3}{4} = 9÷\left(\dfrac{1}{4}+\dfrac{3}{4}\right) = 9÷1 = 9$

$0.75+0.25÷0.05+0.15 = (0.75+0.25)÷(0.05+0.15) = 1÷0.2 = 5$

## 讨论区

新课改后，学生计算能力的培养被一些老师所忽略，即使有心想训练学生的计算技能也总有说不完的苦衷：时间不够用，一节课常常匆匆忙忙，导致学生什么也没有掌握好；学生在计算时总是"粗心"不断、错误连连，即使费心费力地练习也依然收效甚微。

简便运算是小学生必须掌握的一种能加快运算速度、提高运算准确率的捷径。从上面案例不难看出学生计算出错的原因不是"马虎"可以概括的。在《课标（2011 年版）》中提出培养学生的运算能力，说明计算不仅仅是一种技能，更多的是一种数学思考。如何在新课程背景下提高学生的运算能力？如何通过计算促进学生思维能力的提升？

## ★ 教师沙龙

◎由于教师对计算教学认识的偏差，现今计算教学中有几种普遍现象：重应用轻计算，重情境轻实效，重多练轻精练。学生计算常常出错、计算能力普遍下降已经是不争的事实。我们也觉得提高学生的计算能力应该受到教师足够的重视。

◎新课程强调数学与生活的联系，强调计算与应用结合，让学生在解决问题的过程中产生计算的需求，继而进一步探究如何计算。而实际教学中，部分教师为了追求"问题情境"而费尽心机，沉迷于情境而流连忘返、不知归路，反而影响了学习进程，给后续的算理感悟、算法探究以及巩固与应用等活动带来很多的不便。

◎简便运算是小学生必须掌握的一种能加快运算速度、提高运算准确率的捷径。它对学生熟练掌握计算法则、计算规律及运算顺序提出了较高要求。在案例1中学生出错的主要原因并不是马虎，而是对于计算定律及运算顺序的理解不够深入，运算的基本概念含糊不清，同时受到思维定式的影响。如75+25×3，由于前面所学的加减混合运算时一般是从左往右算，在这种思维定式的干扰之下，学生就很容易忽略掉先乘再加这一运算顺序。

◎提培养学生的"运算能力"应该与提培养学生的"计算能力"有区别，但区别在哪？还有很多人模糊。

## ✦ 专家点拨

新课标指出："运算能力主要是指能够根据法则和运算律正确地进行运算的能力。"[①] 它是思维能力和运算技能的结合，包括分析运算条件、探究运算方向、选择运算公式、确定运算程序等一系列过程中的思维能力，也包括在实施运算过程中遇到障碍而调整的能力以及实施运算和计算的技能。由此我们可以看出，"运算能力"比"计算能力"的内涵更丰富。培养运算能力是小学数学的一项重要任务，也是提高教学质量的基石，它有助于学生理解运算的算理，寻求合理简捷的运算途径解决问题。

但学生计算时常常会出现这样或那样的错误：不是看错数字，就是写错数字；不是抄错数字，就是漏写符号；不是加法忘进位、减法忘退位，就是加算成减、减算成加或乘算成除、除算成乘；有时还会出现令人无法理解的错误。究其原因是多方面的。

首先，思想不够重视，感知比较粗略。

在大多数学生看来，计算是最不用动脑筋的数学题。思想上的轻视导致了他们在计算时的随意和不认真，缺乏一丝不苟的学习态度，计算上经常出错。加之小学生注意力不够集中，对事物的感知比较直观、笼统、模糊，缺乏整体性和联系性，就很容易出现上述错误。

其次，思维定式干扰，短时记忆较弱。

积极的思维定式可以促进知识的迁移，消极的思维定式则会阻碍知识的迁移。在数学计算中，学生就很容易受到思维定式的影响，造成计算错误。如案

---

① 中华人民共和国教育部. 义务教育数学课程标准: 2011 年版 [M]. 北京：北京师范大学出版社，2012: 6.

例1中，学生就受到"凑整"这种思维定式和强信息的干扰，从而在计算时忽略了运算顺序或计算法则，导致计算出错。另外，小学生的短时记忆比较弱，常会因为记忆时提取失误而出错。如在计算连续进位加或多位数乘法时，学生就很容易忘记每一位该向前一位进几，从而导致算错了数。

最后，基础知识不牢，算理法则不清。

学生口算不熟练、计算顺序模糊等基础知识不牢是导致计算出错的重要原因。如案例1中，学生按照先加后除的顺序把 $0.75+0.25÷0.05+0.15$ 算成了 $(0.75+0.25)÷(0.05+0.15)=1÷0.2=5$，这显然是由于其对于四则混合运算的顺序没有真正理解和掌握而造成的计算错误。

另外，算理法则不清楚，计算错误也是在所难免的。案例1的习题看似简单，其实并不简单。它不仅要求学生能明确运算顺序、正确计算，而且要求学生有一定的观察能力，甚至要有一些直觉，能够进行合理的分析，找出其中能够进行简便运算的部分，并合理地进行简便运算。如 $44×25$，如果学生没有理解把44分成 $4×11$ 的含义，就容易算成 $44×25=25×4+25×11$。

针对现在计算教学中存在的问题和学生计算出错的原因，教师可采用以下教学策略。

（1）重态度，养习惯

教师在教学中要持之以恒地严格要求学生认真审题、独立思考、细心计算，书写工整规范；在计算过程中，能口算的要坚持口算，不能口算的要清晰地写出笔算或简算的过程；计算结束后，要自觉地检验，使学生养成认真的学习态度和良好的计算习惯。

（2）练口算，强基础

口算是计算能力形成的重要标志。教师首先要让学生扎实过好口算关，特别是20以内的加减法和表内乘除法等要达到"脱口而出"的熟练程度，才能为运算能力的提高打下坚实的基础。口算能力的形成需要长期的有计划地培养和训练。训练要做到形式多样化，要全方位、多角度地丰富学生的口算体验，并最终形成相对较好的口算能力。

（3）悟算理，重思考

学生如果不明白算理，即使会做计算，也只是单纯模仿或机械执行，在后续学习与计算中会越学越不明白，越学越混乱，甚至出现很多不可理解的错误。因此，教师要引导学生通过操作、探究、体验、交流来感悟算理。而算法的形成是一个缓慢的过程，并不是理解了算理就能马上形成算法，需要学生通过长时间的、大量的计算，把理解内化、升华，从而自主生成。教师应引导学生对算理的理解进行一次次提升，通过自己的理解、比较来内化，通过自己思考、应用完善与升华算法。

"计算"应该是先"计"后"算"。因此，教师还应注重提高学生对运算的整体把握能力。在计算前应先整体把握运算分几步，先算什么，再算什么，数据有什么特点，蕴含了什么信息，等等，引导学生充分运用运算律或数据之间的相互关系把复杂的计算简化，从而使计算尽可能快速、正确。

（4）算法多样，合理优化

算法多样化是为了鼓励学生独立思考，为其提供交流计算方法的机会，培养学生的创新精神。优化思想是重要的数学思想之一，因此在允许学生保留自己算法的同时，适当地进行优化是完全必要的，这更能体现数学简捷的本质特征。

（5）特殊数据，强化记忆

在小学数学中，有许多数据是比较特殊的，且使用的频率非常高。如：乘法中的特殊积，像 $25×4=100$、$24×5=120$、$125×8=1000$ 等，分母是 2、4、5、8、10 的最简分数及小数、百分数的互化，$2\pi$、$3\pi$……$9\pi$ 的积，1 至 15 的平方数以及 1 至 5 的立方数。对这些特殊数据适当的强化记忆既能在计算时减少一些不必要的错误，又能使学生的记忆得到训练，使数学计算趣味化，还可大大提高计算的准确性和速度。

## 实践坊

## "两位数乘一位数"教学片段[①]

学生先进行课前三分钟的听算练习，教师出示问题情境，引导学生从中抽象出乘法算式，并列竖式计算。

学生尝试计算后出现三种不同的答案（$26×3=98$ 或 78 或 618）。

教师要求学生分别说说自己的想法。

**生 1**：我想 6 乘 3 得 18，个位上写 8 进 1，十位上 2 加进来 1 是 3，3 乘 3

---

① 此案例由本书作者程五霞根据 2012 年 9 月在湖南省岳阳市的听课记录整理而成。

得 9，所以结果是 98。

**生 2**：先算 2 乘 3 得 6，再算 6 乘 3 得 18，所以 26 乘 3 等于 618。

**生 3**：我觉得 98 和 618 都不对，因为把 26 看作 30，30 乘 3 等于 90，26 乘 3 的积应该小于 90，所以不可能是 98，更不可能是 618。

老师请得数是 78 的学生发言。该生先用连加，后改用笔算。

对待进位"1"，有学生提出不同意见。

教师引导学生思考讨论：究竟是先加 1 再乘还是先乘再加进位 1 呢？

学生谁也说服不了谁，有些争论不休。

教师用课件演示摆小棒，并引导学生观察：为什么是 7 捆，而不是 9 捆？

教师说明：这红色的 1 捆就相当于竖式中的进位 1，应该是先乘后加进位 1。

# "简便运算"练习课改进[①]

1. 先标明下列各题的运算顺序，再计算

① $0.75 + 0.25 \div 0.05$    $(0.75 + 0.25) \div 0.05$

② $90 \div \dfrac{1}{4} + \dfrac{3}{4} \times 4$    $90 \div \left(\dfrac{1}{4} + \dfrac{3}{4}\right) \times 4$

③ $50 \times 4 + 50 \times 8$    $50 \times 4 \times 8$

学生独立算，小组讨论：说说每组算式有什么联系和区别？

2. 计算下面各题，能简算的要简算

$44 \times 25$    $0.75 + 0.25 \div 0.05 + 0.15$

$125 \times 8 \div 125 \times 8$    $12 \div \dfrac{1}{3} + \dfrac{2}{3}$

学生先独立算，再在组内交流。全班订正时，开展错题会诊：展示各组最普遍的错题，全班展开辨析。

回顾：关于简便运算，你有什么收获？计算前要思考什么？计算中要注意什么？

---

① 此案例由本书作者程五霞提供。

**智慧屋**

小学数学中计算教学的学习时间最长，分量也最重，但学生的运算能力不是一蹴而就的，教师必须有意识地采取多种策略，加强各项运算能力训练，促使学生运算能力得到更大的提高。

1. 口算训练持之以恒

"两位数乘一位数"这一案例中，教师在课前安排三分钟听算练习是练好口算基本功的一种做法。口算训练还可采取游戏、竞赛、抢答等方式或用卡片、小黑板、扑克牌等；也可采取同桌对问、小组对抗赛或拉力赛等，还可定期举行"速算"比赛，通过紧张而有序的训练使学生手脑并用，思维高度集中。这样日积月累、持之以恒，学生的计算速度和正确率就能得到明显的提高。

2. 算理理解注重思考

新课程提倡计算教学与解决问题紧密结合，引导学生主动探索和发现、经历和体验，感悟和理解基本的算理，提炼算法，同时更深刻地体会数学的生活性与应用性。

"两位数乘一位数"这一案例中，教师让学生经历计算"26×3"的思维过程，充分体验知识发生、形成、提炼的过程。教学中，教师没有急于提炼算法，也没有忽视学生出现的错误，而是让学生解释自己的想法，暴露错误的原因，并深入思考"究竟是先加1再乘还是先乘再加进位1"，引导学生把原有知识与新的算理相结合，通过体验感悟、分析对比，理解算理，提炼算法，让学生不仅知其然，还能知其所以然，促进学生认知结构的建立、认知水平的发展和思维能力的提升。

3. 精选练习巧妙纠错

精心设计练习，及时纠正学生的错误。"'简便运算'练习课改进"这一案例中纠正学生的计算错误采用了以下技巧：首先，对学生在计算中经常出错的地方，教师有意安排带有迷惑性和代表性的典型题目，让学生通过对比分析进一步理解算理，加深印象，从而提高学生的计算能力；其次，教师在学生独立计算完成作业后适时开展错题会诊，并引导回顾，帮助学生及时纠错，正确建构。教师还可通过让学生扮演医生或啄木鸟等角色，在错题会诊游戏中快乐锻炼，提高能力。

另外，教师可准备一个"纠错本"，把学生每次出现的各种典型错误记录下来，并从中分析原因，提出解决办法，既可"对症下药"，也可为以后的教学提供经验。这样长期不懈地坚持，学生计算的准确率会大大提高。

提高学生的计算能力是一项长期而系统的工程。教师在教学中要把握计算教学的基本环节（理解意义→感悟算理→提炼算法→形成技能），不断地学习、探索，采用科学而有效的方法，在不断提高学生整体计算能力的同时，发展学生的思维能力。

## 学习园

《开展计算教学研究工作，有效提高学生计算能力》，http://res. hersp. com/content/896363

推荐理由：该文从心理原因和知识原因等方面对小学生的计算错误进行了分类和追因分析，并提出了加强口算与估算的训练、加强概念及法则的理解与识记、培养良好的意志品质等矫正策略，是一份理论与实践有机结合的课题研究报告。

# 3.4　怎样培养学生的提问意识与能力?

　　"不学不成，不问不知。"随着课改的深入，培养学生的问题意识也被教师提高到前所未有的高度来重视。然而，目前学生问题意识的缺乏还较为普遍，且随着年龄的增长、知识的增多、学历层次的增高，学生的"问题"似乎越来越少，具体表现为有的人从来不提问题，有的不愿或不敢提出问题，有的不会或不善于提出问题。"提出一个问题比解决一个问题更重要"。学生提问是指从所学知识中寻找矛盾和疑问，提出自己的看法和见解。这种提问能力是学生在学习活动中产生的一种难能可贵的能力。问得多，必然想得多；问得深，必然想得深。所以，要使学生真正积极主动地参与到教学中来，首先要保护和培养学生的提问意识。那么，我们该怎样培养学生的提问意识与能力呢？

## 案例角

### ▼ "10 以内数的减法" 教学片段[①]

　　老师在教学时，让学生观察主题图，提问：你发现了什么？

　　学生回答道：有小猴，桃子，还有小朋友。

　　显然，学生的观察始终停留在图上有什么。然而教师不管不顾，又接着问：根据图中的信息你还能提出哪些问题？此时，学生只能根据图中的桃子和猴子提出简单的问题，如：桃子有多少个？小猴子跑到山洞里干什么？这些问题都没有达到教师的要求，教师只能再三追问。学生无言以对，高高举起的小手越来越少，学习兴趣逐渐降低。此时，教师希望学生根据图中的数量关系提出相关的问题，学生难以提出来，没有办法，教师只能唱独角戏，把自己准备

---

　　① 李兆荣. 在追问中引导学生提出有价值的数学问题 [J]. 小学数学参考，2006 (9). 收录时有删改。

好的问题提出来。

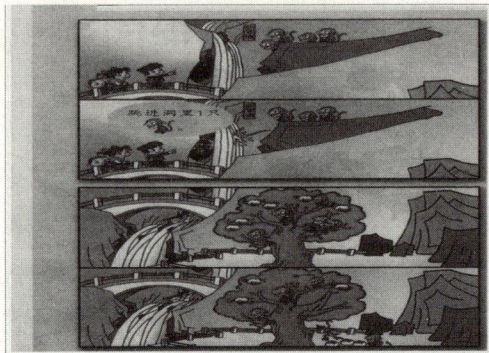

走进花果山

## ///// 讨论区

在上述教学片段中，应该说教师给了学生提问的时间与空间，学生也经过了主动的观察与思考，为什么学生还提不出教师满意的问题？显然，学生的观察仅仅停留在一些表面事物上，思维显得零散无序，而教师此时显得无计可施，只会一再追问"你还能提出什么问题"，举手的学生却寥寥无几了。

为什么学生的提问能力低下？如何培养学生的提问意识和能力呢？

在小学数学课堂教学中，学生每天在课堂上都会面对老师提出的各种问题，疲于应付。学生被动接受思考的现象常有发生。怎样才能让学生走出被"审"的状态，成为"问"的主体呢？针对上述困惑，湘潭市和平小学部分数学教师进行了专题研讨。

### ✴ 教师沙龙

◎教师一直在问"你发现了什么"，学生也始终围绕这个问题在思考。教师问过之后，不再对学生帮助指导，一味地等待满意答案的出现。显然，这样的等待是被动的、无效的。小学生生活经验少，学习能力较低，观察事物常常停留在表面上，难以根据数量关系提出问题。所以，当学生提不出用减法计算的问题时，教师应在分析数量关系上加以引导。

◎提问能力与教师的日常培养有密切关系。教师出示情境图的目的是为了激发学生的兴趣，引导学生收集数学信息，但信息收集到之后还要分析处理，显然学生是在分析概括环节出了问题，而教师的束手无策也反映出学生没有接受怎样提问的培养和指导。

◎问题意识的培养，包括对学生发现问题、提出问题、分析和解决问题的综合能力的培养。教师除了需要创设合适的问题情境外，还要有针对性地辅导，学生才能学会提问。

◎小学生对老师总怀有一种敬畏，这导致有些学生不敢在老师面前提出问题。所以，要让学生敢于大胆表达自己的想法和提出质疑，教师首先就要成为学生的朋友和学习伙伴，千方百计为学生创设一个平等、民主、和谐的教学氛围，尽力消除学生的紧张心理，缩短师生之间的距离。对于学生提出的各种想法，教师要多给予鼓励，教师的评价语言要充满欣赏和激励，让学生始终处在一个宽松的氛围里。这样，学生就会保持自信，乐于想象，常常处于积极思考、大胆猜想、勇于质疑的学习状态。

## ✦ 专家点拨

"学问"一词可以这样理解：有问题才会学习，越学习越会提出问题。课程改革以来，培养学生的问题意识受到教师的重视，但怎样让学生学会提出有价值的问题，需要我们积极探索。教师要改变教学方式，把课堂的主动权还给学生，鼓励学生提问并恰当指导学生学会提问，才能使学生形成提问能力。

（1）创设情境，让学生敢于问

要根据小学生好奇心强的心理特点，有目的地创设让学生提出问题的情境，激发学生主动发现问题、提出问题。例如，在教学减法时，创设购物情境，出示各种商品的价钱，让学生思考可以提出哪些问题。教学中，教师还可以通过讲购物的经历、猜有趣的谜语、举行抢答比赛等环节，把抽象的数学知识与学生熟悉的现实生活联系起来，激发学生的求知欲。教师也可以利用现代信息技术创设问题情境，充分展示知识的形成过程，让学生在探究中提出问题。

（2）积极评价，让学生乐于问

小学生年龄小，经验少，有时提出的问题比较简单，甚至根本没有什么意义。即使这样，教师也应该注意保护学生"问"的积极性，根据情况做出积极的评价，同时，抓住时机进行引导，教学生如何分析数量关系，怎样问才有意义。尤其对学困生，教师更不能责备和讥笑，只要他们提出问题，就要给予充分的表扬和鼓励，让他们感受提出问题的成功，体验思考的快乐。要使学生把发现问题、提出问题和解决问题变成一种习惯、一种素养。

（3）适时点拨，让学生善于问

善问是学生具备提问能力的重要标志。学生自然发问通常源自个人的好奇，但提出有价值的问题却需要"训练有素"。"授之以鱼，不如授之以渔"，教师要教给学生发现问题的方法，比如如何观察、如何将收集到的信息分类、如何找数量关系等。教师可示范提问或者让学生在交流中体会提问的切入点，到高年级还可在新旧知识的"结合点"处发问，在概念生疏、认识模糊处发问，让学生掌握发现问题并提出问题的方法。比如，在教学"分数乘整数"时，教师可这样为学生示范提问：例题有什么特征？算式表示什么意义？计算时为什么要用分子和整数相乘的积作分子，分母不变？教师要鼓励学生清楚明白地表述问题，提出具有独创性的问题，推敲提炼问题。长此以往，学生就会感到学习中处处有问题，提出问题的能力就会得到提高。

////// **实践坊** //////
·············································································

## "10 以内数的减法" 教学改进[①]

教师在教学时，出示主题图（同"案例角"中案例的图）后让学生仔细观察，并讨论看到了什么。学生回答"图上有小猴"后，教师紧接着让学生观察小猴在哪里，有几只。当学生说出"石头上面有 3 只小猴"时，教师接着引导学生思考：原来石头上的小猴有几只？现在有几只呢？还有几只在哪里？学生的观察和思考自然变得有序，"原来洞外有 8 只小猴，其他的到洞里玩去了"。此时教师随机显示数量发生变化的过程，并板书。接着教师让学生完整地说出图意"原来有 8 只小猴，现在洞外还剩 3 只"，然后让学生根据这两个信息提出问题。当学生解决完提出的问题后，教师再一次让学生观察主题

---

① 李兆荣. 在追问中引导学生提出有价值的数学问题 [J]. 小学数学参考，2006（9）. 收录时有删改。

图，找出其他数学信息，然后提出相关的问题。

## "平行四边形的认识"教学片段[①]

**师**：知道今天要学习的内容吗？（生答）你想弄明白关于平行四边形的哪些问题？

学生纷纷提问。教师梳理学生的回答后在黑板上板书：

什么样的图形是平行四边形？

平行四边形有什么特点？

怎么画一个平行四边形？

生活中哪些地方有平行四边形？

怎样画平行四边形指定底边上的高，并量出它的长度？

教师根据学生的问题，结合自己预设的教学点完成本课的新授部分。最后引导学生回顾刚才的学习过程中他们是怎样认识平行四边形的，黑板上的问题是否都解决了。

**师**：解决完了黑板上的这些问题，你还有什么想说的吗？

**生**：我就想提醒大家画高的时候一定要看清楚图里面哪条是底边。

**师**：你真是个仔细观察的好孩子。还有吗？

**生**：我还想知道有没有平行五边形、平行六边形？

**师**：那我们下课后一起去找找有没有这样的图形，明天我们再一起交流。

**生**：老师，那有没有其他四边形，也是很有特点的呢？

**师**：你们猜还有吗？（学生议论）那就是我们今天回家要研究的内容：认识梯形。

///////// **智慧屋** //////////
·····································································································

以上两个案例反映了教师对培养学生提问能力的不同策略。

第一个案例是对"案例角"中案例的改进。针对低年级学生提问能力差

---

① 史冰清. 问我所疑　问我所想 [J]. 小学教学设计, 2013（3）. 收录时有删改。

的状况，教师的主要策略是帮扶中引导。为了避免学生的观察只停留在事物的表面，教师在学生观察到"有小猴"以后，便及时追问，引导学生把"原来洞外有8只小猴"和"石头上剩下3只小猴"联系在一起，激活了学生对"原来的只数-剩下的只数=跳走的只数"的原认知，沟通了条件与问题之间的联系，学生便提出了"几只小猴跳进洞里"的数学问题。

"平行四边形的认识"这一案例的主要策略是提供学生提问的时空，引导学生提出有价值的问题。

上课伊始，教师没有照本宣科，唱独角戏，而是根据学生的学习起点，提出一连串的问题：你知道我们今天要学习的内容吗？你想弄明白关于平行四边形的哪些问题？……引发学生积极思考，提出问题，明确学习的目标。当学生提出的问题比较零散的时候，教师又很巧妙地继续追问："这些问题其实我们都大概知道，只是以前没有梳理过。如果要先辨别一个图形是不是平行四边形，要根据什么呢？我们可以把这个问题和第一个问题归纳成一个问题，你知道吗？""还有什么问题需要我们这节课来解决的？"这样不仅培养了学生独立思考能力，学生提出问题的能力在循序渐进的教学过程中也得到了有效的锻炼。

培养学生提出数学问题的意识和能力需要一个过程。让小学生提有价值的数学问题比较难，教师需要根据教学内容和学生实际进行合理的安排，重视让学生去经历提出问题的过程，让学生积累"提出问题"的"量"，这样，学生的提问能力就会产生质的飞跃。在上述"平行四边形的认识"这一案例中，教师不断地提问学生"还有问题吗？"、"你想要解决什么问题呢？"，当学生提出各种问题后，教师及时在黑板上进行整理和归纳，使学生明确了怎样精练问题，也明确了自己的学习思路。而整个教学过程中提问机会无处不在，当学生提出"我还想知道有没有平行五边形、平行六边形"时，教师又机智地进行引导，让学生对接下来的学习充满期待。这样的教学始终围绕提出问题与解决问题展开，长此以往，学生的问题意识定会得到提高。

总之，教师应把提问的机会还给学生，让学生提出自己真正的困惑，"问我所想，答我所疑"，以问促思，以问促学，从而更好地激起学生的探究兴趣，激活数学思维，数学课堂也将更加高效。

## 学习园

1.《数学：提出问题比解决问题更重要》，申建春，《湖南教育》，2006（10）

推荐理由：此文从小学生提出问题的现状说起，分析出中小学生很难像数学家那样提出一流的问题，但并不等于学生提出的问题没有价值。因此，教师要高度重视培养学生提出问题的能力。此文可帮助教师理解培养学生问题意识的重要性。

2.《如何培养学生学会发问》，http://scpx.cersp.com/article/browse/371340.jspx

推荐理由：该文针对目前小学生在课堂上提出问题的现状提出教学策略：激励学生，让他们有一颗乐于提问的"心"；尊重学生，给他们一个敢于提问的"胆"等。该文对改进我们的教学有一定的参考价值。

# 3.5 如何读懂学生的错误？

错误本身是"达到真理的一个必然的环节"（黑格尔语）。学生的学习过程就是出错与改错的过程。正确化解课堂上的错误，不仅能使课堂教学流程顺利进行，而且能让学生感觉到自己的变化和成长，体验到人格的尊严，享受到交往的乐趣和学习的快乐。在实际的教学中，许多教师都能允许学生犯错，也会不遗余力地督促学生改错，但却不能及时地读懂学生的错误，即不能准确判断学生错误的类型和出错的原因，因而难以及时地变错误为资源，针对学生的问题化腐朽为神奇。

## 案例角

### ▼ 案例1　屡屡出错[①]

在计算小数乘法时，教师让学生列竖式计算"1.2×0.8"，汇报时一名学生认为应该这样计算：

$$
\begin{array}{r}
1.2 \\
\times\ 0.8 \\
\hline
9.6
\end{array}
$$

教师问："他做得对吗？谁来纠正"？一名学生上来进行判断并说出错误的理由："我们知道因数中一共有几位小数，积就有几位小数，此题中的因数一共有两位小数，积应该有两位小数，而9.6只有一位小数，所以错了。"教师表扬了这名学生，气恼地在"9.6"后面画了大大的一个"×"。紧接着出了几道小数乘法练习题，在练习中又有学生出现类似错误，教师还是用上面的方法纠正了学生的错误。

---

① 此案例由本书作者谢芳芝提供。

## ▼ 案例2　"是对还是错"?[①]

在用百分数解决问题时，教师出题：学校图书室原有图书1400册，今年图书册数增加了12%，现在图书室有多少册图书？有几位学生这样计算：

$1400 \times (1+12\%)$

$= 1+12\%$

$= 112\% \times 1400$

$= 1568$ （册）

教师问："是对还是错？"大部分学生认为对。

### /////// 讨论区 ///////

以上是课堂上常见的学生练习错误。案例1是简单的计算错误，在教师心目中，学生连小数点都数不清，出现这样的低级错误实在不应该，于是在错题上画上一个"×"，以表示自己的不满情绪。然而当能力强的学生帮助纠错后，在练习中又有学生出现同样的错误，这究竟是为什么？案例2中学生解决问题的思路、计算结果正确，遗憾的是书写步骤错误。学生这样书写究竟源于怎样的思路？教师仅仅让学生判断对错就能帮助学生改正这类错误吗？

在日复一日的教学过程中，教师会遇到学生各式各样的学习错误，这些错误普遍让教师焦虑和困惑：学生为什么会出错？又为什么屡教屡错？学生的错误反映了什么问题？怎样才能让学生不再犯类似的错误？解决这些困惑一定能使我们的教学更加有效。

针对以上困惑，湖南省常德市武陵区北正街小学部分数学教师进行了专题研讨。

### ✦ 教师沙龙

◎面对课堂上学生的意外错误，许多教师都会比较紧张，一时不知所措。

---

① 此案例由本书作者谢芳芝提供。

特别是在公开课上，教师会尽量防错、避错，一旦出错，会习惯性地采取直接纠错的方法。我们期望通过集体订正，学生能快速、理性接受正确的方法，教学程序也能正常进行。

◎对待学生的错误不能焦虑。我们不能简单地直接下结论，而是要探寻学生"错误"的根源，重新审视学生知识构建中的缺失。只有读懂了错误，准确分析出错的原因才能有效地帮助学生。案例中小数乘法的计算错误，教师没有从根本上分析学生错误的原因，进行有效地教学跟进，以致练习中又有学生出错。

◎错误可以反馈学生的学习基础与认知经验。学生原有的知识、经验既可能产生正迁移，也可能产生负迁移，诱导学生做出错误的解答。正如案例中学生是将加减法竖式计算数位对齐、小数点对齐的法则迁移到乘法中来了。如果教师给错误的学生陈述思路的机会，便可能从中了解学生出错的原因，分析学生的缺陷，才有帮助学生形成新的认知经验的可能。

◎学生的错误实质上是一种优质的教学资源，因为其中暴露了学生的认知缺陷和知识经验的不足。教师只要引导学生分析其犯错的原因，及时点化，学生就能从错误中走出来。

## ✦ 专家点拨

错误是学生学习过程中的相伴产物，是再正常不过的现象。错误不是洪水猛兽，相反，它是一种被忽视又亟待开发的宝贵教学资源。只有教师树立正确的教育观，看到错误出现的必然性，看到学生错误中宝贵的教育价值，才能让学生有出错的机会，有认识错误和纠正错误的心理体验。反之，教师排斥学生的错误，会让学生产生一种心理压力。正如案例1中，教师对待错误的态度会让学生感到出错很没面子，这样处理只会使学生逐渐"封闭"自我。

帮助学生改正错误可以将学生的常见错误进行分类，找到导致学生出错的原因，再有的放矢地指导纠错。

首先是知识性错误。知识性错误是指学生对于算理、算法、概念、运算顺序不理解，或者没有很好地掌握所学知识，找不到解题方法导致的错误。这类错误往往受学生已有的知识经验产生的思维定式的影响。正如奥苏贝尔说的，"如果我不得不把教育心理学还原为一条原理的话，我将会说影响学习的唯一因素是学习者已经知道了什么"。案例1中小数乘法的学习是在学生学习了小数加减法之后进行的，"小数点对齐"、"数位对齐"的思想早已成为学生的习惯，于是，在负迁移的作用下，学生便会认为要像小数加减法那样，将小数点对齐，直接"落下来"。此类错误不但反映出学生的知识与经验的缺陷，也反映了教师教学的盲点和失误：学生对小数乘法的算理理解不够。乘数是小数的乘法的计算重在理解小数乘法的意义，明确算理，如果教师课前做好铺垫，"激活"学生已有的经验，将知识的负迁移"防患于未然"，就能减少或防止因"负迁移"带来的学习障碍。即使出现这样的错误，还可以采用对比的方式让学生区分加减法与乘法的算理与算法的不同。

其次是非知识性错误，具体而言，包括以下几类。

（1）选择性错误

这类错误出现并不是因为学生不会做题，而是源于他们对要解决的问题中的信息选择、提取时出现障碍。出现这样错误的根源是：面对具体问题时，学生不能正确地从自己的知识系统中选择、提取相关知识、信息来解决问题，出现了选择上的混乱。这类错误往往被看成是粗心大意，不碍大事。如孩子列竖式时，他选错了符号；写算式时，又选错了数字，把 0.66 写成了 66；把"10-1"当作了"10-0"、"10+1"等。其实，这不仅仅是粗心、马虎所造成的，更是一种选择性错误。这种信息提取错误使学生在起步阶段就走错了方向，导致一步走错，满盘皆输。

（2）思路正确，结果错误

如案例 2 中的学生单从解题方法、结果的角度上看，并没有错误，运算顺序也正确，但从整个计算过程来看，却是错误的，因为没有保证计算过程的恒等。产生这类错误的原因可能是学生粗心大意，注意力分配不均，在面对一个新问题时，注意力集中在解题思路上，对计算的过程毫不在意，凭直觉会解决问题，但是不会正确地表述；也可能是学生在"计算恒等"这个知识点上本来就存在障碍。面对这样的错误，教师不能简单评判，应先读出学生合理的想法，理解其思维的创意，再针对问题做专题性练习。

（3）思路错误

即面对问题完全无从下手，或解题思路完全错误。通常因学生没有读懂题意或者题意理解错误，找不到或找错数量关系，这属于理解分析能力等思维障碍，要纠正这样的错误，非一朝一夕之功。

学习过程中出错是必然的，教学时纠错则是必须的。郑毓信先生认为：学生的错误必须经过一个"自我反省"到"自我否定"的过程，这种"自我否定"的前提是学生内在的"观念冲突"。我们由此得到启示：学生改正错误不是靠教师的批评教育，也不是靠反复的修改与操练，而是靠内心自我觉醒后的重新构建。当学生出现错误时，教师应泰然处之：不要急于解释和评价定论，更不要在课堂上对全班其他学生问"谁来纠正他"、"谁来帮助他"，因为别人的正确想法代替不了学生自己的真实想法，"思维替代"只会使学生屡错不改，一错再错。只有引导学生在暴露真实思维的基础上，留下足够的时间和空间去反省，去求真、完善，学生才能"痛改前非"，不让同一颗石头再绊倒自己。

## 实践坊

## "平行四边形的计算" 教学片段[①]

教师鼓励学生用动手操作的办法探究"怎样计算平行四边形的面积"，多数同学认为要沿着高剪开，拼成长方形后再计算面积。只有一个学生想法不同。

**生1**：我觉得平行四边形的面积是用长乘以宽。因为平行四边形容易变形，可以转化成长方形。

**师**：（微笑着指着生1）这位同学提出了一个十分有价值的问题！请这位同学说说他是怎么想的。

**生1**：我用四支铅笔搭成一个长方形，再轻轻一推就成了一个平行四边形。长方形的面积是长乘宽，所以平行四边形的面积也是长乘宽。

**师**：他大胆地猜想平行四边形的面积是相邻的这两条边的乘积。（发言的学生满脸自豪）现在，同意的请举手，不同意的请举手。（绝大多数学生不同意）

**生2**：（指着图）斜过来以后，这条边短了。（看得出同学们没有认可）

**师**：现在我来解决这个问题，可以吗？（拿出一个可以活动的平行四边形框架）这四条边的长度没法改变。它的面积是相邻的这两条边的乘积吗？（说"是"的比原先多了）平行四边形容易变形，（拉动后）面积变了吗？能用相

---

① 华应龙. "华老师！您误导！"[J]. 小学数学教师，2005（3）. 收录时有删改。

邻两条边的长度相乘吗?(学生在思考)

**生3**:华老师,我能借用一下您的平行四边形吗?

**师**:可以,可以!

**生3**:(快步上前,将平行四边形框架反方向拉成一个长方形)这样就能用相邻的两条边相乘!

**师**:赞成用相邻两条边的长度相乘的,请举手。(绝大多数学生举手了)非常好!他找了个"行"的例子。那你再看呢?(顺着他的方向,师继续拉动平行四边形框架,直到几乎重合)

**生4**:我发现问题了!两条边长度没变,乘积也就不变,可是面积变了。(认为"行"的学生也不说话了)

## 智慧屋

合理利用错误资源,可以有效地促进学生的发展。但如何利用错误资源则靠教师的教育智慧。读懂学生的错误是利用错误资源的前提,而沟通交流是解除"错误"的有效途径。

1. "将错就错,顺水推舟"

探究平行四边形的面积计算,学生最容易犯的错误就是将平行四边形相邻两条边的长度相乘,这是学生最直观的想法,是一种合情推理,这种想法缘于学生已有的平行四边形可以变形为长方形的经验。通常,教师在纸片上画上平行四边形并标明了高,在教师的"启发示范"下学生不容易出错,华老师却让学生的真实思维浮出水面。面对学生的错误,华老师准确地把握了出错的原因,将错就错,利用学具将平行四边形充分地变形,让学生围绕错误展开讨论。通过观察、思考,学生找到了出错的根源,得到了正确的求平行四边形面积的方法,同时享受豁然开朗的快乐。

2. 利用情感体验加深学生对纠错活动的印象

面对学生的错误,华老师泰然自若,让学生坦言自己的思路,并先认可学生的思路和结论,然后顺水推舟,引发学生讨论分析。当学生已经从错误中幡然醒悟,动情地说华老师"误导"时,表明他对错误的认识已经十分深刻了。其实,犯错的学生在叙述思路的过程中常常会自己洞察出所犯的部分差错,甚至能及时修正原先的观点;其他学生在倾听的过程中也能找出差错,兴趣盎然中还能思维敏捷地帮助别人纠错。当这种错误被讨论放大后，相当于一个有警示作用的反例，给所有学生强烈的情绪体验。

许多教师已经开始重视和研究"错误"这一宝贵的教学资源。毫无疑问，读懂学生的错误是提高后续教学有效性的前提。对于学生个体来讲，每一个错误都值得重视，值得教师针对性的纠错指导；而对于集体教学来讲，则应该防止走入"凡是错误都要作为教学资源大大利用一番"的误区。教师应善于捕捉学生错误中的典型信息，敏锐分析错误问题的根源，筛选有放大价值的错误开展有效的辨析与讨论。

## 学习园

1. 《课堂因差错而精彩》，华应龙，《江苏教育研究》，2008（20）

推荐理由：本文指出教师和学生要有正确的差错观，要给学生出错的机会，差错资源化必须遵循目的性、激励性、主动性、有效性原则。本文立足于教学实践，解决了困扰一线教师的一些共性问题。

2. 《基于学生错误的研究》，http：//v. youku. com/v_ show/id_ XMTg0MDY5MzE2. html

推荐理由：这是一段视频讲座，演讲者是首都师范大学初等教育学院郜舒竹教授。该讲座基于四个问题展开，即怎样辨别错误、什么地方容易错、为什么会错、怎样利用错误，并结合教学中的实例进行分析解答，"以题说理"，以通俗的表达阐述问题，有一定的深度。

# 3.6 估算教学怎样才能让学生真正受益？

　　估算是计算策略，是小学数学计算教学的重要组成部分。学生具有了估算能力，就能对数量、时间和空间等进行整体性、全面性和概括性的认识，提升数学素养。因此，估算教学一方面要使学生掌握多种估算方法，并能解释估算的合理性，另一方面还要让学生结合具体情况选择合适的估算方法，培养良好的估算习惯。然而，在实际教学中，由于有的教师没有准确把握估算教学的要求，出现各种教学误区，严重影响了估算教学的质量，导致有的学生学了估算后，仍然不知道到底有什么作用。那么，怎样进行估算教学才能让学生真正受益呢？

## 案例角

### ▼ 案例1　令人尴尬的估算结果[①]

　　学生在解答"一套杯子24元，一个热水瓶28元，买这两样东西带50元够吗？"这样的问题时，有的学生会根据已有的知识经验解答如下：把24看作20，把28看作30，20+30＝50，50元够了。但实际计算发现50元是不够的。

### ▼ 案例2　这里都有两个"大约"了，还不估算啊？[②]

　　一条蚕大约吐丝1500米，小红养了6条蚕，大约吐丝多少米？

　　小学生由于缺乏运用估算知识解决实际问题的能力，因此在解决这个的问

　　① 此案例由本书作者关巧华根据2012年6月在湖南省湘潭市和平小学的听课记录整理而成。
　　② 估算题一定有"大约"？　[EB/OL].　[2013－05－17]. http：//jhyxhanyu. blog. 103. com/blog/static/20057217020121013012369963. 收录时有删改。

题时，常常认为此题要估算。然而这道题的原意是让学生用 1500×6 得 9000 米。

还有少数学生，看到需要更正的作业本时，仍然不理解，还理直气壮地问："老师，您不是常说看见'大约'、'估计'就要进行估算吗？这里都有两个大约了，还不估算啊？"

## 讨论区

上述案例反映了估算教学中普遍存在的问题。一是学生缺乏估算经验的积累和运用策略的能力，从而导致了案例1中出现的尴尬结果。二是让估算变成了一种条件反射。学生看见"大约"、"估计"这些字眼，就不问青红皂白地估算。学生把估算当成了一个执行指令的过程，丝毫感受不到估算的意义和作用。因而，当面对"这道题你为什么要进行估算"、"学习估算有什么作用"等问题时，学生往往只能回答："我们老师就是这么教的！"由此看来，如果我们的估算教学只是把教学目标定位在教学生学会"估算方法"、"估算策略"的层面，那么面对生活中各种千变万化的具体情况，学生就只能像上述案例中的学生一样，难辨现实情况的变化，因循守旧机械地为估算而估算了。那么，我们该怎样改进估算教学，使估算教学不仅让学生学会估算的策略、方法，而且让学生逐步地去理解估算的意义，体会估算的价值，发展学生能动的估算意识呢？

针对估算教学中的困惑，湘潭市和平小学部分数学教师进行了专题研讨。

## ✦ 教师沙龙

◎目前，学生的估算学习十分机械，认为只要看到"大约"两个字就估算，没有"大约"就精算。还有的先精后估，估算慢于精算。要消除这些尴尬的现状，需要使学生明确估算的意义，增强估算的意识。

◎在学生的作业和试卷中，常会出现一些只要通过估算一眼就可以查出的明显错误，但学生却视而不见，觉察不出，这也反映了学生的估算意识薄弱。要改变这一现状，教师要多针对学生的计算错误提供估算纠错的机会，让学生在纠错的过程中体会估算的好处，从而养成良好的估算习惯。

◎估算方法是否合理需要让学生联系生活实际来感受，在解决实际问题的过程中体会，当学生体会到并不是所有的问题都要用精确计算的方法，有时用估算就能解决问题时，学生的估算意识就得到了提高。这正是提高学生估算能力的重要途径。

◎在具体教学过程中要鼓励学生解释估算的思路和理由。凡是合理的估算策略，都应及时给予肯定。经验积累是重要的，估算意识不是靠老师讲会的，需要学生自己不断地反思和调整原有的认识。

## ✦ 专家点拨

估算方便快捷，在实际生活中应用得十分广泛。从小培养学生的估算意识，是帮助学生建立良好的数感，促进其思维品质提升的有效手段。小学生估算意识薄弱，估算方法欠缺，加强估算教学是数与代数领域的重要任务。然而，估算教学的目标不能只停留在掌握几种估算的方法上，教师在关注估算方法教学的同时，更要注重学生的思维过程，注重发展学生的思维能力，促进学生数学素养的全面提升。小学数学已根据各年级教学内容的特点将估算的内容有机融入教材中。教学时，我们不仅要通过实例让学生感悟到估算的价值和作用，还要让学生在掌握了估算的方法后，能够根据实际情况选择计算的方法，让学生在解决问题的过程中亲身感受"进一法"、"去尾法"、"四舍五入"的实际意义，提高学生学习估算的兴趣，增强学生对各种估算方法的理解，从而让学生愿意估算、主动估算、自觉估算、灵活估算，积极灵活地把估算应用到解决问题中去。

估算中需要事先根据条件对结果直觉地、大致地做出取值范围的正确判断，这是对数量大小、各数量关系的一种感知与分析处理的过程，长此以往，对发展数感极有好处。我们应高度重视估算中逻辑推理能力的培养，学生学习估算的目的不是追求计算的速度，而是利用估算提高学生的分析推理能力，使其感受正确的估算在解决问题中的优势，养成有意识估算的习惯，形成良好的数感，这才是估算教学的目的。

解决生活中的有些问题需要算出精确值，有些问题则只需要求近似值。小学生生活经验少，缺少估算经验和能力，解决问题是估算还是精算常常难以区别和选择。因此，在估算教学时，要适当选取生活中的素材作为教学问题情境，让学生在生活情境中学习和领悟，获得估算的体验。例如，兰兰在超市选购了一些商品，商品价格分别是 19.3 元、23.6 元、14.4 元、35.7 元，她带了 100 元钱，够吗？学生经过估算马上得出结论：100 元够。此时老师可以追问学生："收银员在计算这些商品的价格时又该怎么算呢？"在顾客与收银员的问题情境对比中，让学生深刻地体会到同样是计算这些商品的总价钱，收银员必须进行精确计算，而作为顾客，只要进行大致的估算，用精确计算就太麻烦了。这样的教学真是一箭双雕。

值得注意的是，有的教师认为，现行教材出现的估算内容少，训练的机会也就少了。其实不然，教材中估算题材是很丰富的，只要教师用心挖掘，有目的、有意识地渗透到教学的各个细节，随时都可以进行估算训练。一方面，可以把笔算、估算有机结合起来，这样不仅能提高计算的速度和准确度，还能培养学生养成良好的计算习惯。另一方面，也可以把估算和精算相结合，这样既能提高学生分析问题的能力，也能培养学生灵活解决问题的能力。初学估算时，大多数学生常常处于被动的状态，此时如果教师在计算练习环节，有针对性地先让学生在精算前运用估算对结果进行一些预测，然后在计算完成后运用估算对结果进行验证，学生就会在学习的过程中感受到估算的作用，从而变被动为主动。

////// 实践坊

## "估算"教学片段[①]

上课伊始，教师直接向全班学生提问：关于估算，你碰到过什么困难？你还有什么问题想问吴老师？当学生的"问题"还不"充分"时，吴老师又机智地借其他学生之口提出另一个重要的问题：在什么情况下我们就要估一估？在什么情况下，我们就可以精确计算呢？

新授时，多媒体课件讲述曹冲称象的故事后，吴老师提问：你发现了什么？既然大象和石头同样重，我们称石头有多重，就可以知道大象的质量了吗？屏幕出示六次称得的数据：328、346、307、377、398、352，老师接着又问道：在估的时候，电脑准确地计算出了大象的质量：①20108 千克，②2108

_____

① 吴正宪. "估算"课堂教学实录 [J]. 小学教学：数学版，2007（9）. 收录时有删改。

千克。这两个结果，哪一个有可能是正确的？学生答"②"。老师问：为什么都选择②呢？

**生1**：大象根本不可能是20108千克。

**生2**：我是大估的，大估才估成2400，怎么可能比大估的结果还大呢？不可能。

**生3**：千位，不可能到万位。

**师**：同学们，看着这个精确计算的结果，再看看同学们估的结果——2400、2100、2110、1800……此时此刻，你想对刚才自己的估算结果做一点评价或思考吗？

**生4**：我觉得这些数相加的确不是很好算，再说求大象的体重没必要精算。我那样一个数一个数地算太麻烦了。这时用估算还是比我的方法好。

**生5**：我估的是1800。但是我觉得我估得太少了，那些数当中有一个是398，我把它估成了300，与实际结果差得就远些了。现在我觉得应该估成400就更好了，我估少了。

**师**：你很善于思考，其实你估的结果已经可以了，但是你还能在与他人的比较中发现问题，进行调整，老师为你这种精神而感动。

### 智慧屋

在"实践坊"案例中，吴老师准确地把握了估算的教学要义，从培养学生的估算意识出发展开教学。

1. 创设情境，体验估算价值

吴老师先通过谈话了解学生在学习估算时的一些疑惑，然后有的放矢地讲述曹冲称象的故事，在提出问题"你能估计出这头大象有多重吗？"的同时，又创设了"在你们估的时候，电脑也计算出了大象的质量"的情境，并组织学生交流讨论。通过对比，学生发现选择估算或精算都可以得到结果，而估算可以帮助我们马上发现不可能出现的情况，此时估算的价值凸显出来。吴老师围绕"为什么要估算，怎样合理估算"的问题创设有效的学习情境，学生在具体的情境中体会到估算的必要性，避免了为估算教学而教的机械做法。

2. 引导学生在比较中探寻估算的方法

估算的优势是快捷而正确的，但要真正体会估算的优势，必须掌握正确的估算方法。估算的方法十分灵活,不同的情境、不同的问题可采用不同的估算策略与方法。吴老师正是利用不同的情境,引导学生通过比较反思的方法,自主探求正确估算的"秘诀"。如判断大象的质量究竟是 20108 千克还是 2108 千克,要求学生对比他人的估算方法对自己的估算作评价,进而让学生掌握估算的好方法。

学生估算意识与能力的培养需要教师长期培养。只要我们注重激发学生的估算兴趣,帮助其掌握估算方法,持之以恒,一定能让学生养成估算习惯,形成估算能力。这样,学生才会在学习估算的过程中真正受益。

## 学习园

1.《小学估算教学的三大误区》,http://www.taizhou.com.cn/jiaoju/2011-08/27/content_ 433465. htm

推荐理由:本文从多角度分析了小学估算教学中的误区,包括对估算教学的意义的理解误区、对估算策略的理解误区、对估算问题呈现方式的理解误区等,能帮助教师反思估算教学中存在的问题,有利于教师改进估算教学。

2.《关于估算教学的几点建议》,罗芳玲,《课程教材教学研究:小教研究》,2012 (2)

推荐理由:该文针对当前估算教学中出现的"简单处理教材"和"教学方法不当"等问题,提出了"领会精神,明确估算教学的目的"等教学建议,能帮助教师探索估算教学的有效策略。

# 3.7　怎样处理"算法多样化"与"算法优化"？

　　计算在小学数学教学中占有举足轻重的地位。"算法多样化"是《课标（2011 年版）》在计算教学中举出的一面旗帜，数学老师对此不仅要耳熟能详，还应在每一堂课中身体力行。鼓励算法多样化，对于提高不同层面学生的学习积极性、增进师生之间的数学交流、开放不同层次学生的思维、发掘他们的数学潜能具有重要意义。但由于对算法多样化与算法优化的理解不同，教师教学操作难免出现偏差，算法究竟是要"多样化"还是要"优化"总是令教师感到纠结和困惑。

## 案例角

### ▼ "9 加几" 教学片段①

　　课件出示 "9+3" 的情境图。

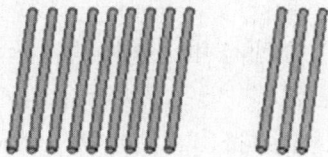

　　**师**：怎样算出 "9+3" 的结果呢？请同学们先自己探索，再把你的算法在小组里交流。比一比哪个小组的方法多？并说一说是怎样想的。
　　学生独立探索并与组员交流。

---

　　① 此案例由湖南省益阳市南县南洲实验小学丁芳老师提供。

师：谁来说一说你是怎样算出得数的？

生1：我直接数小棒的根数，1、2、3……11、12，一共是12根。

生2：9加1等于10，9加2等于11，9加3等于12。

师：（没出现预期答案，难以掩盖失望状）还有不同的算法吗？

生3：（等了很久）还可以把9看成10，10加3等于13，多加了1要减去1，等于12。

师：（着急了）同学们说，上面这些方法是不是麻烦？有没有更简单的算法？

生4：（迎合老师）是麻烦。

教师用沮丧的眼神搜索教室各个角落，终于有学生怯怯地举手。

生5：我是这样算的，从3里借1给9正好凑成10，结果等于12。

生6：（受启发）把3根小棒拆成1和2，9和1凑成10，10加2等于12。

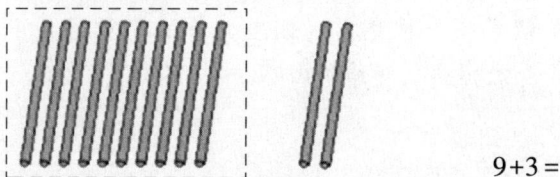

9+3 =

师：（如释重负）小朋友真聪明，想出了这么多的方法。这些方法都不错，请用你喜欢的方法计算下面各题。

9+5          8+9          4+9          9+6

## 讨论区

在"20以内进位加法"的教学中，这样的教学场景屡见不鲜。教师煞费苦心"索要"多样化算法，强调"比一比哪个小组的方法多"，当学生的算法真的多了起来，教师又竭尽全力挤出"凑十法"才安心。本以为算法多样化后出现"凑十法"了教师会引导学生优化算法，理解"凑十法"的算理与优势，而在随后的练习中，教师却要求学生"用你喜欢的方法计算"。显然，教师十分重视算法多样化，也充分尊重学生的选择，注意凸显学生在学习中的主体作用。但是，我们追求算法多样化到底有怎样的价值？算法多样化后是否需要优化？什么时候优化？采用怎样的教学方法优化？用"学生喜欢的算法计算"是不是算法优化？这些都是值得教师思考的问题。

上述片段虽是个案，但多数教师有着类似的教学经历，上述思考也代表来自一线教师的普遍困惑。基于此，益阳南县部分小学数学教师进行了在线研讨。

## ✹ 教师沙龙

◎算法多样化不是指"计算法则多样化"，而是指学生在应用已有的数学概念解决实际计算问题时出现的解决策略的多样化。而算法的优化是要求寻找、选择最简捷、最容易、最快速的方法，也可以说是学生在对比理解之后形成的方法或对于他自己来说用起来比较得心应手的那一种方法。

◎在学生对计算还比较陌生的情况下，要想出一种算法容易，要探索多种算法却很难，要判断别人的多种方法哪种最好更是十分不易。何况有的孩子往往认为自己的方法是最好的，用起来最方便，此时要让他们优化算法谈何容易！

◎算法多样化对于培养学生思考解决问题策略的多样性是很有好处的，学生既可加深对算式本身意义的理解，也可从中优选出最适合自己的方法，容易帮助他们学到多种解决问题的策略。算法的优化虽不是要将算法唯一化，但对优化一定要强调，只有优化算法才能提高他们的计算能力。教师要帮助部分能力较弱的学生先掌握最基本的方法，然后再优化。

◎算法多样化是优化的基础和前提，没有多样化就无所谓优化，优化是多样化的提高和发展。像上面的教学片段，很多教师眼里往往只有"凑十法"，认为这才是教学重点，所以"凑十法"出现时教师如获重释，心里只想让孩子们快点掌握书上的最优方法。其实，学生的每种方法都是有价值的，它们既是学生自己思考的结果，也反映了他们真实自然的学习过程，其中必然蕴含丰富的思维火花。

## ✹ 专家点拨

在开放的学习过程中，算法多样化是学生自主探究新的运算时出现的必然结果。基于学生原有学习经验和思维水平的差异，学生对情境的感受、对问题的理解不同，思考的角度、选择的方法也不同，只要教师为学生提供自主探索的时空和自由交流、充分展示的平台，学生就一定会有许多意想不到的算法出现。其中既有在成人看来笨拙、烦琐的算法，也有简便、巧妙的算法。机敏的教师从不同算法中既可以了解学生目前的学习状态与计算水平，也能捕捉到学生思维的火花，找到新的教学资源。

提倡算法多样化是对学生个性化学习的尊重，但算法多样化并不是计算教学的目的。在新课程理念的引导下，计算教学通常与解决问题教学紧密联系，在问题解决中研究算法，在研究算法的过程中掌握一些解决问题的基本策略，并体验策略的多样性。研究算法的过程是学生经历面对新问题、尝试新方法的创新过程，也是需要付出艰苦思考的探索过程。提倡算法多样化不是追求从一种算法到多种算法的量变，而是力求在尊重每个学生个性特点的基础上发展其数学思维、培养其创新意识和自我认同的价值观念，因而引导学生经历算法多样化的过程是计算教学必然追求的。

然而，算法多样化绝不是算法在形式上越多越好。学生的不同算法中总有一些相通的算理。教师应当引导学生理解各种算法间的联系和差异，掌握基本的算理与算法。如上述教学片段中学生的算法实质上是两种：一种方法是从9开始1个1个地累加（即点数），另一种方法是"凑十"，拆开一个加数与9凑成10或者先借1个数与9凑成10，再从和里减去这个借来的数。"凑十法"的本质是十加几，与十进制计数法的原则相吻合，易看、易记、易算。只有学生理解了各种算法之间的异同，感悟到某种算法的便捷，算法才有了优化的基础。

学生初学时，应该经历算法多样化的过程，然而学习计算并不是简单地学会一种演算技能，而是通过计算形成运算能力。运算能力不是单一的、孤立的计算技巧，它是计算技能与逻辑思维的有机结合，本质上是一种数学思维能力。学生的不同算法正是源于思维的不同层次：基于动作思维的算法、基于形象思维的算法和基于符号与逻辑思维的算法。提倡算法优化是要追求算法思维方式的优化。算法优化并不是算法唯一化，判定算法优化的三个维度：一是从心理学维度看，多数学生喜欢；二是从教育学维度看，教师易教，学生易学；三是从学科维度看，对后续知识的掌握有价值。理想的优化算法是三位一体的，对于全体学生而言是必须掌握的。

算法优化的过程不是教师强制规定和主观臆断的过程，而应是学生不断体验与感悟的过程。值得注意的是，教师对学生什么时候产生了算法优化的需要、什么时候具备优化的能力常常"胸无成竹"。上述案例中，教师只是要求学生比哪个小组的方法多，而没有引导学生思考这些方法之间有什么异同，哪种方法算起来简单且不易出错，虽然课堂上出现了多种算法，"凑十法"也在教师的期待中挤出，但学生并没有去理解与感悟它。在练习环节，教师依旧提倡"用自己喜欢的方法计算"，此时学生正满足于使用自己探究的算法中，没有产生算法优化的需求，优化就无从谈起。显然，初学 20 以内进位加的学生不具备"自主选择和优化算法"的意识与能力，教师想凭学生一己之力达到优化算法的目的显然高估了学生的能力。怎样引导才能使算法多样化走向算法优化是值得教师在教学实践中深入探究的。

### 实践坊

## "9 加几" 教学改进①

教师出示"9+4"的情境图，让学生思考怎样算出"9+4"。

一共有多少个？

学生纷纷展示算法。

**生 1**：我是数着算的，9，10，11，12，13。

**生 2**：我是先拿一个放到盒子里，外面还有 3 个，就是 13。

**生 3**：我是先想 10 加 4 得 14，再减去 1 就是 13。

······

**师**：（接着学生的话）刚才有同学说，先把盒子里空着的一格放上桃，再加外面的 3 个，得 13。

---

① 徐斌. 9 加几教学实录与反思［EB/OL］. ［2013-03-18］. http：//wenku. baidu. com/view/9062cc1859eef8c75fbfb303. html.

在学生展示算法时，教师边询问学生的意图，边用图示表示学生的算法（如上图）突出让学生说明"为什么从 4 个里面先拿 1 个放盒子里"。学生认为这样就可以放满盒子，一盒 10 个，算起来容易，就是先算 9 加 1 得 10，再算 10 加 3 得 13。

$$9 \quad + \quad 4 \quad = \quad 13$$

此时教师并没有强调"凑十法"，而是出示 9+7 的情境图（如下图），让学生用自己喜欢的方法计算 9+7。

先圈出10朵，再计算

**生 1**：我是把 9 朵红花和 1 朵黄花圈在一起，再加上 6 朵黄花就是 16。

教师结合学生的汇报板书思考过程。

**生 2**：我先把 7 朵黄花和 3 朵红花圈起来是 10 朵，再和剩下的 6 朵红花加起来是 16。

**师**：这种想法也不错！

$$9 \quad + \quad 7 \quad = \quad 16$$

**师**：这两种计算方法有什么共同的地方？

**生**：都是先变成 10 再算的。

**师**：是啊！我们在计算时，既可以先把 9 凑成 10，也可以先把 7 凑成 10，然后再想 10 加几就方便了。

## ▨▨▨ 智慧屋 ▨▨▨▨▨▨▨▨

　　算法多样化和算法优化好比一对孪生姐妹，算法多样化是放，优化是收，只有二者和谐统一，才能既让学生掌握基本的算法，又能从"量"和"质"两个层面促进学生思维的发展。上述案例很好地把握了算法多样化和算法优化的关系，其教学策略体现在以下方面。

　　1. 准确定位算法多样化

　　算法多样化不同于"一题多解"，算法多样化追求的是尊重差异、尊重个性、尊重真实。教学中，教师鼓励学生先独立思考，再与人交流，课堂上真实地呈现出很多方法（计数、凑十、推理），教学没有单纯追求算法的种类，也没有急于优化，而是让学生清楚地讲述自己的计算思路，感悟和理解他人不同算法的道理。

　　2. 恰当把握优化时机，并让学生在操作与复述思路的过程中感悟"凑十法"的算理算法与优势

　　"凑十法"是20以内进位加公认的基本方法。如何在尊重学生自己的算法的前提下突出这种方法，需要教师找准时机，把握火候。当学生交流9+4出现"凑十法"，教师马上用演示和板书的方式不露痕迹地予以关注；教学9+7时，教师又利用操作与讲述让学生理解"凑十法"的思路与算理。由于9和7都离10比较接近，汇报时学生出现两种"凑十法"（把9凑成10和把7凑成10），结合学生的操作和思考，教师辅以结构化的对应板书，利用数形结合使学生在半形象半抽象中理解了"凑十法"。

　　算法多样化是思维的开放，算法优化则是思维的提炼与集中。学生在独立思考中自己探索到一种算法，在数学交流活动中已体验到了算法的多样，在用自己的算法算和理解别人算法的过程中，体验和认识了不同算法的异同、差距与优势，内心产生了自我修正的需要，此时的优化将会收到水到渠成的效果。

## 学习园

1. 《实施算法多样化与优化应注意的几个问题》，http：//www. pxjy. xze. cn/html/gxzy/jyzy/20111108705_4675. html

推荐理由：本文是一篇简短而朴实的教学经验式论文，文中罗列的关于算法多样化与算法优化处理应该注意的 6 个问题，能为一线教师处理计算教学提供较全面而明确的指导。该文非常适合初为人师的年轻教师阅读。

2. 《行走在"算法多样化"与"算法优化"之间》，陈美华，《小学数学教与学》，2011（4）

推荐理由：该文针对算法多样化与算法优化有怎样的关系、我们该如何处理这些关系、是否所有的计算教学内容都要进行算法优化、优化是否就是凸显一种最优的算法等问题逐层深入研讨，提出立足儿童、优化不唯一、辩证看待算法多样化及算法优化等观点。

# 3.8 如何让思考题成为教学的有效载体？

在小学各册数学教材中，穿插安排了部分思考题。如果说"数学是思维的体操"，那么对小学生来说，思考题就是这套体操中的高难度动作。由于思考题自身的各种特点，很多教师面对思考题时常会倍感"纠结"：思考题值不值得教？应该如何教？2011 年新修订的课程标准指出："按照本标准要求，教材的编写要面向全体学生，也要考虑到学生发展的差异，在保证基本要求的前提下，体现一定的弹性，以满足学生的不同需求，使不同的人在数学上得到不同的发展。"思考题作为教材的有机组成部分，只要教法得当，应当可以成为实现小学数学新课标思想的有效载体。

## 案例角

### ▼ "表内除法（二）" 思考题尝试①

在人教版教材第四册第四单元"表内除法（二）"中有这样一道思考题：一根绳子长 16 米，对折以后，再对折，每折长几米？你能想出不同的计算方法吗？面对这道思考题，某教师颇有些心动，显然，这是一道"含金量"极高的练习题，通过对这道思考题的探究，至少可以达成以下教学目标：帮助学生进一步理解"平均分"的含义；培养学生的思维能力；让学生感悟"极限"的数学思想；使学生初步体验级数增长的过程。

虽然思考题不属于必考内容，但该教师还是决定和孩子们来一起认真研究。通过分析，该教师发现这道题的难点在于题中含有众多的数量关系。这道题的两种解法涉及三个数量关系模型。

---

① 此案例由本书作者邓飞雁提供。

第一种解法，基于折半问题模型，绳子对折一次，绳长减半。对折两次，再次减半。

第二种解法，基于翻倍问题模型及平均分问题模型，绳子对折一次，份数翻倍。对折两次，绳子被平均分成 4 份。

为了了解学生基础，该教师对学校二年级的两个平行班学生（115 人）进行了一次前测，发现学生独立思考解决此题的正确率约为 34%（39 人）。在第一次教学中，在引导学生正确审题并尝试独立思考后，该教师引导学生用绳子动手操作：按照要求，学生们将手中的长绳对折一次，观察绳长和平分份数的变化，再对折一次，再次观察绳长和平分份数的变化，最后列式解答，但最后的效果却让他大跌眼镜：解题正确率只提高到了约 42%（48 人），仅仅提高了 8 个百分点。而剩下的学生中，在操作完全正确的情况下，居然会有约 40%（45 人）的学生出现了这样的错误列式：$16 \div 2 = 8$（米）。学生给出的理由是：对折了两次，所以除以 2。

教学效果如此不理想，该教师不由得感到泄气，由于课时有限，不得已最终放弃对该题的探究。

## 讨论区

教师花了那么多心思和时间进行思考题的教学，原以为可以让学生受益良多，却不料事与愿违。"案例角"中该教师的遭遇显然具有一定的代表性。教材中思考题的设置通常是经过深思熟虑的，其教学价值显而易见。然而，思考题是悬在教学上空的一柄双刃剑，它既对学生的思维具有一定的挑战性，也对教师的教学具有挑战性。解决思考题中的问题既可以让学生学到相应的解题策略与技巧，学会数学思考的方法，体会解题成功的喜悦，也可能令学生感到数学问题的深奥难解，对其产生畏惧反感，让教师觉得煞费苦心却费力不讨好，甚至因无计可施而放弃。因此，怎样才能让思考题成为有效的教学载体是每个教师都十分关注的问题。

## ✦ 教师沙龙

为了了解小学数学教师处理思考题的教学情况，我们对长沙市小学数学群的 200 名小学数学教师进行了一次调查，调查问卷涉及如下问题：

① 你对教材中的思考题如何处理？

② 你怎么教学教材中的思考题？

③ 你在教学教材中思考题之前如何备课？

④ 你放弃教学（部分或全部）思考题的原因是什么？

⑤ 你认为思考题难教难在哪里？

根据问卷数据统计，被调查的教师大多数对教材中的思考题会进行教学处理（全部教占 52%，大部分教占 21%，少部分教占 25%，只有 2% 的教师从来不教）。教师教学思考题的方式比较统一，100% 的被调查教师采取"学生尝试解题后教师讲解"的办法，其中有 25% 的教师更负责地补充反馈练习。63% 的被调查教师在教学思考题之前会查找相关资料，认真备课，还有 27% 的教师只对部分思考题备课。有 88% 的教师认为放弃教学（部分或全部）思考题的原因是"学生思维水平参差不齐，大部分学生难以掌握"，而其他教师认为没有放弃过，所以不选。所有被调查教师都认为思考题难教难在"思考题的解题思路比较特殊或者综合性比较强，对学生的思维能力要求高"，其中 12% 的教师还认为"学生参与积极性不高，只愿听不愿想"，37% 的教师还认为"在思考题的教学中常规教学方法效果不佳"。

通过访谈，我们发现教师对思考题教学的认识具有以下代表性观点：

◎思考题的教学很难针对全体学生，特别是在数学基础薄弱的班级很难普及，特别费时，可能与提升双基的教学质量有所冲突，所以我在平时教学中放弃了思考题的教学。

◎思考题具有挑战性，一般的教学方法未必适用，教师要下功夫去做教学预案，收集拓展资料，了解学生的认知起点和教学难点，有的放矢地实施教学。为了节省时间，我教学大多数思考题是以讲授法为主。

◎思考题的解题经验给学生留下的印象更深刻，思考题更适合训练学生的思维，应要求每个学生掌握每一题的解题方法。教学思考题可以采用分层教学、先练后讲等多种形式。

◎虽然思考题教学会影响常规的教学任务和教学质量，但现在教学目标由双基修订成了四基，思考题正是实现新增的两基目标教学的有效载体。

◎思考题跟普通的练习一样，应该是可以归纳分类，并总结出一些常用方法的，也可以借鉴一些奥数培训的教学方法来深入教学。

## ✹ 专家点拨

首先，虽然思考题的内容在一般质量检测中不会涉及，但是思考题在设计上大多具有启发性、综合性、开放性、实践性等特点，在激发学生数学兴趣、提高学生综合运用数学知识的能力、扩大学生知识面、培养学生创造性思维等方面，思考题有着其他习题无法替代的作用。作为教材的有机组成部分，思考题的学习也是对教材中必修内容的有效补充。

对人教版一至六年级数学教科书中思考题统计如下：

| 教材年级 | 一上 | 一下 | 二上 | 二下 | 三上 | 三下 | 四上 | 四下 | 五上 | 五下 | 六上 | 六下 | 总计 |
|---|---|---|---|---|---|---|---|---|---|---|---|---|---|
| 思考题数量 | 11 | 10 | 4 | 3 | 5 | 4 | 5 | 8 | 4 | 3 | 3 | 1 | 61 |

从上表中不难发现，每一册教材中思考题的数量以及出现的位置，都是编者精心安排的。思考题的教学起点大部分都在学生已经掌握的知识范围以内，在教学过程中合理利用思考题，将一般问题与特殊问题相结合，更有利于学生对该单元所学内容的理解和掌握。所以，完全放弃思考题教学的观点肯定是错误的。

思考题的教学目标不应仅仅立足于解决某道题，学习某种解题方法，更重要的是以思考题为载体，引导学生在具体的思维过程中，感悟解题思路，获得有效的解题经验，同时体会一些基本的数学思想。

其次，思考题的教学难点之一是思考题的解题思路比较特殊或者综合性比较强，教师对于学生的思维水平不好掌握，造成教师讲了学生也听不懂、听懂了也不理解、理解了也难以运用的不良效果。因此，教学之前有必要开展多角度的题目分析，列举解答此题所涵盖的知识点和思维过程，前测学生独立完成的情况、不能独立完成的原因，了解并分析学生的思维起点和困难，对学生进行分层并选择合适的方法教学。

比如在案例中，教师在教学中虽然采用前测的方法，了解了学生的基础，但并没有认真分析教学策略的有效性。为什么动手操作并没有对学生解题提供有效的支撑呢？经过仔细分析发现，问题的症结在于：

第一，以前学生关于平均分的经验都是建立在离散集合的基础上，而绳子是一条连续的线段，学生缺少平分非离散集合的数学经验，所以他们没有意识到这也是平均分。

第二，在绳子对折的操作过程中，整体与部分的辨识度不高，在一步操作里，整体、部分以及份数不能同时呈现，不便于学生将三者进行关联。

最后，不同类型的思考题应采用不同的处理方式。对于基础性的题目，要求所有学生掌握；对于开放性的题目，可以通过分层要求区别对待；对于实践性的题目，需要所有学生动手参与，手脑并用；对于综合性的题目，要求教师适当点拨思路，使学生能够有的放矢。针对小学生逻辑思维能力不强的特点，"数学实验"往往能给学生提供一根直观形象的拐杖，帮助学生进行思考，拓展思路，因此，在思考题的教学中，实验的方法和思想应该引起重视。

## 实践坊

## "表内除法（二）"思考题教学改进[①]

在第二次教学中，教师将绳子换成了纸条。这样的好处在于，纸条对折展开后，会留下折痕，可以将整体、部分以及平分的份数同时呈现出来，为学生抽象出正确的数量关系提供了直观表象。再结合动画演示和画图分析，就可以引导学生自主构建出折半问题模型、翻倍问题模型及平均分问题模型。

最后，教师又给出了三道不同层次的拓展题。

第一道题是原题拓展：一根绳子长 16 米，三次对折后，每折长几米？这道题设计的目的是让学生巩固三种模型的应用。

第二道题是一道变式练习：一根绳子，对折以后，再对折，每折长 3 米，这根绳子原长多少米？这道题可以训练学生的逆向思维能力。

第三道题是一道感知欣赏题：一张普通的打印纸，不断对折，折叠 20 次后，厚度将超过 100 米，有近 30 层楼那么高。你认为这有可能吗？说说你的理由。本题是为了让学生感知级数的增长速度远远大于线性增长。

通过了解并分析学生的思维起点和困难，改进教学操作，教师最终达到了最初设想的教学效果。

---

① 此案例由湖南省长沙市育才第二小学张敬老师提供。

## 智慧屋

通过对思考题的教学实践，我们得到了以下启发。

1. 教学思考题时应该针对学生的学习起点选择教学方法，启迪学生的思维

由于思考题本身的诸多特点，在教学设计上往往需要注意学生的学习起点，注意教学方法的选择，针对难点采用合适的方法或手段来帮助学生有效地突破思维瓶颈。

"实践坊"中的案例所示将折绳换为折纸，利用纸的折痕为学生的抽象思考提供了形象支柱，为学生顺利解决问题提供了有效的载体，也增加了学生解决问题的信心。教师同样可以利用"数学实验"进一步拓展学生的思维，比如通过引导学生思考：假设绳子一直对折下去，每折长会怎样变化？它会变为零吗？借此，可以向学生渗透"一尺之锤，日取其半，万世不竭"的极限思想。在后面的发散过程中，学生通过思想实验——想象绳子一直对折下去的直观表象，可为感悟极限思想提供支撑。采用数学实验方法，使得思考题的学习不再是简单的模仿与接受，而是一种经历与创造。

2. 思考题在教学时既要充分挖掘又必须详略得当

首先，同一道思考题从不同角度去进行解读，往往蕴含了不同方法和思想，这需要我们在教学时注意充分挖掘，一题多用，努力使每一道思考题都成为训练学生数学能力的富矿。其次，同一道思考题对水平不同的学生来说其教学效果也不尽相同，这就需要教师在进行教学时调整心态，灵活安排，通过分层要求、逐步渗透的方式，努力让不同层次的学生都能最大程度地汲取思考题中的养分。最后，在思考题的拓展和变式训练中，应该注意详略得当，有所选择。如果盲目追求题目的高度和广度，揠苗助长，往往会给学生带来不必要的困惑，容易挫伤学生学习的积极性，起到相反的效果。

## 学习园

1. 《小学数学思考题有效教学的实践探索》，叶文生，《小学教学参考》，2006（Z5）

推荐理由：作者结合自己的教学实践经验，提出了关于小学数学思考题有效教学的建议，特别强调将思考题归类集中教学，具有较强的启发性。

2. 《小学数学思考题教学刍议》，盛大启，《课程·教材·教法》，1985（5）

推荐理由：该文不仅从理论上讨论了思考题在小学数学学习中的重要地位，而且指出了小学数学思考题教学中需要注意的几个问题。

# 3.9 怎样帮助学生建立"吨"、"千克"、"克"等质量观念?

人们把计量物体的长度称为度,计量物体的容积称为量,计量物体的重量称为衡,把计量物体的长度、容积、重量统称为度量衡。当今社会,随着科学的发展,对计量的要求越来越高,范围也越来越广。量的计量作为小学数学的基础知识之一,要求学生必须掌握。然而,对于计量单位如长度单位、面积单位、体积单位、时间单位、质量单位等的教学,如果只是在让学生掌握单位之间的进率,能进行相关的计算上下功夫,则不利于帮助学生建立长度、面积和体积的表象以及时间和质量观念。因此,改进这一点尤为重要,不容忽视。质量单位在小学课本中主要有吨、千克、克。由于"吨"太大、太重,课堂教学中无法为学生呈现1吨的物品,使"吨"的直观感知环节无法实施,而"克"太小、太轻,即使有1克的物体呈现,学生也难以形成对它的正确量感。那么,该怎样改变我们的教学,帮助学生建立如"吨"、"千克"、"克"等质量观念呢?

## 案例角

### ▼"吨的认识"教学片段[①]

**师:** 我们已经认识了哪些质量单位? 还有哪些更大的质量单位,你知道吗?

**生:** 我知道吨。

**师:** 你在日常生活中用过吨这个质量单位吗? 什么时候用过?

---

① 钱守旺. 走近钱守旺 [M]. 福州:福建教育出版社,2006. 收录时有删改。

（生答略）

**师**：猜猜哪些物体的重量是 1 吨？

**生 1**：我爸爸又高又胖，他的体重可能有 1 吨那么重。

**生 2**：我估计一台家用的全自动洗衣机大约重 1 吨。

**生 3**：熊猫很可爱，胖胖的，两只熊猫加起来可能会有 1 吨重。

**生 4**：我在河边走时，见到河边有许多大沙堆，大沙堆的总重量大约会有 1 吨重。

**生 5**：我在字典上看到，字母 t 是吨在国际上的通用符号。1 吨 = 1000 千克。

听到上述同学的发言，大家都很吃惊。有的还小声地说："是真的吗？"

## 讨论区

"吨"是个很大的质量单位，它远离学生的生活实际，教师无法在课堂上呈现 1 吨实物让学生体验其实际重量，在没有建立有关"吨"的量感之前，学生将一个人、一袋大米猜想成 1 吨无可厚非，但仅仅一笑了之就行了吗？对于过大或过小的质量单位，教师该采用什么样的方法与手段帮助学生突破难点，建立相应的质量观念？在教学中有的教师采用观察的手段让学生建立量感，观察能代替学生的体验吗？如何让学生对质量的体验不仅仅停留在看一看、听一听、掂一掂的粗浅层面？如何引发学生的思维的，使他们在深刻体验的基础上顺利地建立相应的质量观念呢？

如何将"吨"这个抽象的概念以具体、形象、可直接感知的形式呈现在学生眼前呢？如何让学生对"克"这样小的质量单位形成准确的量感？对上述困惑，湘潭市和平小学部分数学教师进行了专题研讨。

## ✦ 教师沙龙

◎计量单位离学生很近却又很远。从案例中可见，尽管计量单位就在学生的身边，但学生对于每一个计量单位具体的重量比较陌生，在这样的前提下，学生对某一具体实物质量的猜想纯属瞎想。

◎让学生建立计量单位的观念不是一个"想当然"的过程。尽管学生在日常生活中也有掂量物体的活动，但他们对每一个标准量没有准确的认识，也就是在学生的感知中没有一把标准的尺子去衡量哪怕是最熟悉的物体的质量。如何把握学生的学习起点，教学中用什么教学素材，怎样利用教学资源让他们顺利地建立量感，的确需要我们认真思考。

◎在质量单位的教学中，如果学生对物体质量的体验过程仅仅用图片和动画代替，那么学生就难免只闻其重，不知其重。即使有看一看、听一听、掂一掂等直接体验的层面，如果没有"想一想"，"掂一掂"、"称一称"也只是一些机械动作，学生的思维参与度不高，体验难以深刻。

◎第一学段三年级学生的思维正处于具体形象思维为主，逐步向抽象逻辑思维过渡的阶段。"吨"是个非常大的质量单位，远离学生的生活实际。要建立"吨"的质量观念，学生虽然无法直接体验，但可以通过选择"参照物"的方法进行教学。

## ★ 专家点拨

观念是人们在实践当中形成的各种认识的集合体。人们会根据自身形成的观念进行各种活动，利用观念系统对事物进行决策、计划、实践、总结等，从而不断丰富生活和提高生产实践水平。观念具有主观性、实践性、历史性、发展性等特点。形成正确的观念有利于做正确的事情，提高生活水平和生产质量。

质量观念是人们对物体轻重量态的感性认识与准确把握。相对于其他的计量单位，质量单位比较抽象，只可意会，难以言传。如何将这样的抽象观念具体化，是值得我们认真思考的问题。

学生在日常生活中，虽然能看到像"千米"和"吨"这样比较大的计量单位，但多数是停留在听觉和视觉上。然而人们的量感主要是通过触觉和听觉来建立的。缺少了触觉很难建立相应的表象，对于小学生就更是难上加难了。因此，对于"吨"这样的不能通过"掂一掂"来建立表象的质量单位，教师需要运用间接的方式，让学生学会在日常生活中选择合适的参照物，然后通过估测的方式建立起对"吨"这种不熟悉又抽象的质量单位的感知。例如，让学生掂一掂和称一称自己书包的重量，然后想象多少个这样的书包总重量是1吨，也可以通过让学生观察1吨重物体的体积，比较不同的质量单位的使用方法等，进一步建立吨的质量观念。

如何让学生建立质量观念？只能由学生在实践中去体验，而且在体验中必须思考，思考后方能把握对"量"的独特体验。在上述案例的教学中，教师只是一味地强调让学生进行猜想，而忽视了引导学生修正猜想，因此他们难于对新的质量单位形成正确认识。如果能及时引导学生针对这些猜想进行理性的辨析，就不仅能使学生修正这些猜想，同时其数学思考也将走向深入。

值得注意的是，让学生建立质量观念绝非一日之功，四十分钟、八十分钟的课堂教学时间里是难以实现的。我们要将课堂教学延伸到课外生活中去，紧密联系学生的生活实际，这样才能让学生经常留意日常生活，从中获得体验和感受，逐步建立起质量观念。

## 实践坊

### "吨的认识" 教学改进[①]

在教学"吨的认识"时，教师通过"估计教师的体重"引发学生思考：在猜老师的体重时都用了同一个质量单位——千克，为什么不用"克"作单位？

教师通过让学生猜测世界上体重最重的动物和多媒体课件的演示等创设情境，让学生了解：非洲象是现存最大的陆地动物，体重约为 5000 千克，相当于 100 个人的体重；蓝鲸是目前海洋动物中体积最大的动物，体重约为 150000～250000 千克，相当于 2000～3000 个人的体重。学生感受到这么重的动物的体重也用"千克"作单位很不方便，怎么办？教师启发学生举例说说生活中用"吨"作质量单位的物体，思考以吨为单位的物体有什么共同的特点，这样很自然地导入新课。

在新课的教学中，教师通过以下环节让学生亲身体验，探索新知。

一是互背同桌，感受其重量，并以此想象 1 吨的重量。

二是思考"我们班平均每个同学的重量大约是 25 千克，4 个同学的体重约多少千克？40 个呢？是多少吨？"

三是让班上的 40 个同学起立，让学生观察、想象 40 个同学的重量。"如

---

① 钱守旺. 走近钱守旺［M］. 福州：福建教育出版社，2006. 收录时有删改。

果 40 个同学全压在你背上，你会怎样？"

四是让学生掌握千克与吨的换算：3 吨 =（    ）千克，6000 千克 =（    ）吨。

五是利用常见的物品想象 1 吨的重量。

在拓展提升环节，教师突出实际应用，深化认识，通过联系生活实际开展各项活动，如：让学生看图说说 "1 吨" 的含义，帮千克、克、吨找朋友，让学生修改数学日记中不正确的质量单位等。

## 智慧屋

质量单位不像长度单位那样直观、具体，不能只靠观察得到认识。为了使学生获得千克、克、吨的具体概念，教师要善于创造条件让学生进行实际操作，以获得相应的体验，使较抽象的质量单位能被学生具体地感知、掌握。上面的教学设计具有以下特点。

1. 密切联系生活

质量单位是学生生活中常接触的单位。教学应以学生的生活经验为基础，选择的例子应尽可能是学生经常能接触到或看到的；或者是结合具体的生活情境能想象到的。在上述 "吨的认识" 教学设计中，教师通过让学生猜教师体重、估教师体重引入质量单位 "千克"，并说明不用 "克" 而用 "千克" 做单位的原因，为引入 "吨" 做了有力的铺垫。在引入 "吨" 这个环节中，教师引导学生联系生活实际，发现这么重的物体用 "千克" 做单位读写都很麻烦，从而思考能不能使它读写都简洁一些，很自然地进入认识更大的质量单位 "吨" 的环节。在新课中，教师及时让学生思考 "以吨为单位的物体，有什么共同的特点"，这样的教学能从学生已有的生活经验出发，让学生形成一定的思维表象，为下面深入感受和体验 1 吨的重量打下坚实基础。

2. 让学生亲身体验

质量单位 "吨" 的教学如果只是停留在教师的语言描述或是图片的展示上，就会是空中楼阁，让学生只闻其重，而不知其重。为了突出重点、突破难点，必须发挥学生在学习中的主体作用，让学生通过 "掂一掂"、"背一背"、"提一提" 等实践活动亲身感受和体验，然后借助合理的想象，认识很少使用的质量单位 "吨"。在上述教学设计中，通过 "背一背" 活动，学生会感到背 1 个人可以背得起，背 10 个人、20 个人、40 个人就不行了，太重了，受不了，从而让学生深刻地理解和认识了"吨"的意义，体会到1吨比1千克重多了。在这个基础上，让学生以常见的物品为中介，并运用推理分析，想象1吨的重量，这样，在直觉思维、形象思维与理性思考的共同作用下，学生建立了关于"吨"的深刻体验。由此可见，调动学生的多种感官参与学习活动是帮助学生建立质量观念的有效策略。

3. 学习起点定位准确

"吨"是最大的质量单位，学生无法直接获得"吨"究竟有多重的体验。于是，教师利用学生熟悉而喜爱的动物"蓝鲸"、"非洲象"与人的体重的数量关系，帮助学生理解"吨"是一个非常大的质量单位。这样，利用学生熟悉的物品建立质量参照系，有利于帮助学生建立相应的质量概念。对于学生来说，头脑中的参照系越丰富，对理解质量单位与估计物体质量的帮助就会越大。

## 学习园

1.《小学数学计量单位教学的困惑、实践与思考》，孙钰红，《小学数学教师》，2011（1/2）

推荐理由：该文分析了小学数学计量单位教学中的困惑，联系教学实际提出了有效的教学策略，能帮助教师反思和改进计量单位的教学。

2.《"计量单位"教学的问题分析与解决对策》，华春丹，《教学月刊：小学数学》，2012（4）

推荐理由：该文指出，教学计量单位要充分考虑小学生的认知特点、生活经历和教学目标，结合学生的生活实际，根据学生的心理设计教学。提出了"结合实际明确量的含义"、"学生动手感受计量单位的意义"、"把计量单位的教学建立在学生的生活之上"、"重视计量单位的表示方法"、"加强比较，深化认识"等行之有效的教学策略，值得教师思考和借鉴。

# 巧施教学评价

评价对教学活动具有导向、诊断、鉴定、监督、调节、激励的功能。聪明的孩子都是夸出来的！这说明"激励"是教学评价的精髓。但怎样评价、如何夸奖却是需要不断推敲的教育艺术。

心理学研究表明：教师对学生的首次评价总是最鲜明、最深刻地影响着学生的心灵。在学习的初始阶段，学生一般都能进入学习状态，随着学习的深入，学生难免遇到障碍，如回答问题出错、自主探究遇到困难、自己的答案与标准答案不同等。每当这些时候，学生对教师总是充满期待。若能及时得到教师的指点或肯定，学生不仅能顺利解决问题，还能让愉悦的情绪伴随学习的始终；若受到批评指责，学生则会心理焦虑，对学习产生畏难或懈怠情绪，甚至游离于学习之外。在教学过程中，抓住关键环节对学生实施激励性评价，对促进学生的学习会起到事半功倍的效果。如果学生得到的答案不是标准答案，教师如何评判？当学生的思维受阻时，怎样利用评价打通学生的思维障碍？怎样让自己的评价方式更得体、评价语言更智慧巧妙，让评价最终能激发学生的学习潜能，鼓舞其学习的士气，使学生主动积极地朝着期待的目标努力前进？本章试图通过对这些问题的研究，探讨巧施评价的方法。

评价往往通过教师的评价态度、语言与结论体现导向功能。在数学课堂上，教师的评价应当直接指向激发学生数学学习的积极情感，指向有利于促进学生的数学思考。教师除了需要有正确的评价观念外，还需要掌握一定的评价技巧。比如，怎样让评价实事求是、恰如其分？怎样让自己具备一种伯乐的眼光，能及时发现学生的闪光之处？怎样在学生出现失误与不足时既指出学生的局限，又让学生保持愉悦的心情，更能引发学生的深入思考？本章的研究都将带来启示。

# 4.1　如何评判学生的非标准答案？

教学过程中常常出现这样的现象：教师提出问题后，学生会给出各种不同的答案，有的答案与预设的标准答案很接近却仍有距离，有的答案一时之间难以判断是非，还有的答案似天马行空，与标准答案相差甚远。对于这些非标准答案，特别是一些预设之外的、与标准答案迥异的想法，教师往往简单否定，或未置可否，或不予评价。也有的教师，一看到优秀的学生提出了不同的想法，就不假思索地给予赞扬与鼓励，提倡所有的同学向他（她）学习。这里需要思考的问题是：面对学生的非标准答案，教师到底该如何评判，又该如何引导呢？

## 案例角

### ▼ "8 是 16 的儿子！"①

在一堂一年级"数的认识"练习课上，老师为了培养学生的数感，让学生从各个不同的角度来说一个数，首先说的是"8"。

生1：8 比 9 小，比 7 大。

生2：3+5＝8。

生3：教室里有 8 个小组。

生4：8 个苹果，吃掉 2 个，还剩 6 个。

……

最后，一个胖乎乎的男生站起来很响亮地回答："8 是 16 的儿子！"教室里顿时哄堂大笑。

---

① 易虹辉. 新课程教师怎样关注学生［J］. 小学青年教师，2003（4）.

教师也笑了，但没有发火，而是用欣赏的口吻说："你的回答总是让我吃惊！那你能不能告诉同学们，8 为什么是 16 的儿子呢？"

"因为 8 是 16 的一半，所以 8 是 16 的儿子！"孩子理直气壮地回答。

"噢，那 8 的儿子又是谁呢？"老师很感兴趣地追问道。

"8 的儿子是 4，4 的儿子是 2，2 的儿子是 1，1 的儿子是 0！"孩子一口气报出了他全部的"儿子论"。

教室里笑得更响了。

教师毫不犹豫地把最具分量的幸运星奖给了这个孩子，再一次非常夸张地表扬了他："你真棒！你总是让我吃惊，你总是那么与众不同。"

## 讨论区

在以往的教学过程中，教师面对学生与标准答案迥异的想法，往往不假思索地给予否定。而上述案例中，教师显然较为民主，面对学生独特的思维，采用的是表扬、鼓励、赞赏的评价方式，给了学生足够的肯定。然而，这就是新课程所倡导的评价理念吗？这种评价的背后有没有值得思考和商榷的地方？

### ✱ 教师沙龙

◎老师凭直觉下结论，难以保证其结论的正确性与科学性。如果没有把握，可以暂时不表态，让学生课后再去讨论；也可以组织学生当堂讨论，但就怕时间不够。

◎我觉得这位老师思想很民主很开放，也很尊重学生。她没有直接否定学生，而是追问"8 为什么是 16 的儿子"，引导学生说出自己的想法，这是比较明智的做法。虽然这孩子的话里还有些东西经不起推敲，但老师没有去追究。设想，如果老师总是以非常严格的数学思维标准去评价学生，那以后还能听到这么童趣的语言吗？

◎能说出"8 是 16 的儿子"，这应该是一个思维灵敏、表现活跃的学生，老师追问学生背后的想法是对的，但是不能过分表扬，评价用语也不宜过度夸张，更不要夸赞学生"你总是与众不同"，这种导向似乎暗示了学生都要追求某种"与众不同"，如果学生群起效仿，都想着怎么"出格"，课堂还不得乱套？这不是背离了我们教学的初衷吗？

## ✴ 专家点拨

一节课的时间的确是有限的，但在教学过程中，面对学生提出的一些非标准答案，教师应根据问题的实际情况，进行有效的回应，首先保证"不要错"，然后再力求"处理好"。至于处理的方式，可以多样，也可以分情况区别对待，但有几点是值得注意的。

首先，教师不要轻易地否定学生。学生在课堂里乐意提出不同的想法和思路，至少说明他在认真听课，并且有自己的思考。面对这样积极动脑的学生，我们怎么能轻易地打击他呢？相反，我们要肯定他积极思考问题的态度。

其次，要很好地应对学生的非标准答案，教师就需要仔细倾听学生的发言，用对话、追问、互相解释等方式进一步理解学生的想法，从而判断是否需要在课堂里讨论清楚。有些问题可以放到课后再去讨论。

当然，还有一点也值得注意。南京师范大学郑毓信教授认为：教师不要轻易挫伤学生的自尊心与创新意识，这是十分对的，但是，我们在此又应注意防止另外一种倾向，即由重视学生个体发展而完全放弃了教学工作所应具有的引导作用。上述案例中，在学生说出"8 是 16 的儿子"这一另类的答案时，教师是否应当仅仅停留于"欣赏"，乃至完全放弃了应有的引导工作？显然，学生的这一说法具有不确定性和含糊性。教师面对这样的答案时，不应成为少数学生的"尾巴"，不能为了"迎合"少数学生的"表现欲望"或什么别的"需要"而忽视了由此对大多数学生可能造成的负面影响。小学生在是非问题上还缺乏足够的判断能力，教师有责任在此进行进一步的引导与辨析，不然，教师对学生创新意识的保护和提倡最终会蜕变成鼓励学生"标新立异"乃至放任自流，最后背离我们的初衷。

总之，针对学生"8 是 16 的儿子"这样的提法，我们建议教师在此不要立即予以肯定或者否定，可以组织班上同学对这些答案的恰当性进行讨论，让学生亲自发表意见，将学生的活动进一步引向深化，从而将课堂上的"意外"转化为新的"契机"，促进教学目标更好地落实。

## 实践坊

# "两位数乘两位数" 教学片段 [①]

在"两位数乘两位数"的教学中，老师引导学生探究算式 14×12 的算法。在展示算法的过程中，学生很顺利地呈现出了几种不同的计算方法。当教师要进入下一教学环节时，一个男生举起了手，大声地说自己还有不一样的算法。

接着，该生充满自信地介绍起来。他的方法是：只要把因数的个位相乘的结果的最后一位写在个位上，十位相乘的结果的最后一位写在百位上，如果十位上没有就写 0 占位，就是 108。然后把第一个因数的个位与第二个因数的十位相乘，把第二个因数的个位与第一个因数的十位相乘，然后把它们的积相加，结果的末位写在十位上，这样就是十位上写 6，上下相加就是答案 168。

面对这种非常另类的算法，全班学生和老师都愣住了。看这个学生那自信的神情，于是老师请他上来演示。演示如下：

$$
\begin{array}{r}
1\ 4 \\
\times\ 1\ 2 \\
\hline
1\ 0\ 8 \\
6 \\
\hline
1\ 6\ 8
\end{array}
$$

老师看到算式很快就明白了他的意思，而其他学生却反应不一：有的在思索，有的干脆质疑他是凑数得到的结果，有的则皱着眉头，似乎更糊涂了。

老师继续请他解释计算过程。学生边解释边写了另一个竖式：

① 吴志坚. 老师，我还有你们不知道的 [J]. 小学教学，2007（5）. 收录时有删改。

$$
\begin{array}{r}
1\ 4 \\
\times\ 1\ 2 \\
\hline
8\cdots\cdots 2\times4 \\
1\ 0\ 0\cdots\cdots 10\times10 \\
4\ 0\cdots\cdots 4\times10 \\
2\ 0\cdots\cdots 2\times10 \\
\hline
1\ 6\ 8
\end{array}
$$

他又结合这个算式解释了一遍，思路清晰。

老师继续追问，引导学生深入思考：这样的计算方法对于其他算式是否可行？这名学生非常肯定地认为可以。于是大家又试算了18×24。这时，原来似懂非懂的学生兴趣更大了。为了进一步激发学生的学习兴趣，引导他们更深入地探究，老师干脆让全班同学都思考这个问题：真的所有算式都可行吗？并让学生说出自己的想法。

马上又有学生来帮助解释这样计算的道理。

这时大部分同学都理解了，老师又问："这种竖式看上去很不一样，它和我们刚才总结的竖式有什么相同之处吗？你觉得哪种写法更简便易懂呢？"

通过热烈的讨论，同学们终于明白了：其实这些不同的竖式形式，都是根据算式的意义来进行分解的，只是分解的过程或者表达的方式不同而已，其结果是一样的。

最后，根据同学们的选择，老师将这种"与众不同"的竖式放到了黑板的一个角落里。

## 智慧屋

课堂教学是师生多边互动的过程。意外的情景、意外的答案往往会层出不穷。当课堂生成的答案与课前预设的标准答案不相符合时，我们应在教学目标的指引下及时调整自己的预设，有效地回应学生，尊重每一个学生的参与，让所有的学生都获得较好的发展。以下几点小策略供大家参考。

1. 继续追问

当我们面对一个非标准答案时，千万不要轻易否定，特别是面对自己都不能理解、更无法判断的答案时，最好的办法就是追问，引导学生做出进一步的解释，从而了解这个答案背后的真实想法，理解了之后，再做出较为准确的判断。在"实践坊"的案例中，教师通过一步步的追问，首先让这个学生说清楚了自己的想法；然后，通过该生的解释，师生发现了这个非标准竖式中的合理成分；最后，师生再将其与标准竖式比较，找出联系，比较优化，从而很好地处理了这个非标准竖式，同时又进一步加深了对乘法竖式的算理的理解。

2. 巧妙转向

学生说出的答案虽然并没有错，但恰好不是教师想要的答案时，教师可以调整自己的问题，引导学生"转向"，即找到非标准答案与标准答案之间的联系，借助学生的非标准答案，巧妙自然地转到教学所关注的话题上。

3. 展开讨论

如果教师通过追问也不能得到很清楚的解释，或者其他同学对非标准答案都拥有自己不同的观点，教师不妨敞开来，让学生之间互相质疑、互相解释，借助学生的智慧来解决问题。特别是，如果教师通过自己的判断，认为该答案有价值，值得深入研究时，就不妨停下脚步，改变预设的教学方案，引导学生就这些生成的资源深入讨论，获得对问题的深刻认识。

4. 适时淡化

若学生提出的非标准答案，一时之间难以解释，其他学生也难以弄懂，或者远远超出了学生的认知能力，又或是没有很多讨论的价值，教师可以采取淡化的方式予以应对。淡化可以是回避，也可以是留到以后再去讨论，还可以是直接予以评价。淡化某些不合适的答案也是一种有效的评价，能较好地保证教师在有效的时间内完成教学任务。

## 学习园

1. 《小学数学课堂教学策略——师生互动共同创建有效课堂》，吴正宪，北京师范大学出版社，2010

推荐理由：本书第二章侧重介绍了课堂教学过程调控的策略，其中包括提问、理答、追问、利用生成性资源、有效评价等，理论深刻、案例鲜明、内容实在，对于如何处理课堂问题具有很好的借鉴价值。

2. 《课堂反馈遭遇尴尬的应急策略点滴——由朱乐平老师的课堂反馈艺术所想到的》，张优幼，《小学教学（数学版）》，2008（1）

推荐理由：该文以具体的案例诠释了在课堂遭遇非标准答案时，教师应如何应对和引导。

# 4.2　当学生出错时，怎样评价有利于学生继续探究？

出错是学生学习过程中的必然经历。学生由于知识背景、思维方式、情感体验、表达形式的不同，他们在学习过程中的状态会各不相同，这些不同，有的表现为各种各样的错误。有学习的地方，就会有错误发生。同样，有错误的地方，就有学习发生。学习就是在不断出错、纠错、反思中进行的。心理学家盖耶告诫我们："谁不考虑尝试错误，不允许学生犯错误，将错过最富有成效的学习时刻。"

课堂上，教师应直面学生的错误，把那些可以利用的、有价值的学习错误当作课程资源，通过适当的引导，促使学生积极思考、敢于质疑、善于争辩、勇于改错。

课堂上，学生的错误能否顺利转化为课程资源，能否把学生的思考推向深入，能否引导学生进一步探究，其中一个很重要的因素就在于教师的评价。

## 案例角

### ▼ 案例1　"化简比"教学片段[①]

教师出示如下问题：

化简比 $\frac{5}{6} : \frac{5}{9}$

---

①　此案例由本书作者张新春提供。

师：谁能将这个化成最简整数比。

生1：$\frac{5}{6} : \frac{5}{9} = 6 : 9$。

师：有没有不同的意见？

生2：不对，应该是3：2。

师：哪个答案是正确的？

生：（齐）第二个！

师：是的。（转向生1）你懂了吗？

## ▼ 案例2 "面积的比较"教学片段[①]

在学习完面积的意义后，教师引导学生比较面积的大小，揭示了诸如"观察法"、"重叠法"等比较面积的方法。接着，教师请学生从学具中拿出一个长方形和一个正方形（长方形为3×5，正方形为4×4），要求学生比较面积。"观察"和"重叠"都不能解决问题，希望引出度量面积。以下就是这一段教学。

师：看样子，"观察法"和"重叠法"都不能解决问题，这个长方形的面积和这个正方形的面积到底哪个大呢？下面，请大家拿出老师给你们提供的学具，自己独立探究。（教师提供的学具有大小不同的正方形纸片，还有一些长方形纸片和圆形纸片等）

学生独立探究。

师：哪位同学来说说你的发现？

生1：长方形大。（出示他的方法）

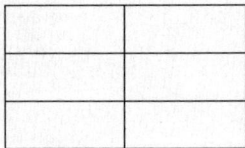

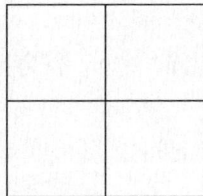

师：他的方法对吗？

------

① 此案例由本书作者张新春提供。

生2：不对。

师：为什么？

生2：他用的格子不一样大。

师：是的，我们在测量面积时，要用统一的单位。

## 讨论区

在"案例角"的案例1中，教师在学生出错时，找其他学生给出正确答案后，直接问出错的学生："你懂了吗?"在这里，这个学生的错误没有起到课程资源的作用。事实上，本片段中化简比的问题是一个比较特殊的问题：两个分子相同的分数的比，学生凭直觉，就写成了分母的比。教师应该如何面对学生这样的错误呢？应该如何以此为基础，将学生的探究进一步引向深入呢？

在案例2中，为了比较一个长方形和一个正方形的面积，一学生采用了分割的办法（实质是度量），但学生出错了——没有使用统一的单位。教师让另一个学生直接纠正了这位学生的错误。值得注意的是，老师并没有让出错的学生说说他是如何比较的，也没有考虑这位学生的做法是否有一定的合理成分，而是通过肯定另一位学生的做法来简单否定这位学生的做法。这在一定程度上会打击前一位学生继续探究的热情。有没有更合理、更有价值的评价办法呢？

### ✦ 教师沙龙

◎有时候错了就是错了，教师不应该过于迁就学生的意见。有一次听人说起，有教师评价学生的加法练习"$2+5=6$"时说"你离正确答案已经不远了"，我觉得这是很无聊的，对就是对，错就是错，什么叫离正确答案不远了？

◎不管怎么样，应该听听出错的学生的说法，然后再作评价。

◎其实，学生的错误中，还是有正确成分的，应该努力挖掘。

◎学生在出错时，通常会觉得尴尬或者不服气。此时最需要教师的恰当评价，既能安抚学生，又要引导学生。这看似容易，实则较难。

### ✦ 专家点拨

要正确处理好学生在课堂中出错的问题，把这种出错转化为课堂生成的资源，教师恰当的评价应该能起到积极的引导作用。教师应该注意如下问题。

第一，要能够积极面对学生的"出错"。学生的出错在某种意义上是不可避免的，是学生学习过程中的必然经历，教师要积极面对。所谓积极面对，一是要宽容，允许学生出错，任何时候都不能挖苦讽刺出错的学生。二是要能主动处理学生的错误，不能对学生的错误视而不见。有时候，我们担心课堂因学生的"出错"而节外生枝，这种担心在公开课中尤其明显；有时候，我们又认为学生的出错没有专门讨论的必要，让其他有正确答案的同学说一说就好了。正因为有这样的想法，我们往往不愿或不敢积极面对学生的出错。

第二，要善待学生的出错，通过评价引导给出错的学生充分表达自己想法的机会。以上两个片段中，教师都没能让出错的学生表达自己的想法，而是通过让知道正确答案的学生说出答案并肯定其答案来否定出错学生的答案。这种做法，容易影响学生思考与探究的积极性。每个人都愿意被欣赏，而不愿意被忽略甚至被打击。若出错的学生没有得到应有的甚至是特别的尊重，那么，很多学生可能因此而放弃积极思考与回答问题。当然，正如华应龙老师所说，"善待差错，不是鼓励出错，不是纵容学生不负责任地'草率行事'，不是任由学生信马由缰，而是要鼓励学生探究的勇气，激发学生挑战的精神，保护学生创新的激情。苛求正确，无异于给学生戴上了'紧箍咒'，于无形中对学生形成压力，导致学生因循守旧，甚至不择手段、投机取巧、模仿造假。罗杰斯先生就曾指出，只有心理安全、心理自由，才能创造。"[①]

第三，要利用评价显现学生"出错"中的合理成分，并由此引发学生的思考与讨论。几乎没有一种错误是错得如此彻底，没有任何合理成分的，找出其中的合理成分是促进学生进一步探究的前提。上述案例 1 中，学生凭直觉，认为分子相同的两个分数的比就是其分母的比。若教师肯定学生这种直觉，同时提醒他，直觉还需要用逻辑的手段去检验，并组织学生一起验证这个学生的结论，在发现结论错误的同时，还可以有新的发现，即发现分子相同的两个分数的比，等于其分母"倒过来"比。这个结论也许价值不大，但获得结论的过程却有意义。案例 2 中，学生错在没有用统一的单位度量，但同样也有其合理成分：他已经想到了度量，即通过度量，把两个图形的面积的比较转化成两个数的比较，这种认识相对于要统一单位来说，是更加难能可贵的。从某种意义上说，知道要度量是解决了战略问题，用统一的单位只是战术问题了。

---

① 华应龙. 课堂因差错而精彩 [J]. 江苏教育研究，2008（10）.

## 实践坊

### "轴对称图形" 教学片段①

学生小组讨论教师提供的五个图形是否是轴对称图形，这五个图形中包括一个平行四边形。

**师**：许多小组已经达成共识了，下面我们进入汇报阶段。机会不多，只有5个，每个同学可以选择自己最有把握的一个，说一说它是不是轴对称图形，然后简要地说一说你是怎么想的。好吗？（选择一个学生）好，第一个机会留给你。拿着这个话筒吧。

**生1**：我认为平行四边形是轴对称图形。因为只要你右边的三角形剪下来，拼在左边的三角形上，它就成了一个长方形，变成长方形之后，把它对折，当中的那条线就是轴，它左右两边就相同了，它就叫轴对称图形。

**师**：挺有道理。（面向生2）你想发表不同意见？说说！

**生2**：我觉得平行四边形不是轴对称图形，因为它对折之后，两边的图形没有完全重合，所以不是轴对称图形。

**师**：我想跟你握一下手。握手不是表示赞同你的观点，而且因为你给我们的课堂创造了两种不同的声音。同学们想一想，如果我们的课堂只有一种声音，那多单调啊。

**师**：好了，不多说了。两种观点，怎么办？这样，张老师先了解一下，好不好？认为平行四边形不是轴对称图形的举个手。

（生举手）

**师**：手放下。认为平行四边形是轴对称图形的举个手。

（生举手）

**师**：平分秋色，还有一个男同学举了两次手，摇摆不定。没事，现在既然是势均力敌，请各方摆出自己的观点。这样，认为是的同学，亮出你的观点；认为不是的，再次亮出你的观点。好不好？（邀请生2）你认为它不是，你的

---

① 张齐华. 走向"生成型"的数学课堂："轴对称图形"教学片段 [J]. 小学教学：数学版，2006（1）. 收录时有删改。

理由是什么?

**生2**:因为我把这个平行四边形对折后,它没有完全重合,所以我觉得它不是平行四边形。

**师**:听起来多有道理啊。反方,还有举手的啊,你说——哦,你说过了,保留一点好不好?但是你怎么反驳她?她说给把左边剪掉一边放右边不就好了嘛。

**生3**:我认为平行四边形只是面积相同,而不是轴对称图形。

**师**:你的意思是把它剪成长方形以后只是面积相等,但是图形的一些性质可能发生变化,是这样吗?可以保留你的意见,你继续说。

**生3**:因为把那个角剪切后它不再是平行四边形而是长方形。所以我认为平行四边形不是轴对称图形。

**师**:你的发言中有闪光的地方,也有一些小问题。先说你的问题好吗?平行四边形割成长方形后是平行四边形吗?——长方形还是平行四边形。但是你的发言当中可贵的一点是:你的意思是我们探讨的是这个平行四边形的特征,而不是改装以后的其他图形的特性,是这意思吗?

## "角的度量"教学片段[①]

**师**:怎么量角的大小呢?

**生**:(齐)用量角器。

**师**:都知道啊!那你会量吗?

**生**:(齐)会。

**师**:我们先用量角器试着量一量。

学生尝试用量角器量角。

**师**:(巡视中)这位同学,请带着你的量角器到前面来,把你的方法展示一下。

**生**:我先用这个尖放到这个角上,然后看这条边(如下图)。

该生投影自己的量法后,有学生小声嘲笑,教师摇头制止。

---

① 华应龙. 让学习像呼吸一样自然:以教学《角的度量》为例〔J〕. 人民教育,2007(2). 收录时有删改。

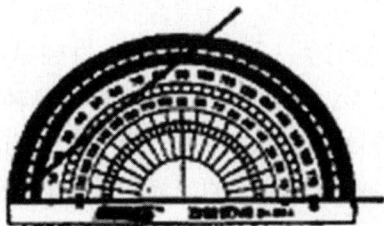

**师**：这个角多大呢？

**生**：不知道。

**师**：（摸着学生的头，微笑着说）还没学，不会很正常，但敢于尝试值得表扬。以前我们量长度的时候，就是这样从 0 开始，这一点你做得非常棒！要量角的大小，已经想到了用角来比着，真不简单，这个思路非常正确！现在的问题是我们从量角器上能找到角吗？

## 智慧屋

从以上"实践坊"的案例中，我们可以领略到高水平的老师是如何在学生出错时引导学生进一步探究的。

1. 允许学生中出现不同的声音

"轴对称图形"这一案例中，第一个回答问题的学生就出了错，而且是一个挺不好处理的错误：学生认为平行四边形是轴对称图形。首先，张老师允许、鼓励学生中出现不同的声音，当有学生发表不同看法时，张老师如此说："我想跟你握一下手。握手不是表示赞同你的观点，而是因为你给我们的课堂创造了两种不同的声音。同学们想一想，如果我们的课堂只有一种声音那多单调啊。"不同的声音往往意味着有对有错，允许、鼓励学生中出现不同的声音，就是允许、鼓励学生发表自己的想法，哪怕错了也不要紧。这就为学生进一步思考、探究、争论等营造了一种安全的氛围。同时，张老师对于学生的错误，不急着指出，而是用"好像有道理"、"听起来多有道理啊"或者用"你的发言有闪光的地方，也有一些小问题"这样的方式来鼓励学生进一步思考。

2. 善于帮学生提炼观点，厘清分歧

学生讨论问题时，对自己的观点往往表达得不是很清楚。同时，和同学讨论或者辩论问题时，往往自说自话。这时，需要教师帮助学生提炼出观点，厘清双方观点之间的实质分歧。比如，一个学生认为平行四边形是轴对称图形，他的观点是：把平行四边形的一个角剪下来，拼到另一边，就成了一个长方形，而长方形是轴对称图形，因此，平行四边形也是轴对称图形。这位学生显然是受平行四边形面积推导的经验的影响。但我们知道，图形的面积这个属性是对图形大小的刻画，剪拼后是不变的，而对称性这种属性是对图形形状的刻画，剪拼后当然是变化的。所以当下一个学生讲到"我认为平行四边形只是面积相同，而不是轴对称图形"时，教师及时提炼："你的意思是把它剪成长方形以后只是面积相等，但是图形的一些性质可能发生变化，是这样吗？"这样，学生要进一步思考的问题就比较明确了。

3. 重视学生错误中合理成分的发掘

在"角的度量"这一案例中，华老师特别强调发掘学生错误中的合理成分，这一方面鼓励了学生，另一方面为学生进一步探究明确了基础，也指明了方向。鼓励学习的作用是显然的：这位学生投影出自己的测量方法后，有学生小声嘲笑，老师摇头制止，并指出这种方法有特别的价值。这对出错学生的鼓励是巨大的。除了鼓励，华老师还在评价中指出，这位同学的方法，揭示出角的测量的两个基本要求：从零开始，用待测量的角与测量工具上的角进行比对。这样，学生进一步探究就有了基础，方向也明确了：问题是，量角器上有角吗？

### 学习园

1. 《小学数学名师名课》丛书，钟建林，教育科学出版社，2001

推荐理由：本丛书包括成名篇、经典篇、异构篇和珍珠篇，以实录的形式呈现了 20 世纪 90 年代以来小学数学教育界中青年名师的名课之大成。这种实录形式，便于我们仔细推敲优秀教师在课堂中的一言一行（包括课堂教学评价语），值得仔细研究。

2. 《课堂因差错而精彩》，华应龙，《江苏教育研究》，2008（20）

推荐理由：本文对教师如何看待学生的差错、如何把差错转化为资源、原则是什么等问题进行了详细的论述，还附有自己的实践体会。

# 4.3 怎样利用课堂评价促进学生思考?

课堂评价在不同的语境下有不同的意义。在此,课堂评价主要是指:在课堂教学过程中,教师对学生的学习活动所做出的评价。尽管课堂评价的主体有时候可以是学生,即可以有学生之间的相互评价,但我们在这里主要考虑的是教师对学生的评价。课堂评价是课堂中师生交流的重要形式。对学生的评价应该有两个方面的意义:一是帮助学生正确认识自己,二是帮助学生树立信心。这要求教师的课堂评价既要客观,又要具有激励性。而对于小学数学课堂评价而言,很重要的一条是要能促进学生的数学思考。

////// **案例角**

▼ **案例1 "0 的减法"教学片段**①

教师出示如右图片:

师:请小朋友们仔细观察这张图片,看到了什么?

生1:窝里有三只小鸟,它们叫得很高兴。

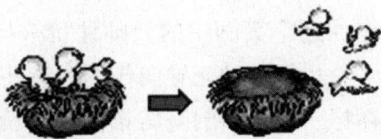

师:你的想象力很丰富。其他小朋友要向你学习。

生2:后来它们都去找妈妈去了!

师:说得真好。

生3:(抢着说)不是去找妈妈,而是小鸟们饿了,去找吃的了。

师:你会用"不是……而是……",你的用词真丰富。

---

① 此案例由本书作者张新春提供。

生4：不对，小鸟是不会自己去找吃的的，都是妈妈找回来喂给它们吃的。

生5：是的，小鸟会自己找吃的！

很多学生开始参与讨论，讨论的话题是小鸟到底会不会自己去找吃的。

……

## 讨论区

以上案例中，教师的评价是激励性的，但没能引起学生的数学思考。而是把学生的讨论引向了偏离数学教学目标的方向。当学生谈到"窝里有三只小鸟，它们叫得很高兴"时，教师不是表扬学生获得了准确的数学信息（3只小鸟），而是表扬学生想象力丰富。在教师的鼓励下，学生又想象出了"它们后来都找妈妈去了"，教师继续肯定，于是学生接下来越来越愿意发挥其丰富的想象力。也离数学思考越来越远。我们需要怎样的课堂评价？更具体的，怎么样的课堂评价能引发学生的数学思考？

### ✦ 教师沙龙

◎教师的评价要有具体的数学内涵。

◎数学课堂教学以促进学生的发展为主，学生的发展不局限于数学思考，因此，并不是教师的每个课堂评价都要以促进学生的数学思考为目的。但也不能像这个案例中的教师评价一样，没有一个是指向数学教学目标的。

◎评价缺乏导向作用。有些教师对学生的不同回答只是以"很好！"、"你真棒！"、"真不错！"等语言来评价，虽然肯定了学生的回答，但最终没有让学生进行比较和归纳。到头来学生听了一头雾水，最终还是没有弄清楚哪种方法更好。

◎因为每个学生都有得到肯定、受到欣赏的愿望，因此，学生往往朝着教师评价中肯定的方向努力。因而，教师的评价一定要有明确的指向，具体地说，就是要指向明确的数学问题。

### ✦ 专家点拨

要使评价能促进学生的数学思考，教师在评价时应该注意如下问题。

（1）要以激励学生为主，不能简单地否定学生的答案

民主、平等、轻松、和谐的课堂氛围，有利于学生的数学思考。反之，专制的、紧张的课堂氛围则会抑制学生的数学思考。教师的课堂评价是营造氛围的重要手段。以激励为主的评价，能营造出有利于学生数学思考的氛围。相反，若简单粗暴地否定学生的表达，则容易造成不利于学生数学思考的氛围。比如，同样是"分数除以分数"的课堂上，同样是一个问题"同学们，你们觉得分数除以分数，可以怎样计算呢？"，面对的答案同样是"我觉得应该是分子除以分子，分母除以分母"，一位教师给出四个字的评价——"天方夜谭"，另一位教师这样评价："如果我没理解错的话，你是从分数乘法法则中得到的启示，这是很好的思路，有没有办法检验一下你的算法是否正确？其他同学有没有理解？愿意一起帮他检验一下吗？"。两种评价，产生的效果有天壤之别：前者，被评价的学生尴尬坐下，也许这一节课甚至以后的更多节课都不会再发表意见，其他学生在发表意见前也会更加谨小慎微；后者，学生将在教师的引导下检验这种算法，结果可能发现在很多情况下，这种方法是对的，但有时也有局限性，并进一步研究更科学的算法，而这些，正是数学思考。

（2）要充分听懂学生的表达后再给予评价，不要自以为是

有时候学生的思考，初看起来似乎明显是错误的，教师若匆匆给予评价，往往不能客观。此时，教师应该充分听懂学生的表达，然后再给予评价。比如，在"表面积与体积"复习课中，讨论如右图长方体的表面积算法，这个长方体的底面是一个边长 5 厘米的正方形，高 10 厘米。有学生提出，表面积可以用"5×5×10＝250（平方厘米）"来计算。教师立即对全班学生说："大家说，他这是算的表面积吗？"听教师这么一问，全班学生都回答："不是，是算的体积。"其实，这个学生是认为，这个长方体的表面积相当于 10 个底面的面积，这是正确的。如果教师能充分听懂学生的思路，就不会这样简单地否定，而且，可能进一步引导："10"是怎么来的呢？如果高不是 10 而是 15，又应该如何计算呢？这也能促进数学思考。

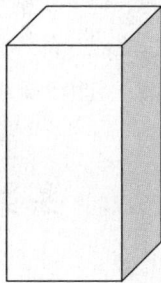

（3）要努力提取学生表达中有利于进一步思考的因素

有些学生的表达，看起来好像没有什么进一步讨论的价值，在课堂教学中容易被放过，但教师若努力提取其中有利于进一步思考的因素，往往能起到促进学生数学思考的作用。比如，在"角的初步认识"一课中，师生在讨论角的大小问题，有个学生站起来说："有时候角大并不是真的大"。教师没有作

任何评价。其实，教师若能努力提取这种表达中有利于进一步思考的因素，就不难给出这样的评价："'有时候角大并不是真的大'，看来你的两个'大'字的意义不一样啊，要不然'大'就是'大'嘛，你能说说你这两个'大'字各是什么意义吗？"事实上，学生在此已经表达出了"角的大小与边的长短无关"这一想法，只是对于角的边的长短，他也是用"大"来描述的。于是就有了"角大（这个'大'指边的长短）并不是真的大（这个'大'指角的大小）"，引导学生厘清这两个"大"的意义，就是数学思考。

（4）要及时指出学生表达中的局限性

受知识经验等方面的限制，学生在处理一些问题时，难免有一些局限性。此时，教师应该通过恰当的评价，引导学生进一步思考，以最大限度地消除这种局限。比如，在讨论三角形内角和时，有学生表示，他有一种方法证明三角形内角和是180度。教师请他表达自己的想法。他的方法是：给一个长方形画上一条对角线，得到两个完全一样的三角形。原来的长方形内有四个直角，共360度，于是，三角形的内角和应是360度的一半，即180度。对于一个四年级的孩子来说，想到这样的解法是非常难能可贵的，应该给予充分的肯定，教师也是这样做的。但同时，这个解法中至少存在两个局限性：第一相对明显，那就是他只解决了直角三角形的问题；第二个稍显隐蔽，就算是解决直角三角形的问题，也应该是这样的思路——对任意一个直角三角形，都可以再取一个与之完全一样的直角三角形，两个三角形拼成一个长方形，长方形内角和是360度，从而直角三角形内角和为180度。如果说第二个问题对小学生而言可以不考虑的话，第一个问题一定是要指出来的。在指出这种局限性的同时，进一步引导学生："通过你的方法，已经得到了直角三角形的内角和都是180度，这个结论能不能帮助我们研究一般的三角形呢？"事实上，只要作一般三角形的一条高，其内角和的问题就转化为直角三角形内角和的问题了，这就是促进数学思考。

## 实践坊

### "圆的认识"教学片段[①]

教学情境：寻宝，宝物距离小明左脚3米。

_____

① 华应龙. 大成若缺认识"圆"[J]. 人民教育, 2008 (Z1). 收录时有删改。

课件展示四种画法：以某固定点为起点，分别用尺子向左面，右面，上面，下面量出 3 厘米的长度（标注为 3 米），点上点。师生就此讨论"宝物在哪儿"，通过以下一段讨论，教师引导学生说出"宝物在一个半径为 3 米的圆上"，并讨论半径、直径等概念。

生：宝物就在小明周围！

师：（点头）说得真好，周围这个词用得没错！周围的范围可大了……

生：（迫切地）宝物在距离左脚 3 米的位置。

大家鼓掌。

师：是啊，他强调了左脚。这个左脚也就是圆的什么？

生：（争先恐后地）圆心！！

1. 认识圆

教师提出问题：如果只说宝物在一个半径为 3 米的圆上，可不可以？

学生认为不行，并在教师的追问与鼓励下说出自己的想法：因为他不知道这个圆在哪里。

教师继续提出问题：那要怎么说就确定了？

师生继续讨论，并明确：说"以小明的左脚为圆心，在一个半径为 3 米的圆上"，圆就确定了。

教师继续提出问题：为什么宝物可能在的地方恰好组成一个圆呢？

学生主要观点有两个：

① 因为没有指定一个确定的方向；

② 因为只有圆上的点与圆心的长是相等的。

教师指出，想要很好地说明这个问题，就要研究圆的特征，并提出问题：你觉得圆有哪些特征呢？

师共同讨论，得出如下认识：

① 每个圆都有一个圆心，有半径、直径；

② 圆没有角；

③ 它是由曲线围成的；

④ 圆有无数条半径和直径，而且都相等。

教师引用一句古话来概括以上认识："圆，一中同长也。——墨子"。（板书）

师生进行了以下讨论：

**师**："中"是指什么？

**生**：圆心。

**师**：那"同长"呢？

**生**：半径相等。

**师**：圆"一中同长"，难道其他图形不是"一中同长吗？"

……

2. 画圆中感受圆

**师**：（提出任务）古话说"没有规矩，不成方圆"，规就是圆规，用圆规画一个直径为 4 厘米的圆。

学生尝试画圆，教师巡视，收集学生作品。

**师**：我这里找了一些同学们的"好作品"，一起来看看。

教师引用托尔斯泰作品中的一句话评价学生的作品：圆的样子是一样的，不圆的样子各有不同。学生哈哈大笑。

**师**：（出示学生作品：一大一小两个圆，一个半径 2 厘米，一个半径 4 厘米）画一个直径为 4 厘米的圆，那全班画出来的是不是应该一样大小呢？为什么这里有大有小？小组里交流一下怎样画圆才标准，画圆的注意点是什么。

……

**师**：为什么我们随手不能画圆，用圆规转一圈就能画出一个圆了？

**生**：（思考解释）因为用手画的圆半径不相等，圆心不固定。

**师**：学问学问就是学会研究去问，思考着是美丽的。我们就要像小时候那样爱问问题，不停地问为什么。

……

**师**：（总结）同学们，刚才我们研究圆时问了五个问题："是什么？"、"为什么？"、"怎么做？"、"为何这样做？"、"一定是这样吗？"，老师把这五个问题制成金钥匙送给你们，因为问号是开启智慧的钥匙。

### 智慧屋

以上案例中，华老师通过自己精彩的评价，不断把学生的思考引向深入。首先，华老师在评价学生时善于表扬，但又不是抽象的表扬，不是简单的

"你真棒"、"你真聪明"之类。"说得真好，周围这个词用得没错！周围的范围可大了……"，"是啊，他强调了左脚，这个左脚也就是圆的什么？"，这些评价语言很好地引导着学生朝准确理解圆的概念的方向前进。

其次，华老师善于用进一步提问的方式来起到评价学生的作用。比如，怎样理解"圆，一中同长也"一段教学，通过反问，学生对"'中'指什么？"，"'同长'指什么"这两个问题都做出了正确的回答。华老师不是简单肯定学生的回答，而是进一步提出了新的问题。提出新的问题，有时候意味着老师认为学生的回答或欠准确、或不完整、或非常有价值从而可以引出新的问题等，其实，这些都是对学生回答的评价，而且，是可以促进数学思考的评价。

第三，华老师的评价还特别关注在研究问题的态度、基本思想方法等方面对学生的引导。评价要有具体的内容，不能抽象地表扬，但也不能拘泥于对基础知识与基本技能的掌握情况的评价。华老师的课堂有很多评价指向的是研究问题的态度、基本思想方法等。如"学问学问，就是学会研究去问，思考着是美丽的。我们就要像小时候那样爱问问题，不停地问为什么。"又如"同学们，刚才我们研究圆时问了五个问题：'是什么？'、'为什么？'、'怎么做？'、'为何这样做？'、'一定是这样吗？'，老师把这五个问题制成金钥匙送给你们，因为问号是开启智慧的钥匙"。这些评价语言有超出具体知识与技能的价值。

## ///// 学习园

《小学数学课堂的有效教学》，刘加霞，北京师范大学出版社，2008

推荐理由：该书以发生在课堂教学中的真实故事为载体，阐述了"数学核心概念与基本技能有哪些，怎么教"，"小学阶段能够渗透哪些基本数学思想方法，怎么教"，"学生研究的切入点是什么，怎样研究"，每个故事都能给我们将"问题"深入研究下去的勇气。

# 4.4 怎样通过评价激发学生的数学学习情感?

　　学生评价是教育过程中的一个重要环节,其根本目的是促进学生的发展。随着新课改的不断推进,教师们开始关注评价的激励性和多样性,但当前的小学数学教学评价仍存在着一些不尽如人意的地方,如过分关注评价的结果、评价方法过于单一、一味盲目表扬等。面对这些问题,我们应反思:怎样评价学生才能激发学生的数学学习情感?

## ///// 案例角

### ▼"两位数加两位数" 教学片段①

　　教师出示情境:"一批苹果,每筐装 56 千克,计划有 60 个筐,现在只有 56 个筐",要求学生提出问题。

　　学生马上举手:"现在比计划少几个筐?"教师赶紧表扬:"好,不错!"学生很得意地坐下。

　　……

　　经过六个孩子提问后,教师有些无奈地抛出预设问题:"要把苹果都装下,平均每筐多装多少千克?"

　　几分钟后,大多数学生按常规方法列出了两种算式:① $56 \times 60 \div 56 - 56$;② $56 \times (60-56) \div 56$。

　　教师非常高兴,大加赞赏。

　　这时,有一学生犹犹豫豫地举手,教师见状便问学生有什么事。

---

　　① 唐锋敏. 数学课堂中的不良口头评价现象分析 [J]. 贵州教育,2010 (6). 收录时有删改。

学生说："我还有一种解法，列式是 60-56。"

其余学生一听，"哗"的一声笑开了："哪有这么简单！"、"他在凑数。"、"这是求现在比计划少几个筐。"……

学生们议论纷纷。

教师显得很不耐烦，未等学生解释就用批评的语气说："思考问题要有根有据，不要胡乱凑答案。"

学生红着脸无奈地坐了下去，还不时地东张西望……

## ////// 讨论区 //////

上述案例中，教师对学生的评价太过随意，反映在教师随意的"好，不错"的口头禅上。这样不分"青红皂白"的一味表扬真能给学生鼓励吗？当学生出现非常规思考时，引来的是同学的嘲讽、教师的不耐烦，导致的是学生的尴尬、委屈和退缩。

有时学生的思维可能会超越常规思维，出现新颖而奇特的想法。面对学生的"错误"，教师该如何评价？怎样评价才能激发学生数学学习的情感？

对上述困惑，岳阳市部分小学数学骨干教师进行了专题研讨。

### ✹ 教师沙龙

◎课堂教学评价中，应关注学生在学习中表现出来的情感和态度，帮助他们正确认识自我，建立学习信心。一味表扬或一味惩罚都不可取。面对学生不同的见解、不同的问题，教师应有具体的意见、鲜明的见解或准确的答案，而不是单一的对错评价。

◎面对学生出现的"错误"，教师要有宽容的心态，耐心一些，学会等待，延缓评价，也可通过自评或他评的方式，关注学生的情绪，给他们解释或改错的机会，鼓励他们学习数学的积极性。

◎表扬要有效，要关注学生的需求与状态；要重视表扬，但不能摒弃批评。

◎教师的评价要情真意切，充满激情，让学生感受到成功的喜悦和思考的价值。评价语言应有针对性，富有"数学味"，幽默风趣，用爱温暖童心，一定能对学生的学习有所促进。

✷ **专家点拨**

学习情感是学生心理素质的重要组成部分。学生只有具备积极正面的学习情绪，才能更好地理解、巩固和消化知识。从某种意义上说，教学活动就是教师对学生不断进行评价的活动，教师总是不自觉地运用各种评价手段实现着对学生活动的调控。

评价应以激励和点化为手段，以点燃学生的学习热情、催生学生乐学、爱学的情感、促进学生自信的建立为目的。

学生的天性是爱学习的，他们喜欢信口开河或者不着边际地奇思妙想，这代表他们对数学学习还是充满好奇的，但数学探究的过程中容易遇到障碍，遭遇思考的困境，如果教师听之任之或进行无关痛痒的评价，甚至粗暴地批评，往往导致学生对数学学习丧失信心，思绪游离于课堂学习之外，因而在数学教学中更需要教师关注学生的情绪变化。数学课堂评价应关注学生学习过程的感受、体验，关注学生个体知识经验的差异，关注学生创新思维的火花，并通过评价促进学生认识自我，建立自信，并乐意主动和深入地思考，即使遇到困难也坚持不懈、乐此不疲。

首先，评价一定要实事求是，恰如其分。教学中应避免通过廉价的表扬制造表面气氛，不能走极端，凡是学生讨论的、学生说的都"好"、都"不错"。教师面对课堂中学生出现的错误不要直接给予否定，要让学生自己反思自己的结果，充分保护学生的自尊心和自信心，让学生在对他人的评价中清醒地识别真伪。上述案例中，面对第一个学生不假思索的草率作答，教师给予的评价却是"好，不错"。显然，这样一味地给予表扬，会误导其他同学也顺着这条思路走下去，继续演绎着"错误"。教师一方面要尊重学生的个体发展，但也不能忽视学生出现的"错误"。如果教师在第一个学生回答之后，能够适当地给予评价，既鼓舞学生的学习积极性，又指出他的问题，对其本身和他人的学习都会产生积极的影响。

其次，教师要使用丰富的评价语言从不同角度评价学生。"好"、"很好"、"不错"等语言使用久了，赞扬会变得毫无意义。教师的评价语言应该侧重于赞赏学生为学习付出的努力，比如说"某某同学思考问题的方法很有特色"、"你真会倾听"等，给不同的学生以恰当的评价。

再次，教师要学会倾听，切忌随意否定学生的回答。学生不少"错误解法"的背后往往蕴含着合理因素或创新之举,如果教师给学生说理的机会,可能会有一些意外的收获和精彩。上述案例中,如果老师再耐心地追问一句:"你是怎样想的?"学生也许会说:"原来每筐装 56 千克,可以装 60 筐,现在只有 56 个筐,每筐就必须装 60 千克……"尽管他讲不清算理,但如果用乘法交换律或"比例"的意义加以论证,答案是完全正确的。其实,这就是我们常说的"直觉思维"。如果教师当时没有理解学生的思路,可以暂缓解决:"你的解法实在太简洁了,课后我们再探究行吗?"

评价是一种调节和控制活动的方式,是师生双方的心灵相遇,对双方产生精神刺激的过程;是各种心理和情绪的发源地。无论是肯定还是否定的评价,都将对学生心理产生积极或消极的影响。教师应以师爱作根基,以积极性为原则,以学生的发展为目标,通过评价提高学生的学习兴趣,给予学生振翅高飞的力量,为学生创造一个和谐、愉悦、宽松的生活、学习环境,从而使学生逐渐产生良好的数学学习情感。

## 实践坊

### "圆的认识" 教学片段①

在"圆的认识"一课中,教师问学生"什么是圆"。

生 1:像太阳、呼啦圈、硬币等物体的形状都是圆形。

师:你非常善于观察。

生 2:圆是表示在平面内到定点距离都相等的所有点的轨迹。

师:你真了不起!你已经能够用科学的语言来描述圆了。

生 3:音乐简谱中的休止符也是圆的。

生 4:我不同意生 3 的观点,休止符相当于数字中的"0",因此,它最多只能算一个椭圆。

师:你说得很有道理,生 3 同意他的观点吗?(生 3 表示同意)不过我们也可以看出你的音乐知识还是很丰富的……

---

① 多元智能理论与教师的课堂教学评价 [EB/OL]. [2013-04-08]. http://tieba. baidu. com/p/407375351. 收录时有删改。

# "简便运算"教学片段①

学完了乘法的运算定律后,学生对有些习题的简便运算方法混淆不清。在计算 $25×12×125$ 时,学生写成 $25×(4+8)×125=25×4+8×125$。此时,教师让学生展开自由讨论,并进行了充分的评价。

**生1**:我觉得这样计算是对的,因为这样计算非常简便。

**生2**:这样简便运算的根据是什么呢?

有的学生在下面嘀咕:是根据乘法分配律。

**生3**:这种方法是错误的,乘法分配律是括号里的两个数必须与括号外的同一个数相乘,而这个算式里括号外面有两个数。所以不符合分配律。

**师**:你们觉得这位同学的回答如何?

**生1**:他说的很有道理,现在我也认为这个方法是错的。

**师**:很好,能从别人的启发中及时改正自己的错误。那这道题究竟用怎样的方法进行简便计算呢?

……

## //////// 智慧屋

评价最终需要激发学生的学习兴趣,产生愉悦的心理体验,最终形成一种积极向上、坚持不懈的学习态度。上述案例中的教师就是为了追求这样的境界而进行评价的。其评价语言具有以下特点。

1. 鼓励为主,培养信心

对任何人来说,受到肯定和鼓励都是一种巨大的力量。学生总希望通过自我表现得到他人的注意和肯定,来自教师的评价激励是学生学习不竭的动力源泉。特别是低年级学生,教师的一句表扬更能激起他参与教学过程的强烈欲望。教师准确把握了学生的这一心理特点,对学生的展示都予以真诚的肯定,即使是错误的回答也予以包容。在"简便运算"这一案例中,面对学生的错误,教师没有简单地批评指责,而是充分发挥评价的教育和导向功能,引导学

---

① 此案例由本书作者程五霞提供。

生自由讨论，一句"你们觉得这位同学的回答如何?"，不仅避免了学生失望倦怠情绪的产生，还激发了学生进一步思考的热情。当学生自己发现并纠正错误时，教师更是对学生表示了由衷的赞许，使孩子保持了对学习的热情。

2. 语言明确，评中有导

使用怎样的语言评价学生是教师的一种教学智慧表现。案例中教师的每一句评价都及时而中肯，指向明确。"你非常善于观察!"表明教师赞赏学生的学习行为（将圆与太阳、呼啦圈等发生联系是观察和想象的结果）。"你真了不起! 你已经能够用科学的语言来描述圆了。"小学生通常喜欢用自己的话来表示思考的结果，而很难用规范的数学语言来描述一个概念，而案例中的学生做到了，无论是他自己总结概括的，还是记忆的结果，当学生第一次认识圆，教师还是为学生会规范地使用数学语言而感到由衷的高兴。音乐中的休止符虽然不是圆形，但教师没有打击孩子探究的热情，而是恰当地肯定了孩子音乐知识的丰富。"很好，能从别人的启发中及时改正自己的错误"更是给了孩子一种正确的学习态度导向。由此可见，教师的评价不仅要注意激励，还要对学生有明确的指导，不仅要评价学生对知识的理解掌握，而且要评价学生的学习态度、学习习惯和各种学习能力，这样才能促使学生愿意进一步学习。

3. 多元评价，加深体验

学生的发展过程是一个连续不断的变化过程。教师应重视学生在评价过程中的主体地位，充分给予学生自评和互评的权利。在"简便运算"这一案例中，当学生计算出现错误时，教师没有急于评价，而是引导学生展开自由讨论，让学生畅所欲言，相互启发。这样不仅可以引导学生公正、准确地评价他人，还有利于学生从同伴的思考中得到启发，进而主动反省自己，发现和纠正错误。评价的多元化，让更多的学生获得了成功的体验，让学生在一个融洽的氛围中成长。

德国教育家第斯多惠有句名言："教学艺术的本质不在于传授的本领，而在于激励、唤醒、鼓舞。"教师应注意使用激励性评价语言，运用多种评价方法和手段，重视学生在评价中的主体地位，充分发挥评价的激励与导向功能，方能激发学生的学习热情，催生学生良好的学习情感，促进学生自主、健康、快乐成长。

## 学习园

1. 《走向发展性课程评价——谈新课程的评价改革》，新课程师资培训资源包研制工作组，北京师范大学出版社，2002

推荐理由：该书有助于帮助教师深刻认识现行课程评价与考试制度存在的严重弊端，并在广泛了解国内外评价改革的发展历史和发展趋势的基础上，初步领会新课程改革所倡导的评价理念，充分理解实施评价改革的必要性和迫切性，为后续学习提供必要的知识背景和观念准备。

2. 《行走在赏识教育的堤岸上——浅谈运用赏识性评价促进学生发展》，胡晓，《小学教学参考》，2010（24）

推荐理由：该文为我们阐述了如何运用赏识性评价来促进学生发展。它对于教师创新评价方式、激发学生良好的数学学习情感具有很好的借鉴作用。

# 追求教育智慧

字典上对智慧的解释是"对事物能迅速、灵活、正确地理解和解决的能力"。张良的"运筹帷幄"是一种智慧，毛泽东"把马克思主义与中国革命实践相结合"是一种智慧，乔布斯"用苹果改变世界"是一种智慧，马云对传统商业运营模式的颠覆是一种智慧……那么，教育的智慧是什么？有哪些体现？

教育智慧是教师的内在修养与品质的体现。教育智慧体现在教育者具体的教育实践当中，通常表现为一种自由、和谐、开放和创造的教育状态，表现为真正意义上以人为本、关注个性、崇尚思想、追求智慧和人生幸福的教育境界。

某教师执教数学的入门课"数数"，还没数几种物体，就发现学生数数能力强，既能正确、手口一致地数出十以内的数，也能正确使用量词。渐渐地，学生数数的热情减少了。课该如何上下去？只见教师找到教室里的几个足球，拿起一个问学生："这个足球上究竟几块白皮几块黑皮，我怎么也数不清，你们能帮帮我吗？""能！"但经过几番数数，学生数出的结果都不一致。教师故作疑惑："同样大的足球，同样大的白皮与黑皮，难道皮子数目不一样？"于是鼓励学生分别展示数法，其余的人观察。在教师的提示下，学生发现许多人数数时犯了两种错误：一是不知道自己从哪里开始数的，数过了又重数；二是数数的方向混乱，数着数着不知道数到哪块皮子了。"能想办法让自己数过的皮子不再重复数吗？"教师的问题又引发了学生的探究。终于，大家经过共同努力，找到了数数的好方法：数某种颜色的皮子，先用铅笔在数过的皮子上做标记，涂一个黑点数一个数，这样按顺序涂和数，当每一块皮子都涂上了一个黑点时，皮子数完了，总数就出来啦。最后，教师边板书边总结："今天大家的聪明在于找到了不重复、不遗漏地数数的好办法——用小黑点与皮子一一对应。"至此，简单的数学内容上出了大境界！

由此我们可以发现：有智慧的教学不仅仅是完成既定的教学任务，教育的智慧在于对教育对象的真正理解，对教育教学工作规律性的科学把握。对于散乱的物体，数数的关键在于从某个起点开始后，按顺序不重复地计数，对于数球体上的物体，一一对应是解决不重复、不遗漏的最佳方法。教师在敏锐地察觉到学生数数能力较强的前提下，利用环境资源，创造性地让学生数足球皮子，并由此引发学生对"一一对应"这一数学思想的体验，这就是教育智慧的体现。当教学出现一些新的变化和突发性的情况，当具体的任务、目标、场景随着教学的进展发生改变时，教师对课堂的驾驭和深刻洞悉、敏锐反应以及灵活机智应对的综合能力，就是一种教育智慧。

本章除了选择如"当课堂遭遇'意外'，教师该如何是好?"、"如何让数学课堂'活'而不乱?"的话题探讨应对型智慧外，还选择了"怎样让数学思想方法由隐性变得显性?"、"课堂的精彩需要怎样去预约?"这类探究怎样追求教育境界的话题，研究基于理论思考、规律认识的理性智慧，基于整体感知、直觉把握的知性智慧，以及基于职业感、道德感、人际交往、师爱的情感智慧。"当学生答问困难时，教师该思考什么?"、"教学反思，教师该如何着手?"这些话题通过探究怎样理性审视和思考自己的教学行为，怎样改进后续的教学，更好地促进教师形成基于个体经验积累、实践感悟的实践智慧。

教育智慧决定着教师教学工作的状态、质量和水平，进而深刻地影响着人才培养的质量。教学是一次性的，无法还原或重复。对于学生而言，每一堂课就是一次生命的历练，教学失败会让孩子付出浪费生命的代价！因此，每一个有职业使命感的教师应该追求让自己拥有教育智慧！

# 5.1 怎样让数学思想方法由隐性变得显性？

数学是人类的一种文化，它的内容、思想、方法和语言是现代文明的重要组成部分。《课标（2011 年版）》把数学的"基本思想"作为与"基础知识"、"基本技能"和"基本活动经验"并列的"四基"之一，足见数学思想在小学数学教学中的重要性。但是，数学思想方法是对数学知识的本质认识，是对数学规律的理性认识，是从某些具体的数学内容和对数学的认识过程中提炼升华的数学观点。与具体的数学知识和数学技能的显性特征相比，数学思想方法本身具有隐性特征，需要教师在教学过程中进行发掘，使之显性化。另一方面，与数学基础知识与基本技能相比，数学思想方法的教育价值的显现也相对滞后，不是那么立竿见影，即数学思想方法的教育价值也是隐性的。

## 案例角

### ▼ "鸡兔同笼" 教学片段①

本片段教学内容为人教版六年级上数学广角。例题为：笼子里有若干只鸡和兔。从上面数，有 8 个头，从下面数，有 26 只脚。鸡和兔各有多少只？教师没有教——列举的方法，首先教了假设法，接下来有如下片段。

**师**：刚才我们用假设法解决了鸡兔同笼问题。下面请大家看另外一种方法。（出示课件图片）假设鸡和兔训练有素，吹一声哨，抬起一只脚，$26-8=18$，再吹哨，又抬起一只脚，$18-8=10$，这时，鸡都一屁股坐地上了，兔子还两只脚立着。所以，兔子有 $10÷2=5$ 只，鸡有 $8-5=3$ 只。

---

① 此案例由本书作者张新春提供。

师：同学们，你们觉得这种解法怎么样？

生1：很有趣。

师：的确，这是一种巧妙而有趣的解法，我们称之为"抬腿法"。请大家打开书，书中还为我们介绍了列表的方法，请大家自己看一看。

学生阅读教材中的列表法。

师：大家比较一下假设法、"抬腿法"和列表法，你更喜欢哪种方法？

生2：我最喜欢"抬腿法"。

师：为什么？

生2：有趣，容易理解。

生3：我最不喜欢列表法。

师：说说你的想法。

生3：太麻烦了。

师：大家觉得呢？

大部分同学表示同意。

师：的确，列表的方法很麻烦，在真正解题过程中，我们很少使用。

## 讨论区

在以上案例中，教师在给学生介绍了一种巧妙的解题方法后，让学生自学"一一列举"的方法。同时引导学生进行比较。从教学片段中我们不难看出教师的价值取向：教师欣赏"抬腿法"这样的巧妙解法，认为"一一列举"的解法麻烦，很少有实用价值。也就是说，"一一列举"这种基本思想方法，在这个教学案例中一直没有得到应有的关注。从某种意义上说，它一直是"隐性的"，没有被发掘出来，没有被学生认识与体会。

有如下两个问题值得思考：第一，作为教师，我们往往容易认识到假设法、"抬腿法"以及其他巧思妙想的方法的价值，因为这些方法都能巧妙的解决问题。但这些方法是如何被想出来的，我们往往少有考虑。于是，这些方法被当成了一个个独立的知识点在进行教学，而对于这些具体方法背后更为基本的数学思想，我们应该如何找到并认识其价值？第二，"一一列举"作为一种重要的数学思想方法，其表现形式往往是笨拙的、麻烦的。即使教师认识到了其价值，又如何通过教学设计让学生也体会到这种方法的价值？

## ✦ 教师沙龙

◎数学思想方法是虚的，不一定能解决具体问题。强调基本思想方法的课堂教学，结果就是学生解决问题错误率高，不如直接教一种具体方法。

◎数学思想方法好是好，就是花时间，而且学生不容易理解。

◎数学的根本价值在于促进学生的发展，培养学生的思维能力，而不仅仅是解决几个具体问题。以"鸡兔同笼"为例，我们若把这个问题当成实际生活中的问题，它差不多是个荒唐的问题：有多少个头都知道了，难道分不清鸡与兔？数学思想方法的价值就是有利于培养学生思维，促进学生的发展。

◎教师自己首先要认识到数学思想方法的作用，然后才有可能去努力设计教学，使学生也体会到数学思想方法的价值。比如——列举的方法，看起来很笨，但能够解决很多问题，有特别的价值。而所谓的"抬腿法"，仅仅能解决这一个问题而已。我们可以从这里让学生意识到——列举方法的重要性和价值。

◎数学教师要有透过现象看本质的本领。要能从具体的数学教学内容中看出背后蕴含的数学思想方法，这是将数学思想方法从隐性变为显性的"物质基础"，有了这个基础，才有可能进行好的教学设计，使数学思想方法在学生那儿也变成"显性"的。

## ✦ 专家点拨

在这里，应该突出谈一谈与具体方法相比较而言，数学思想方法的突出价值。正如讨论中有的教师谈到的，数学思想方法在解决具体问题时往往不如一招一式明显有效。正因为此，部分教师往往满足并得意于教一些具体的招式，"抬腿法"即是这样的招式。这样的具体招式，虽然很巧妙，但有两个严重的问题：一是没有广泛的适用性，长此以往，我们只能是针对层出不穷的具体问题教学生一个又一个具体招式，这不是数学；二是学生不知道这样的方法从何而来。正如数学家波利亚所说，这样的方法有点像"魔术师帽子里突然冒出来的兔子"。长此以往，学生除了无比佩服能想到这样巧妙的办法的老师以外，往往会因为自己想不出这样的办法而认为自己不是学数学的料。所谓"大巧若拙"，数学思想方法通常就是这样的"大巧"。这是我们应该追求的。

要真正提高对数学思想方法的价值的认识，教师需要实践经验。具体地说，教师自己应该积累一些在基本数学思想方法的指导下解决新问题的实战经验。只有这样，我们对数学思想方法的认识才不至于停留在"纸上谈兵"的层面。当面对一个自己从来没有见过的新问题而没有别的办法时，你只能一种种情况去尝试、去列举，在列举的过程中，你也许会发现一些规律，慢慢地，对于这个新问题，你有了一些新的认识，或者部分解决了这个问题。在这样的体验中，我们才可能真正理解数学思想方法在解决问题中的价值。

相对于具体的数学知识与技能而言，数学思想方法本身具有隐性特征，如何使之变得显性？数学教师自身能认识到数学思想方法的价值基础，但关键还需要通过教学设计使之变得显性。一方面，应尊重最自然的思考问题的方法。所谓"大道至简"，深刻的思想往往蕴含在最简单的思考问题的方法之中。想找到某种对象，就把所有可能的对象找来检验一遍，这样就可以确定找到这个对象，这种很自然的方法，就是一一列举（穷举）；碰到一个新问题，总是要想一想，与原来解决过的什么问题是否相关，能不能变成已经解决的问题来研究，这种很自然的想法就是转化。教学中就应该以这样自然的想法为起点。另一方面，应注意及时提炼。数学思想方法是对数学知识的本质认识，是对数学规律的理性认识，不同于具体的数学知识，但蕴含于具体数学知识的产生、发展、形成和应用的过程之中，教师应及时提炼。此外，数学思想方法要以渗透为主，注意"度"的把握，不要到处"贴标签"。数学思想方法毕竟要以具体的数学知识为载体，受学生本身知识水平的限制，对他们来说，有些数学思想方法有些难以理解。这时，教师只需点到为止，不必一厢情愿地浓墨重彩，更不必到处贴"××思想方法"的标签。


## 实践坊

## "鸡兔同笼" 教学片段[①]

本片段讨论的问题是：鸡兔同笼，有 12 个头，30 条腿。鸡、兔各有几只？

教师要求学生分小组讨论解决问题的方法，然后把自己认为好的方法推荐给其他同学。以下是各小组推荐自己解法的情况。

---

① 施银燕．"鸡兔同笼"问题的另类教学［J］．人民教育，2009（7）．收录时有删改。

组 1 呈现如下表格。

| 鸡（只数） | 兔（只数） | 腿（条数） |
|---|---|---|
| 1 | 11 | 46 |
| 2 | 10 | 44 |
| 3 | 9 | 42 |
| 4 | 8 | 40 |
| 5 | 7 | 38 |
| 6 | 6 | 36 |
| 7 | 5 | 34 |
| 8 | 4 | 32 |
| 9 | 3 | 30 |

学生介绍用这种方法解决问题的过程：先尝试鸡 1 只、兔 11 只，算一算，发现一共有 46 条腿；接着，又尝试鸡 2 只、兔 10 只，算一算，腿有 44 条，再试鸡是 3 只、兔 9 只的情况，有 42 条腿……

讨论推荐理由时，本组学生认为方法简单，适合全体同学。

教师提出问题：他们的尝试有什么特点？师生讨论，得到"有序"、"不会有漏网之鱼"、"容易发现规律"等特点。

接着师生讨论"能发现规律"的特点，教师请学生说一说，大家都发现了什么规律。

学生发现的第一条规律为：鸡增加一只，兔子减少一只，腿就减少两条。

师生讨论：这个规律的发现，对我们解决问题有什么作用？

学生有如下两个观点：

① 发现这个规律，就不用死算了，可以根据这个规律去找，每次腿减少两条就行了；

② 46 条腿比要求的 30 条腿多了 16 条，是两个 8，所以鸡要增加 8 只，兔要减少 8 只。鸡就是 1+8＝9 只。

教师肯定了学生的发现，指出：一旦发现了规律，就不用再一个个试了，可以直接找到正确的答案。教师还引导学生观察思考：这个方法和假设法是不是很相似？

其他几个组汇报与交流（略）。

巩固应用：

教师出示一个新的问题：今年妈妈 28 岁，乐乐 4 岁。几年后妈妈的年龄是乐乐的 4 倍？什么时候妈妈的年龄是乐乐的 9 倍？要求学生带着对尝试法的新认识来研究这个问题。

**师**：这两个问题，你们准备怎么试？把你们尝试的过程写在背面。

……

回顾总结：

教师生提出问题，引导学生思考自己对尝试这一方法的看法与认识。以下是一些学生的发言。

**生 1**：我认为，并不是任何问题都有现成的方法能解决，很多时候需要我们去尝试。

**生 2**：学数学，只有不停地去尝试，你才能取得成功。生活中也是这样。

**生 3**：遇上一个问题，无从下手的时候，不见得非要想一个高明的方法，用这种有点原始的尝试法，一点点去试，也能找到答案。

**生 4**：以前我觉得"鸡兔同笼"这个问题很难，用假设法步骤很多，我老忘掉。但用尝试法，我觉得就很简单！

**生 5**：尝试不是傻试，也要动脑子分析，思考得越多，排除的就越多！

**师**：是啊，尝试的学问还真不少！尝试首先需要像第一个吃螃蟹的人那样，勇敢地去试；尝试过程必然伴随着失败，面对失败，不仅需要爱迪生试灯丝时的那份坚持，更需要对尝试的结果进行不断地分析、调整，才能更快地成功。

## 智慧屋

在这一教学案例中，教师在充分认识到——列举这一方法的价值的基础上，在教学实践过程中充分地展现这种价值，让学生也充分体会到了这一方法的价值。考察这一案例，我们可以得到如下启示。

1. 充分尊重学生最自然的思路

如果一个没有接触过"鸡兔同笼"问题的学生遇到这样的问题，他自然的想法往往就是试一试。一个个地试，把所有可能的情况都试一遍。这种自然的思路上升到数学思想方法的高度，就是——列举，穷举法。上课伊始，教师就让学生尝试解决问题，这样，就使得学生最自然的思路展现出来了，这是"——列举"这种思想方法得以彰显的基础。也是我们在进行教学设计时特别要注意的地方。按史宁中先生的观点，我们教师"不要表现得太聪明"，不要一上来就拿出最"巧妙"的办法。

2. 充分展现基本思想方法的价值

教师在教学过程中，不断通过与学生的交流向学生揭示——列举的方法的价值：简单、容易想到、必定可以找到答案、可以引出其他方法等。

3. 通过必要的练习进一步运用基本数学思想方法解决问题

——列举的思想方法有着广泛的应用范围。教师设计了不同于鸡兔同笼问题的练习，让学生在练习中进一步体会基本思想方法的价值，培养其解决问题的能力。

因此，数学思想方法并非玄之又玄，也不是高不可攀的。只要我们善于总结与提炼，隐含在学生最自然的解决问题的思路中的数学思想方法就会变得"显性"，从而服务于学生的发展。

## 学习园

1.《数学思维与小学数学》，郑毓信，江苏教育出版社，2008

推荐理由：本书以小学数学教师为阅读对象，对小学数学的数学思维与数学方法进行的直接阐述。书中高屋建瓴的观点对提高小学数学教师的专业认识有极大的帮助。

2.《"数学思想"面面观（上/下）》，郑毓信，《小学教学：数学版》，2012（9/10）

推荐理由：该文联系数学教育的基本目标讨论了数学基本思想的性质与作用，从而说明了数学教学要突出数学基本思想的原因。同时，文章在指明数学基本思想的具体内涵的基础上，对在教学实践中如何落实数学基本思想进行了分析。文章既有理论高度，又有实践指导意义。

# 5.2 课堂的精彩需要怎样去预约?

作为教师，我们的内心深处总是向往着一种理想的课堂，总希望每一个课堂都能够按照事先预设的教学流程顺利进行，并期待孩子们在预设的"讨论与研究"后，能得出一些像模像样的结论。如果学生的反馈能出乎意料地精彩，那一定会让我们情不自禁地享受学生的聪明与自己的成就。然而，教学的对象是活生生的个体，动态的教学过程呈现出丰富性、多变性和复杂性。面对开放的、充满种种不确定因素的数学课堂，我们似乎难以把握教学的成功。

真正的教学是教师引导学生由不知到知的过程，真正的精彩课堂源于学生学习过程的精彩。作为课堂教学的设计者与执行者，教师该如何把握才能期预课堂的精彩?

## ///// 案例角

## ▼ 案例1 "3 的倍数的特征"教学片段[①]

**师**：请同学们圈出 100 以内所有 3 的倍数，再思考 3 的倍数有什么特征。

**生1**：老师，我知道 3 的倍数的特征是各位上的数字的和是 3 的倍数。

**师**：（愣住了，随后）你真厉害，老师没有教你都知道了。

由于老师慌乱中随口表扬了他，有几个学生激动起来。

**生2**：老师，我也知道。

**生3**：我姐姐告诉我的。

**生4**：老师，我们在奥数班学习的。

---

① 促进有效生成　预约精彩课堂［EB/OL］.［2013-03-09］. http://wenku.baidu.com/view/e0f4ce28ed630b1c59eeb520.html. 收录时有删改。

师：（呆住了）那下面我们继续来圈一圈100以内所有3的倍数。

## ▼ 案例2 认识"射线"教学片段[①]

师：刚才我们都画了射线，那么同桌两人比一比谁画的射线长。

几乎全班同学同桌间都在用尺比长短。

师：认为自己画的射线长的小朋友举手。

几乎每一桌上都有小朋友兴奋地举着手并嚷着"我的长"，这时老师发现有一桌两个孩子都举手，就指着两个都举手的同学问：你们为什么都认为自己画的线长？其中一女生马上告状说：他是刚刚延长的，其实前面是我长。另一学生也不示弱，说：我的长。

学生纷纷延长自己画的线，大家相互争执，局面难以控制。

## ▼ 案例3 认识"商不变的规律"教学片段[②]

$$8 \div 4 = 2$$
$$16 \div 8 = 2$$
$$48 \div 24 = 2$$
$$800 \div 400 = 2$$

在学生观察这组算式之后，教师要求学生再举出一些商是2的除法算式。算式展示后教师引导学生进一步观察，寻找被除数、除数的变化规律。经过观察与讨论，学生认为"被除数和除数同时乘或除以相同的倍数（零除外），商不变"。教学进行到此，一切均在教师的预料之中。这时，有学生提出了自己的困惑："黑板上这些题我们都是按照商不变规律编出来的，但是像 $14 \div 7$ 商也是2，但它的被除数、除数和黑板上的算式好像没有什么关系。"教师颇感意外，于是解释道："现在我们学习的是商不变性质，今后还要继续研究，到时候你就明白 $14 \div 7 = 2$ 有没有与上面算式相同的规律了。"一语带过后，教学依然按预期完成。

---

① 寻找数学课堂预设与生成冲突中的平衡 [EB/OL]. [2013-03-09]. http://www. njxgjx. cn/article/view. aspx?id=2874. 收录时有删改。

② 黄建梅. 引导式教学应来源于教材，又高于教材 [EB/OL]. [2013-03-09]. http:// www. jxteacher. com/lilan/column40261/64417bb8-496f-4eeb-9442-9bec2fcec161. html.

## ////// 讨论区 //////

上面三个教学片段中的尴尬在课堂上似乎屡见不鲜。显然，在案例 1 中教师对学生学习的基础把握不准，设计的教学问题缺乏吸引力，出现问题时教师也没有相应的追问或其他补救措施，于是教学程序不知如何走下去。在案例 2 中，学生探究后出现的结果与教师的预期相差甚远，导致教师不知所措，探究活动只能草草收场。在案例 3 中，学生对教师提出的反驳是对算式的规律进行专注思考的结果，敢于针对教师的结论提出质疑，是学生思维中批判意识的反映，无论其结论对错，都显得难能可贵。然而，面对这样的生成资源，教师却用"到时候你就清楚了"应付打发了。面对类似的境遇，有的教师倍感尴尬和焦虑，有的教师却习以为常，过眼就忘。

学生是课堂的主体，教师却是课堂的主导。我们期待课堂的精彩，却不知道应该为课堂的精彩怎样付出努力！

针对"学生的精彩需要怎样去预约"的主题，长沙市芙蓉区张新蔚小学数学工作室和湘潭市和平小学的教师分别在张新蔚与关巧华老师的主持下进行了研讨。

## ✹ 教师沙龙

◎课堂的精彩离不开教师给予学生展现的机会，这需要教师提前设计好数学活动的框架、过程与环节，设计好探究的问题与要求，才能为学生提供真正的探究时空。

◎要减少课堂类似的尴尬，教师首先要了解学生，预测学生学习的起点，教学设计才能准确、恰当。在案例 1 中，教师教学前应该预计到部分学生通过其他途径知道了 3 的倍数特征，并做出相应的预案，如设计追问的问题引导学生追溯其结论的来源，这样教学才可能精彩。

◎案例 3 的教学处理也反映出教师的预设不周全，在设置算式时没有类似小数、分数的倍数的素材，面对学生的疑惑，教师只能敷衍搪塞，这样，活生生的教学资源被放弃了，学生失去了探索的良机，教学自然不会精彩。

◎精心预设要求教师除了熟悉学生，还要熟悉教材，挖掘教材，在此基础上对教学形成清晰、合理的安排，对课堂教学中师生、生生、生本等多边对话出现的"非预计性"生成设计相应的教学对策。

◎"预设"和"生成"不是对立的，而是辩证的关系。教师不可能对实际教学过程准备得毫无疏漏。预设的教学目标是教学需要把握的一个大方向，教学重点只是一个主要关注点，教学流程也是一个基本的教学框架，在实施过程中要根据学生的学习状况做相应的调整，比如捕捉一些鲜活的教学资源，认可和放大一些可贵的异想天开。

◎教师不是不想开放课堂，苦衷在于：面对纷繁复杂的课堂，究竟应该怎样选择生成资源？如何利用才对教学更有针对性？

## ✦ 专家点拨

课堂教学的终极追求就是学生的成长、学生的精彩，从教师的角度看，就是追求教学的精彩。精彩不会从天而降，它依赖于教师课前周密的思考与设计，依赖于教师对教学设计的完美演绎和师生之间相互的配合与支持。如果说课堂调控能力的提升有赖于教师自身的素养和假以时日的不断锤炼，那么，完美设计和科学有效的引导是每一个课堂都应具有的追求。预约学生的课堂精彩需要教师从以下两方面予以重视。

首先，预则立，不预则废。

教学设计是课堂教学的蓝图。课堂的精彩源于教师对教材、学生和环境有深刻的理解与把握，对课堂反馈有未雨绸缪的应对方案。

（1）设计开放的教学活动是期遇课堂精彩的前提

开放的教学活动才能给学生精彩的机会。开放的教学活动是真正以学生为主体的活动，它以激发学生的好奇心与求知欲、促进学生形成积极探索的态度和探索的策略为目标。开放的教学活动需要设计开放的学习形式，富有针对性、挑战性的问题，以及有利于促进学生自主探究的活动材料。开放的教学活动需要提供学生独立思考、合作交流并各抒己见的机会，需要提供适宜的活动时间，让学生在活动中获得充分而深刻的思维体验，并能真实地呈现思考的过程与结果。这样，学生的精彩才有生成的土壤。

（2）准确把握学情是期遇课堂精彩的基础

学生与教师是课堂教学活动的共同创造者。不同的学生有不同的知识储备、不同的思维水平和不同的生活经验，对相同的内容会有不同的态度和不同的理解方式，这些都需要教师课前做深入的分析，在考虑教学活动时设计多种假设。不同的人思维活动有不同的节奏，或顿悟或冥想，教师预设的教学流程要注意时间的把控。时间太少，学生思维没有投入或者跟不上，课堂生成不充分；教学时间过长，节奏太慢，学生容易分散注意力，思想开小差。只有当教师的问题预设和流程安排、时间把控与学生的思维水平和思维速度对接，学生才会沉迷于自己的思考活动，学习的反馈才会真实、丰满，课堂的精彩才有可能出现。教师要在充分了解学生的前提下，为学生提供实践和思考的机会，鼓励学生仔细观察、冷静思考、大胆交流，学生才可能展现思维的灵性。

（3）巧妙预设应对策略是期遇学生精彩的关键

开放的课堂中学生的反应一定是鲜活的、灵动的、丰富的，但课堂生成并非不可捉摸。学生的反馈一般是基于学生的认知水平、思维水平和生活经验，教师用心琢磨便可以预计到。教师只要紧扣教学的核心和知识要点，预设可能出现的学生反馈，确定选择教学资源的原则，设计利用资源策略和方法（包括细节设计），就可使学生的学习体验更深刻，课堂的精彩更易出现。

其次，巧妙捕捉，合理利用。

学生的学习反馈难免超越教师原有的教学思路，教师需要注意观察，耐心倾听，敏锐甄别、筛选，以紧抓学生的创意、思维火花或典型错误为原则对生成资源进行取舍，就可能成就学生的精彩。

捕捉课堂生成资源有以下途径。

（1）在学生"插嘴"中捕捉

学生一般思维活跃，对事物充满好奇，大胆的孩子常情不自禁地违纪"插嘴"，无论是异想天开或信口开河，其中常蕴含着思维的火花，教师只要认真分析，就能从中捕捉到有价值的教学资源。

（2）在学生"错误"中挖掘

学生出现认识偏差、计算错误、概念模糊正是获得成功的必由之路。教师若及时抓住典型错误进行放大处理，就能让学生获得心灵上的共鸣，形成正确的认识。挖掘错误资源，一方面可以引导学生充分展开思维过程，显露错误中的"闪光点"；另一方面，教师可顺着学生的思路将计就计，欲擒故纵，促进学生在自我反省中茅塞顿开。

（3）在学生"质疑"中提炼

学生喜欢根据自己的观点对同伴的思维结果提出质疑，这是拓展学生思维的大好时机。面对学生的质疑，教师可以因疑引疑，设新疑释旧疑，这与教师直接给学生答案相比，更能收到事半功倍的教学效果。

要使生成资源成为开启学生智慧之门的教学资源，教师必须不断捕捉、判断、重组课堂生成的各种鲜活的信息，及时地加工提炼有价值的新信息和新问题并将其纳入教学过程。

///// **实践坊**

## "圆的认识"教学片段[①]

教师要求学生用圆规画圆，发现很多学生拿圆规画圆的方法不对，于是让学生思考：为什么圆老是画不好，问题出在哪儿呢？

学生纷纷发表自己的感受："圆规的针尖移动了，圆就画不圆"，"我的圆规螺丝松了，两脚之间的距离时长时短，画出的根本不是圆"，"旋转时要让圆规的针尖固定，这样圆规就不会跑"。

教师就此及时引导学生总结出画圆的注意点是"针尖要固定，两脚之间的长度也要固定"。学生明确圆的画法后，教师提出新的问题：你能想个办法使我们大家用圆规画的圆都一样大吗？

**生1**：让圆规两腿张开的角度一样大。

**生2**：可以用量角器测量圆规两脚之间的角度。

学生对这些提议表示赞同，于是，教师要求学生画一个同样大的圆，方法是"把圆规两角之间的角度定为60度"。

学生兴致勃勃地开始画圆，但是问题又来了。

**生1**：我怎么也量不好圆规两脚叉开的角度，量的时候很不方便。

**生2**：我们的圆规角度一样，为什么他画的圆比我的大呀？

**生3**：老师，他的圆规比我的大，脚比我的长。

**生2**：看来这种方法不太好。

**师**：大家想一想，问题出在哪儿呢？

① 姜广德. 随机应变，因势利导："圆的认识"教学案例分析［J］. 教学月刊：小学版　数学，2007（9）. 收录时有删改。

生4：圆规两脚叉开的角度越大，圆规两脚之间的距离就越大。

生5：只有把圆规两脚之间的距离也定死，大家画的圆才可能一样大。

教师马上询问该生：你能示范一下"怎么定死"吗？

该生示范，其他学生都同意他提出的办法。然后，教师要求大家再试试将圆规两脚之间的距离定为3厘米，看看能不能画出同样大的圆。

## 智慧屋

上述教学片段感觉自然、流畅，而课堂的精彩就在学生的操作与师生自然对话中纷呈。其精彩离不开下面两个关键因素。

1. 别具匠心的预设

本设计的高超体现在两个方面。一是教学流程的巧妙。教师将认识圆的几个关键点（认识圆心、半径与直径）巧妙地隐藏在学生画圆的活动中，巧设的画圆活动意在让学生经历画圆的挫败，而后在教师的启发下从中总结出画好一个圆的方法和注意事项，并由此认识到定点、定长，围绕这个定点运动一周的轨迹就是圆。二是有意设计让学生出错的环节，如想画圆却又画不圆，想画一样大的圆，而画好后剪下来一比却大小各异。看似学生的错误防不胜防，实则是教师有意设置的陷阱，以便学生"痛定思痛"，悟出画好圆的真谛，从而获得"山重水复疑无路、柳暗花明又一村"的深刻体验。

2. 敏锐地捕捉和利用课堂生成资源

一是根据学生的学习反馈画龙点睛，提炼画圆的关键要素。学生画圆时，反应圆规的螺丝松了、圆规两脚的针尖不好固定、两脚之间的距离时长时短，教师敏锐捕捉到了这个细微的意外情况是一个可利用的教学资源，便果断地顺势发问为什么会这样、是哪儿出问题了，引导学生思考自己画圆的过程，分析自己画不好圆的症结所在。接着，教师提出"谁能想个办法使我们大家用圆规画的圆都一样大？"，让学生通过动手操作、讨论交流，归纳出画圆的注意点，使学生在自主探究中，进一步认识了圆的特征，理解了直径与半径的关系。

二是针对学生的错误欲擒故纵。教师本想让学生用"量两脚距离"的方法画同样大的圆，但学生的反馈并没有完全按教师的预想进行，学生想到的是"量圆规两脚叉开的角度"，并且这种想法赢得多数学生的同意。此法虽然不够好，但源于学生的真实思考，强行否定，让学生按照自己的教学预设画圆，只会让学生丧失一种学习体验。针对这个鲜活的生成资源，教师迅速调整了教学计划：先让学生用自己提出的方法尝试画圆。操作之中，学生发现量角操作的方法并不方便，教师又因势利导，让学生思考圆规两脚叉开的角度对两脚之间的距离会有怎样的影响，学生很快领悟到只有把圆规两脚的距离定得一样长，才可以画出同样大的圆。当学生的方法明显不能完成给定的画圆任务时，教师却欲擒故纵，使课堂生成资源得到了最大限度的利用，也为后续认识"同一个圆内所有的半径都相等"的教学作了有效的铺垫。

三是顺水推舟，就势引导。教师预想：当学生画圆后一定不知如何描述自己圆的大小，此时引入半径和直径的学习，应该恰到好处。意料之外的是学生没有学习就提前说出了"半径"、"直径"，显然学生课前通过自学或者其他途径了解过半径和直径，教师灵机一动，顺水推舟，利用"怎样画出同样大的圆"的探究活动，将对半径与直径的研究顺势展开，课堂活力显而易见。

可见，教师只有精心"预设"，并在教学过程中有的放矢地捕捉与引导，点在需要时、化在关键处，才有可能让预设与生成珠联璧合，让课堂精彩纷呈。

## 学习园

1. 《名师课堂 DNA 解码（小学数学卷）》，雷玲，福建教育出版社，2012

推荐理由：该书以经典课例呈现的方式，集中展示了柏继明、刘松、赵云峰、沈百军等 12 位青年小学数学名师的课堂教学艺术，让读者分享到名师教育教学技艺的精湛和教学思想的深刻。

2. 《课堂：如何让"预设"与"生成"共精彩?》，赵小雅，《中国教育报》，2006-04-14

推荐理由：本文以答记者问的方式，展示了福建师范大学课程中心的余文森教授关于课堂预设与生成的主要观点，其中随来自教学一线的教师对预设与生成的丰富感想、感悟，有利于我们集思广益。

# 5.3  如何让数学课堂"活"而不乱?

新课程实施以后,教师们的教学理念都发生了很大的变化。很多教师都用新的教学理念指导自己的教学行为,课堂教学出现了一派新气象。特别引人注目的是:教师和学生之间都建立了一种新型的师生关系,课堂上,教师非常尊重学生、关注学生,努力地给学生以赞赏和肯定,师生关系平等、民主、和谐,在这种轻松的课堂氛围中,学生的个性也得到了充分的张扬。经常可以看到,在数学课上,孩子们敢想敢说,敢做敢问,他们有思想、有个性,课堂因此显得非常活跃。

这些变化的确令我们感到欣慰。但是,这些"活跃"现象的背后,也暴露和凸显了很多问题与矛盾。比如,一些学生自我意识日益强烈,少数学生沉醉于表现自我,喜欢在课堂上标新立异、与众不同,教学进程常常因为个人意见而改变,课堂变得特别难以驾驭。有时,课堂过分地活跃,呈现出一种乱糟糟甚至趋于失控的局面,学习效果也因此大打折扣。

那么,如何让数学课堂做到"活"而不乱呢?

## //////// 案例角

### ▼"认识人民币"教学片段①

在新授环节学生认识了人民币以后,令人期待的"市场买卖"活动开始了,老师展示出 10 个精美的玩具,要求学生用不同的付款方式来买这些玩具。此举一下吸引了所有的学生,孩子们立刻情绪高昂起来,都把手举得老高,不停地对老师示意:"我来我来!"课堂气氛一下子变得非常活跃。

第一个孩子买到玩具以后,其他孩子早就坐不住了,纷纷站起来大声喊

---

① 此案例由本书作者张新春提供。

叫，希望借助大嗓门吸引老师的注意力；老师尽量地设法控制着场面，于是请那个叫得最凶的学生上来买。

可是，当这第二个玩具卖出去以后，更多的孩子忍不住跑到了讲台上，几乎要到老师手里去抢玩具了。

看到局面实在难以控制，老师连声说"不卖了！不卖了"，但是此刻，老师不卖也不行了，学生已经无法平静，他们不停吵闹着，要买老师手里的玩具，教室里顿时乱成一团……

下课了，有的学生还在不停地埋怨老师没有卖玩具给他……

## 讨论区

很明显，这个教学片段反映出来的状况是虽然很"活"，学生积极性高，但课堂显得很乱。教师的意愿本是好的，尊重学生的年龄特点，设计了孩子们喜欢的模拟买卖的活动，可为什么会出现课堂秩序维持不下去的情况？在这样的课堂上，一些无关的争抢代替了应有的关于教学内容的讨论，教师和学生都忘记了"人民币"这个学习内容，教学已经偏离了目标，其效果可想而知。面对这种情况，教师该怎么办？是继续组织活动、任由学生去吵吵闹闹，还是"因噎废食"，不让学生活动，或者一步步牵着学生走，一直不放手？究竟应该怎样处理好数学课堂里"活"与"乱"、"放"与"收"的关系？怎样使课堂由无序变得有序？如何让活动从吵吵闹闹变得井井有条？这是值得我们思考的一个问题。

针对案例中出现的现状，我们组织教师围绕"怎样做到'活而不乱'"进行了讨论。大家的观点整理如下。

## ✦ 教师沙龙

◎现在中国大多数都是大班化教学，人数非常多，如果教师的教学过于开放，秩序肯定难以保证，所以我们的课堂不可能像国外的课堂那样自由开放。因此，教学不能放得太开，必须在教师的有效控制下进行。

◎数学课堂要活，这没错，我觉得这个活动是可以的。但首先教师目标要明确，不能为了形式上的活而活，这种"活"更多的应该是思维方式的活，也就是设计的问题可以有多种解决的方法或思路。所以活动设计要多指向数学思维，而不是其他东西。比如这节课，其实从思维层面来看，是很开放的，买同一件物品有很多种不同的组合方式来付钱。但是老师不应该用实物来吸引学生，假如用图片等象征性的玩具来代替，就不会导致学生这么激动。活动时要淡化数学内容以外的东西，否则就容易引起课堂秩序的混乱。

◎有时候，课堂"乱"一点又有何妨？我认为评价课堂教学乱不乱，要看学生的注意力，如果学生把注意力集中在学习上，形散神不散，这样的课堂教学就不叫乱；如果学生没把注意力集中在学习上，形散神又散，这样的课堂教学就是乱。当然上面这个片段，教师已经无法控制局面了，那还是不行的，要想点办法组织得更好。但适度的乱，我是可以接受的。

◎我的看法是：好习惯成就好课堂，我教的是六年级，但从一年级起，我就注意培养孩子的听课习惯。其实乱的过程更多在低年级，这个时候老师可以借助的手段比较多，如儿歌、态势语言、奖励措施，也包括适当的惩罚措施等。一旦规则养成，到高年级基本就不乱了。

◎小组合作学习时最容易乱。还有，聊到一些新鲜事物时，容易乱。面对这些乱的局面，能否果断、机智地"转危为安"，与教师本身的教学素养、班级管理等有关。

## ★ 专家点拨

"活而不乱"确实是数学课堂一种较为理想的状态，体现出"放"与"收"、"民主"与"规范"的平衡。

首先，我们要正确认识课堂教学的"活"。是不是只要学生都在"活动"，就是我们所追求的"活"呢？

华东师范大学教授孔企平老师曾说过：数学活动不仅仅是指探究性、具体化、游戏性的活动，更重要的是指学生进行数学思考、数学探索和数学学习的活动，因此所谓数学活动是广义的，比如数学的理解过程，它包括了学生的数学思考和数学学习，解题过程也是一种数学活动。所以，数学活动不仅仅是一些具体化的活动，要成为数学活动，判断标准是学生在这样的活动中有没有思考的递进，如果没有思考过程，也绝谈不上数学活动。数学活动的本质是数学思考。

衡量数学课堂活不活，主要是指向学生思维层面的，是关注学生有没有围绕教学目标进行学习活动。上述片段中，教学偏离了数学教学目标的方向。当学生争先恐后地买玩具时，教师没有关注数学内容正确与否，没有组织学生讨论和人民币有关的问题，反而请了叫喊声最大的学生上台，此举无形中鼓励了学生的乱喊乱叫，于是，学生接下来更加激动，更加不可收拾了。虽然看起来学生很活跃，但偏离了教学目标的"活"不是我们数学课所应该追求的，这样反而会顾此失彼，丢失了最重要的东西。在开展数学活动时，以数学学习目标为核心来展开讨论，这样的"活"才有意义。

那么，如何让课堂"活而不乱"呢？

进行开放性的数学活动要讲究开放的艺术。对小学生来说，有效的放还应该有教师科学的组织和指导；一方面，教师要制定目标鼓励学生从不同的角度、采用不同的策略去解决数学问题；另一方面，教师又要重视开放中的调节，以及在放的基础上的收，要收在教学两大目标（发展性目标和认知性目标）上。收是在放的基础上的收，即放后一定要收，不能让课堂放于自由，让教学迷失于表面的热闹中。

像上述片段，学生之所以失控，是因为确实每个学生都希望能买到玩具，而设计的活动却只能使教师关注到少数几个学生。假如老师重新设计一下，让所有学生都参加，情况也许会大不一样。比如设计一个"跳蚤市场"的模拟活动，每个孩子都从家里带来一件不用的旧物品，全班学生同时开始进行买卖活动，有的孩子低价买进，高价卖出，赚到不少"钱"；有的学生花去了很多"钱"，但是买到了自己喜爱的物品……音乐一停，活动结束。这样一来，课堂气氛也会非常热烈，但是能做到井然有序。

综上所述，在数学课上，关注活动设计和教学目标的联系、处理好预设与生成的矛盾、把握好"放"与"收"的度、协调好"民主"与"规范"的关系等，是课堂教学活而不乱的重要因素。

///////// **实践坊**

## "万以内数的大小比较" 教学片段[①]

教师设计了一个抽数字组成万以内的数并比较大小的游戏。游戏规则：

---

① 黄爱华. 穷教于乐　激活思维：《万以内数的大小比较》教学设计与说明 [J]. 小数教学设计, 2007 (11)：14-17. 收录时有删改。

① 每次两队各派一个代表来抽签；② 第一次抽到的数字放在个位上，第二次抽到的数字放在十位上，第三次抽到的数字放在百位上…… ③ 哪一队抽到的数字组成的四位数大就获胜；④ 能确定胜负时，本轮比赛结束。

第一轮，长江队首先抽到 9，黄河队抽到 7。

黄河队一学生代表发言，基本观点是：长江队已经抽出了最大的数字，剩下的数字就会小，组成的数就可能比黄河队的小。

教师顺势引导学生考虑袋子里面的所有卡片，并告诉学生：每个袋子里的数字卡片有 0、1、2……一直到 9，一共有两套。

学生在此基础上继续讨论，黄河队的另一名学生指出：当千位、百位、十位上的数字都一样的时候，就只能看个位上的数字了。意思是说，长江队先抽到 9，还是有意义的。

师：（对着长江队的同学）你瞧，黄河队的同学多好，他们会帮着你们想问题了。要不要看第二张？

生：（齐声）要！

两位同学抽出第二张卡片。长江队抽到 3，黄河队抽到 5，有些学生欢呼，有的学生在讨论。

师：（对着长江队的同学）你抽到了几？

生：3。

师：高兴吗？

生：（想了一会儿）高兴。

师：为什么高兴？

生：比抽 1 要好。

师：现在的两个数来看看，人家是 57，你是多少？

生：39。

继续开始抽第三张，长江队抽到 9，黄河队抽到 1，学生发出了笑声和欢呼声。

师：我说有两套吧！（指着抽到 9 的同学）你有什么话想说？有没有信心赢他们？

该生看着老师，没有回答。

师：黄河队有没有信心赢？

生：有。

师：只要怎么样我们就会赢？

生：假如我们的千位抽到 9，我们就赢他们了。

**师**：也就是说，假如你们千位抽到的是9，他们还要不要抽了？

**生**：（七嘴八舌）不要。

**师**：看来，第4张卡片显得尤为重要，是不是？

**生**：对。

**师**：既然这么重要，你们两个同学先后来抽，你们两个谁先来？

两个同学你看看我，我看看你，谁也不决定。

**师**：剪刀、石头、布，谁赢谁决定抽的顺序！（学生划拳，教师指着赢的同学）你决定。

**生**：（想了一想）他先抽。

学生情绪激动。不巧，黄河队抽了个1。学生们叫了起来，有喜悦的，也有泄气的。

## 智慧屋

从黄爱华老师的这节课中，我们可以真切地感受到"活"而不乱。之所以能做到这一点，一个重要的原因是：黄老师把内容和形式很好地统一起来了。

形式是游戏。喜欢游戏是儿童的天性，尤其是有比赛性质的游戏，能充分调动学生的积极性。在学生间所进行的一场"长江队"与"黄河队"的"抽数组数比大小"比赛中，每一个学生都希望赢，担心输，都全身心地投入到了活动中来，这样课堂自然就"活"了。

内容是"万以内数的大小比较"。比较的方法完美地融在游戏活动中。学生对游戏的关心就是对数的大小比较的关心，学生获胜的策略就是对数的大小比较的知识的灵活运用。因此，学生在游戏过程中所有的"活"都同时指向数学学习目标，因而不乱。

那么，在平时的教学中，我们应当采取哪些措施保证课堂活而不乱呢？下面几个小策略值得借鉴。

1. 共同建立"师生约定"，创设良好的集体氛围

学生个性的发展主要依赖于集体，集体活动是发展学生个性的主要途径。教学中，教师要有意识地创设一个良好的集体氛围，形成良好的集体习惯。很多人都羡慕美国人，羡慕他们有个人的自由空间。但是美国人的自由仍然是受到约束的，所有的言行必须在一定的范围内进行，也就是说，不能损害他人利

益，必须在法律允许的范围内进行。课堂教学中的民主和自由也是如此。如果集体没有一定的行为准则，个人的自由也就无法保证。教师要关注学生的个性思维，学生也需要自由发展的空间，但是，这一切都是有条件、有范围的，任何学生都不能超过这个"度"。这个"度"，就是我和学生之间约定的课堂纪律、行为规范。为了让学生明白这些道理，可以专门在课堂里花时间和学生进行沟通，让学生自己参与各种规则的讨论和制定。

比如，针对"学生发言不举手、乱喊乱叫、没有被老师叫到就生气"等现象，有位教师专门和学生进行了讨论。学生虽然任性，但并非不懂道理。

为了让他们明白为什么要遵守纪律、有序发言，教师先和学生商量："这么多的小朋友都想发言，如果你是老师，你会请谁先发言呢？没有被请到的同学都和老师赌气，老师怎么办呢？"学生静了一会儿，有人回答："轮流请同学发言"，"请好好举手、不乱喊的人发言"，"请纪律好的同学发言"，"请认真听的同学发言"……看来，经过换位思考，学生还是挺理解老师的。

教师抓住时机，再次引导："有时候，有的小朋友并没有举手，老师为什么还要请他呢？"学生纷纷发言："是老师喜欢他"，"不对，老师想考考他"，"老师可能是想提醒他认真听课"……

接着又开始讨论第三个问题："如果请你发言，你要注意什么？没有请你发言的时候，你该怎么做？"学生纷纷表态："发言要先想好，不要太啰唆，耽误大家的时间"，"别人发言要仔细听，别人说过的不要再说了"，"不要随便打断别人的发言"，"老师不请我，我也不会生气，下次再争取"……

最后师生达成了三项约定：想说就举手；别人说时要听；别人说过的就不要说了。实践证明，这种约定很有效果，可以使课堂教学自由而不散乱，有利于形成良好的班级环境。

2. 把握学生的心理特点，设计科学的学习方式

学生都是同龄的孩子，人人都有需求，人人都有个性，只有运用科学的组织方法，才能满足大家的需要。

比如，在前面"人民币的认识"一课的教学中，很多教师都会设计一些买卖的活动，这个想法是好的。但是，如果在教学过程中没有科学的组织方式，往往会因为满足不了大多数学生的需要而导致教学失控。

如果改成"跳蚤市场"的模拟活动，就比"师生之间的买卖活动"更科学，每一个孩子的个性都能得到张扬，每一个孩子的需要都能得到满足。把握了孩子的心理特点，运用了比较科学合理的教学方法，既能满足学生的个性需

求，也符合集体利益和集体规范。

3. 适当运用评价语言，有效调控课堂进展

课堂教学中，当学生出现个性化的思维或者教学进程旁逸斜出时，教师的反应非常重要，此时教师的一言一行都将对全班学生形成一个导向，因此教师一定要提高自己的判断和决策能力，把握好评价的尺度。根据学生所答，教师要迅速做出一个判断，给出一个准确定位。当秩序开始乱起来时，教师要用评价语言引导学生，比如："××真棒，他举手从不乱喊"，"××倾听最认真，学会倾听是一种很好的学习习惯"，"××同学能积极思考问题，很好！但如果能举手回答问题就更好了！"，等等。诸如此类的评价语言其实是一种明确的纪律要求，可以有效地引导学生，告诉他们应该怎么去做。适当的时候，也可以改变原本的教学预案，停下脚步，讨论之前的学习活动中存在的问题。

经过一段时间的耐心引导，学生的集体意识会慢慢增强。他们不再那么任性，开始懂得自我约束，也初步学会了尊重他人，行为习惯逐渐好转。课堂上，学生的争吵声和叹息声会慢慢变少，大家有谦让、有合作、有竞争，教师上课就轻松多了，课堂效率也能提高不少。

## 学习园

1.《有效教学》，崔允漷，华东师范大学出版社，2009

推荐理由：什么是教学？怎样教有效？怎样才能教得更好或更有意思？这些问题在这本书中都能找到令人满意的答案。

2.《"我真的不是故意的"——对课堂乱的成因的调查、思考及建议》，孙燕，《实验教学与仪器》，2007（2）

推荐理由：本文尽管是讨论科学课堂，但其中提到的一些现象在数学课堂中同样存在，而且作者的研究态度也值得学习。

3.《数学课堂活动：现象分析与理性思考》，荀步章，《教育研究与评论（小学教育教学）》，2013（2）

推荐理由：该文结合具体的案例，对数学活动的一些表面现象进行了剖析，如"闹腾"、"忙碌"的背后究竟存在什么问题，该如何改进等，对一线教师有较强的借鉴作用。

# 5.4 当课堂遭遇"意外"，
## 教师该如何是好？

　　课堂教学是师生的双边活动，是一个动态生成的过程，其间充满各种美妙、悬疑与变化。所以，课堂上随时都有可能发生各种预料不到的意外事件。课堂意外具有突发性，常常扰乱正常的教学秩序，如果处理不好，会给课堂带来一定的危害，造成负面影响。19世纪俄国教育家乌申斯基指出："不论教育者怎样研究教育理论，如果没有教育机智，他就不可能成为优良的教育实践者。"这里的"教育机智"指的就是教师在遭遇课堂意外时的应变能力。究竟该如何应对各种"意外"？怎样的处理才能引出教学的精彩？怎样的化解才显得自然而又让人拍案称绝？这是每一位教师都需要认真思考与潜心修炼的。

///// 案例角

### ▼ 案例1　不速之客——蜜蜂①

　　在学习"面积和面积单位"的课堂上，教师引导学生感知1平方厘米的大小。这时，一只蜜蜂不期而至，从窗户中飞进教室后，在第八小组倒数第二位学生的周围飞舞。这位女同学倒也勇敢，没有大喊大叫，但是不断地躲避着蜜蜂的侵扰。不一会儿，蜜蜂趴在她旁边的玻璃上"休息"，这位女同学紧紧地盯着蜜蜂，怕它突然发动袭击。周围五六位同学也被这只蜜蜂牵住了心。

　　这一切，被教师看得一清二楚。教师为了让这几位学生的心思回到课堂上，便对这位女同学提问："你说说，1平方厘米有多大？"这位学生怯怯地站

---

① 此案例由本书作者刘登峰提供。

起来，不能回答。教师接着问："谁来帮帮她？"这时她后面的男同学举手了，站起来说："老师，这里有一只蜜蜂。"班上同学的目光一下子就被吸引过去了。

这是一位非常调皮的学生，教师一听他说完，就没好气地说："你后面有一个垃圾桶，你旁边还有一扇窗户。你为什么不一一说说？"同学们听了都暗暗地笑。

这位学生又说："老师，我可以打死它。"教师更来气了："蜜蜂也有生命，你打他我就打你。"全班哈哈大笑起来……

## ▼ 案例2 "有余数的除法"教学片段[①]

教师在课件中出示情境图，并说道："三（1）班的同学召开联欢会，他们买了23盆鲜花布置教室。如果每组摆5盆，可以摆几组？还多几盆？"为引导学生理解题意，教师利用课件对鲜花进行拖动演示。"这道题目可以用什么方法计算？用什么算式来表示？"

一位小男孩马上举手说："可以用减法计算，列式为：$23-5-5-5-5=3$。"

教师追问："他的列式对吗？"

另一位学生说："他的列式对，不过，我还可以这样列：先$5×4=20$，再$23-20=3$。"

教师又问："他们的列式对吗？"

连续问了几位学生，他们都认为这样列式是对的。

这时，教师有点着急了，马上要学生看书……

教师再问："书上是用什么方法计算的？"

学生齐答："除法。"

教师说："是的，书上是用除法计算的，所以用减法计算可不好。今天我们就来学习有余数的除法。"

---

① 此案例由本书作者刘登峰提供。

## 讨论区

在这两个案例中，教师都在课堂上遭遇到教学的意外。"案例角"的案例1中，教师面对不速之客——蜜蜂，希望能平静地引开学生的注意力，把学生拉回数学知识的学习，可是却出现了调皮学生的"报告"，真可谓"哪壶不开提哪壶"。生气的教师进行了略带讽刺的正面回击。案例2中的教师面对学生偏离教材的回答，很是着急与无奈。为了回归"正常"的教学流程，他直接让学生开展自学，在自学的基础上统一认识，开始后面的学习。

面对活生生的学习个体，教师的教学设计即使细致周到，也难免会在课堂上遇到始料不及的情况。当课堂遭遇意外时，上述案例中教师的处理是否恰当？教师应对课堂偶发事件时，需要遵循什么原则？采用什么策略？又如何提高自己在课堂教学中的应变能力呢？

## ✦ 教师沙龙

◎课堂中产生意外事件的原因很多，有学生知识、能力与非智力因素的差异，也有学习环境的改变，更与教师的教学设计有关。如果我们在课堂教学中遭遇偶发事件时不能灵活应变，就会陷入一种手足无措的被动局面，甚至导致课堂的失控、教学的失败。

◎第一个案例中的教师，面对蜜蜂的无预之约，处理方式的初衷是好的，是希望能悄无声息地转移学生的注意力，并引导学生回归课堂。但是这种方式多少有点一厢情愿，因为蜜蜂是一种比较危险的动物，它不像蚂蚁等小昆虫那样危险性较小，学生对它的警惕和害怕在情理之中。教师表现得再无关紧要，要想让学生在胆怯中回到数学学习中来，这绝不是一种很好的选择。因为蜜蜂还在那儿，"危险警报"并没有解除。教师首先应该让学生感觉危险消除，学生才可能安心上课。

◎因为学生调皮，教师便对学生生硬讽刺，而且还是在遭遇意外事件时，这种以"教师生气"对"学生淘气"的不冷静做法并不可取。这样无助于问题的解决，只能适得其反。每一位教师都有可能遭遇课堂意外，具体应对的策略，与教师的教学经验密切相关，教师需多总结、多反思，才能提高自身的应对能力。

◎第二个案例中教师的处理实质上导致了教学的失误。因为学生的列式无疑是对的，可教师竟认为用减法计算不好，这说明教师对于"整数除法是一个数连续减去同一个数的简便算法"这一数学基础理论是不清楚的。同时，学生的思维以形象思维为主，他们从教师的动画演示中能很自然地列出减法算式。由于教师对学生这一思维特点认识不足，缺乏思想准备，所以课堂应对出现了失误。

◎第二个案例中教师的设问过于机械，老是停留在"这样列式对吗?"这个问题上，缺乏随机应变的调控能力。其实学生的列式闪耀着智慧的火花，教师应该给予鼓励，而不是"黔驴技穷"般地让学生"看书"。要知道书本终是死的，人的思维却是活跃灵动的。

## ✦ 专家点拨

课堂教学中的意外是明显影响课堂教学的突发事件。教师的教育对象是活生生天性好动的孩子。集体教学几十名学生在一起学习，其知识接受能力、兴趣爱好、个性特点有着巨大的差异，课堂中的表现也将千差万别，加之不确定的外界环境的影响，课堂中出现偶发事件是难以避免的。妥善、及时处理教学意外是教师不可回避的课题，处理是否得当不仅关乎学生当时的学习情绪，关乎课堂即时的教学效果，也对学生的情感态度产生极大的影响。

数学课堂中的"意外"情形很多，但大致可归为三类。

第一类，突发的与教学内容无关的意外。如小动物"闯入"、教室内外突然出现声音、挂图脱落、课件播放异常、学生摔倒或是教师身体失去平衡等。此时教师要关注学生的情绪。如果对学生的情绪影响不大，教师大可忽略，保持教学的流畅与连贯；如果对学生的情绪造成了较大的波动，则要想办法安抚学生，转移学生的注意力，或是用幽默的言语化解，让学生会心一笑，继续正常的教学。

第二类，与具体教学内容相关的意外。这种意外可能是学生的提问或插嘴，或偏离既定方案的实践操作结论等。这种意外反映的是学生思考的结果，虽然与教师的预期相左，但如果与课堂教学核心内容紧密相关，不管学生的思考是对是错，教师都要敏锐地捕捉并放大，及时将意外转化为课堂教学资源，使课堂因"错误"或"碰撞"而收获"精彩"。如果意外与教学内容联系不大，或问题不够典型，教师可做个别处理，简短评价，一带而过。

第三类，与数学有关但与当时的教学内容无关的意外。出现此类事件，往往是课外知识丰富的学生在课堂中思维活跃，及时"发问"或"显摆"。此时，教师应该保护其积极性，保护其"热爱数学"的热情。如果时间允许，且对此问题探讨的难易程度与大多数学生的水平相差无几，教师可以与学生就此问题展开交流。但时间毕竟有限，所以这种讨论应该"适可而止"。教师也可以热情邀请"肇事学生"下课以后一起讨论，或是直接告诉学生：本节课时间无多，留待下节课探讨。

当意外来袭，留给教师估计形势和考虑策略的时间是短暂的。要获得良好的处理效果，教师应该注意平时的修炼。

（1）要认真锤炼教育机智

教师的教育机智是指一种面对新的、突发的、意外的情况，能够迅速而正确地做出判断，并随机应变地采取恰当而有效的教育措施以解决问题的能力。教师的教育机智是教师综合运用各种教育能力在教学中"得心应手"的表现，是教师掌握高超教学艺术的体现。教育机智反映了教师机敏智慧的心理品质。但是，机敏并不是一种简单的"灵感"或是"灵机一动"，它离不开教师平时丰富教育经验的积累。教育机智建立在周密观察、认真分析学生心理活动的基础之上，是一种因势利导的教育艺术。掌握这种艺术，需要教师善于临场发现、捕捉学生表露出的积极因素，抓住学生闪耀的可贵的智慧的思维火花，并加以"引导"和"激发"，将其转化为积极的教育因素与力量。

（2）要努力提高学识水平

要想在应对课堂教学意外时"游刃有余"，必须努力提高自身的学识水平与修养。作为一名小学数学教师，要全面系统地理解与掌握小学数学基础理论知识，甚至是初等数学、高等数学的有关知识。这就是常说的"给学生一滴水，自己不能只是一桶水，还要汇聚成一条河"。此外，教师还应学习教育学知识，了解教育基本理论，浸润先进的教育思想；研究儿童心理学，了解学生心理年龄特点和个性特征差异。

（3）要用心培养爱生情感

"爱"是教育的灵魂，是教育的核心价值。课堂意外的完美解决，其实是教师对学生尊重、热爱与负责任的完美诠释。一个有"爱"的教师，一个有着良好师德与品质的教师，面对课堂出现的意外：会宽容地对待学生，不发脾气，控制言行，不生硬训斥；会认真倾听学生发言，准确判断出现意外的原因，并认真思考应对的措施，以帮助学生纠正错误，让学生沐浴在爱的阳光里。

---

## 实践坊

### "用字母表示数"教学片段[①]

在练习环节，教师预设了"（　　）只青蛙（　　）只眼睛（　　）条腿"的发散题。上课刚开始，一只小猫跳到了教室的窗台上，并蹲在了那里。学生注意力一下子都转移到了小猫身上。面对这一情况，教师灵机一动……

**师**：多可爱的小猫咪呀！同学们，你们喜欢它吗？（生答"喜欢"）老师也非常喜欢小猫。你们知道1只小猫几只眼睛几条腿吗？

**生**：1只小猫2只眼睛4条腿。

**师**：那2只小猫几只眼睛几条腿？

**生**：2只小猫4只眼睛8条腿。

**师**：3只呢？

……

**师**：我们编成儿歌读一读吧，看谁读得好。1只小猫2只眼睛4条腿，2只小猫4只眼睛8条腿，预备——起！

……

**师**：读得完吗？我们一起来想个办法，用"一句儿歌"就表示出我们想数的猫的只数、猫的眼睛数、猫的腿数。

……

小猫不知何时已悄悄离开了。

### "可能性的大小"教学片段[②]

实验活动：纸盒里有大小一样的1只黄色乒乓球与4只白色乒乓球。学生

---

①② 此案例由本书作者刘登峰提供。

从纸盒里随意摸球，每次摸1只，然后又放回盒子里再摸，摸10次。猜一猜，哪种颜色的乒乓球摸到的次数多？

实验完毕，各小组汇报情况如下：

| 小组序号 | 1 | 2 | 3 | 4 | 5 | 6 | 7 | 8 | 9 | 10 | 11 | 12 |
|---|---|---|---|---|---|---|---|---|---|---|---|---|
| 摸黄球次数 | 2 | 3 | 2 | 2 | 1 | 4 | 3 | 2 | 3 | 6 | 2 | 1 |
| 摸白球次数 | 8 | 7 | 8 | 8 | 9 | 6 | 7 | 8 | 7 | 4 | 8 | 9 |

师：仔细观察实验数据，你们发现了什么？

生1：摸到黄球的次数少，摸到白球的次数多。

生2：我们组也是这样的。

……

生3：我们组的实验情况不同，我们是黄球摸到6次，白球摸到4次，摸到黄球的次数比摸到白球的次数多。

学生汇报时，教师已注意到第十组数据的特别，正在思考如何处理这组数据时，他们竟然站起来把这个问题挑明了。怎么办？如果肯定这组数据，似乎与今天研究的内容不符，但又不能说这一小组的实验数据有问题，因为这的确是他们亲自试验得出的结果。

师：既然小组之间有不同意见，那我们先看看全班摸球实验的总结果。全班共摸球120次，其中摸得黄球31次，白球89次。

师：现在你有什么发现呢？

生：摸到黄球的次数明显少于摸到白球的次数。

师：如果用可能性来表达，该怎么说？

生：摸到黄球的可能性小，摸到白球的可能性大。

师：那为什么第十组的实验结论与这个正好相反？

生：他们的实验有问题！

生：没有，我们是按老师的要求进行实验与记录的。

师：既然他们是按照要求做的，那么数据就是有效的。这里有11个小组的实验情况一致，我们把这个实验结果记为"甲"情况，把第十小组的实验结果记为"乙"情况。如果用可能性来描述，该怎么说？

生：出现"甲"情况的可能性大，出现"乙"情况的可能性小。

师：如果我说"这个实验一定是摸到白球次数多"，你们认为对不对？

**生：**不对。

**师：**是的，大家真棒！这也是我们不说"一定"，而说"可能性大"或"可能性小"的原因。从全班情况来看，白球被摸到的可能性大，黄球被摸到的可能性小。"可能性大"并不代表摸到白球的次数一定多，"可能性小"也不代表摸到黄球的次数一定少。具体操作中，也可能会出现第十组的特殊情况，但是出现这种情况的可能性是非常小的。

## 智慧屋

不同的教师对课堂意外的处理方式可能不同，不同类型的意外也需要采取不同的应对方式。从"实践坊"中两个案例的教学处理中可以发现，教师采用了以下策略来应对教学意外。

1. 机敏地将无关事件转化成课堂教学的素材

突然遭遇与课堂无关的事件是对教师教学智慧的极大考验，教师处理时要谨慎细致，做到巧妙、悄无声息。面对意外出现的小猫，教师敏锐地捕捉到了小猫的眼睛数、腿数与教学准备的素材在数量上的同类关系，并巧妙地将这一无关事件转化成了教学的有趣素材，通过调整教学预设程序与内容，即兴设问、编诵儿歌，既照顾了学生的好奇心，调动了学生的学习兴趣，又起到了导入新课的作用，可谓一举多得。

2. 智慧地将意外生成转化成课堂研究的资源

教学中的很多意外其实是预设与生成的矛盾与错位。如果课堂中生成了"意外"，教师千万不能"无视"，而应该积极应对，努力将其转化为课堂学习与研究的资源。案例中的"特别数据"是很少见的，一般的教师都会对这组数据缺乏心理准备。如果课堂生硬地"矫正"或是"否定"学生的实验数据，或者对数据的出现置之不理，那将使学生对可能性的理解产生模糊或错误。以上案例中的教师清楚地意识到"特殊数据"出现的"特殊意义"，积极思考，智慧应对，敏锐地将"怎样理解特殊数据"的问题放大，让学生进行充分的讨论和交流，由此让学生更为深刻地理解了可能性的"大"与"小"。正因为教师将"课堂生成"转化成学生研究与讨论的资源，课堂教学由此变得生动而深刻。

处理课堂意外需要教师沉着冷静的心态，因势利导、化被动为主动的教育智慧。苏霍姆林斯基说过："教育的技巧并不在于能预见到课的所有细节，而在于根据当时的具体情况，巧妙地在学生不知不觉之中做出相应地变动。"所以，当课堂教学遭遇意外时，我们应该接纳它、融化它、巧用它，将"意外"化成课堂的一道彩虹，使课堂教学收到精彩的效果。

# 学习园

1.《小学数学课堂教学案例透视》，斯苗儿，人民教育出版社，2003

推荐理由：该书以听课评课的方式记录了作者深入课堂观察到的种种教学现象，字里行间不仅流露出作者对教师改革与创新的欣赏，其对教学中种种"败笔"的遗憾与惋惜更体现了其作为一个教研员对教师教学行为的反思与研究。书中很多案例都反映了一线教师对教学意外的具体处理方式以及作者作为一个旁听者对教学处理的理性思考。细细品读，能让读者感受到教师与教研员的教育智慧，也能为教师妥善处理具体教学事件带来诸多的启迪。

2.《课堂教学意外的处理对策》，盛献能，《考试周刊》，2009（26）

推荐理由：文章以一线教师的视角，将课堂教学意外事件和处理现状进行了清晰的梳理与分类，并强调对课堂意外的处理要以培养学生的基本素养为宗旨，及时调整目标，巧妙地引导学生。在谈到具体的处理对策时，虽以初中科学课堂的教学意外为研究案例，但对小学数学教师同样具有指导与借鉴作用。

# 5.5 当学生答问困难时，教师该思考什么？

问与答是课堂教学常见的方式，通常由教师提问，学生思考后回答。然而在课堂上，我们常常看到这样的现象：学习内容并不难，但是学生却"启而不发"，师生之间常常出现一种"拉锯战"——教师提问后满怀期待，学生却老答不上来，教师只好反复逼问、不停追问，不断地从学生嘴里去"掏"自己想要的答案，课堂呈现出一种胶着状态。

当学生回答不出问题时，教师到底该思考什么？如何改善这种状况？

## 案例角

### ▼ 用 2~6 的乘法口诀求商①

这是一节二年级数学课，内容是"用 2~6 的乘法口诀求商"。

教师首先出示问题：12 个桃子，每只小猴分 3 个，可以分给几只小猴？然后问：谁会列式？一生答：12÷3＝4！教师板书"12÷3＝"，接着问：12÷3 你们会算吗？学生整齐响亮地回答：会！教师说：那好，请大家用三角形摆一摆。学生开始摆，教师请一名学生上黑板摆。

孩子摆完了。教师问：他摆得对吗？分成了几堆？学生答：对！分成了 4 堆。教师在算式后面接着板书得数"4"，继续提问：刚才我们用摆学具的方法算出了得数。请小朋友开动脑筋"12÷3＝？"还可以怎样想？教室里一片沉默。

教师讲解完用乘法口诀求商以后，又进一步追问："12÷3＝？"还可以怎样想？几个孩子答了一些不着边际的想法，教室里又是一片沉默。

---

① 易虹辉. 不妨请外行来听听数学课 [J]. 小数教学：数学版，2010（6）.

此时，一名学生突然举手："老师，还可以一只猴子一只猴子地分，分给一只猴子就减一个3，12-3＝9，9-3＝6，6-3＝3，3-3＝0。一共减了4个3。"老师喜不自禁，大声表扬："这位小朋友真不错！这么特殊的方法他都能想到！奖你一颗五角星！"接着又追问："还有别的方法吗？"一个学生迟疑地说："老师，我还有一种加法：3+3+3+3＝12。一只猴子分到3个，2只猴子分到6个……"老师说："你真聪明！也奖你一颗五角星！"同样板书在黑板上。

最后，老师开始总结："请小朋友看黑板，现在有这么多种方法算12÷3，你最喜欢哪种方法？"有学生答："我最喜欢减法，因为它最特殊。"老师问："不觉得它很麻烦吗？"学生说："不麻烦！"老师继续问："你最喜欢哪种方法？"又有学生说："我最喜欢加法！因为我喜欢做加法，不喜欢做乘法。"老师只好无奈地指着用乘法口诀求商的方法问："有没有喜欢用这种方法的？"有少部分学生响应。老师说："其实，用乘法口诀来求商是最简便的方法。以后我们做除法时，就用这种方法。"

## ///// 讨论区 /////

这原本是一节经过精心准备的公开课，却出现了如此不和谐的一幕。案例中呈现了本节课的几个片段，几乎都是学生答不出问题或者问题答不到点子上，课堂里要么出现一片死寂，要么学生与教师"兜圈圈"，回答问题老找不着北，教学效果与教师的预设相差甚远。为什么会这样呢？

教师提问后，当学生回答困难时，教师应该思考什么？是提出的问题太难，还是学生的思维水平太差，抑或是其他原因导致学生全部不在状态、不能好好"配合"教师的教学？

## ✱ 教师沙龙

◎我觉得今天这节课学生表现很糟糕，太不认真了，完全不在状态。可能是今天看到有人来听课，有些学生过于紧张，有些学生又过于兴奋。我感觉他们平时上课还配合得好一些。（上课教师的反思）

◎我觉得教师的教学设计可能也有点问题，教师提的好多问题我也答不上来，虽然我们语文老师比较"笨"，但是小学二年级的数学问题应该还是可以

理解的。（听课的语文教研员刘老师的感受）

◎我觉得有时候学生答不出问题，可能是"算法多样化"惹的祸。如果教师不去追求所谓的"算法多样化"，就不会问那么多"还有吗"让学生为难，课堂也就不至于这样死气沉沉。平时上课，教师没有这么多的"还有吗"，只要学生会做了就行，因此上起来显得很顺利。

◎如果从教学设计的角度来分析，有些问题可能是因为教师不了解学情所致，提出的问题没有贴近学生的思维，所以学生很难揣测教师的心思。

◎也可能是有些问题要求比较高，而前面又没有打好相应的基础，所以学生答不上来。比如，教师希望学生能说出"用减法来算除法"，但是前面学习除法的意义的时候，可能并没有重视减法和除法的关系，现在却要学生说出来，学生当然难以想到。

## ✦ 专家点拨

这节课呈现出的不和谐现象，反映了数学课堂上教师的"教"与学生的"学"相距较远的现实，击中了数学教学的积弊。如果从学生的角度来看本节课，至少有以下几点值得我们反思。

（1）学生的学习起点究竟在哪儿？

学生在学习本课之前，已经学完了"除法的初步认识"，而关于除法的初步认识，教材编排较丰富，共有 5 课时，学生已经经历了很多关于分物的操作活动，积累了大量的关于除法的直观经验。此时对于学生来说，得到 $12 \div 3$ 的结果，应该没有什么困难。从课堂表现来看，的确有不少孩子已经不需要通过动手操作就能说出得数。当学生脱口而出算出得数时，教师不妨顺应学生的思路先板书得数，然后再让学生用自己的方式来解释这个结果。得数提前出来了并非坏事，教师可以做的事情还有很多，至少应该了解学生是怎么想的、有几种不同算法、能否表达和交流这些算法，最后还应总结求商的方法，保证每一个孩子至少会一种算法……如果教师能这样根据孩子的学习起点来确定自己的教学方案，就不会出现"学生说到了老师也充耳不闻，仍按部就班地去讲自己设想的每一步"，导致学生明明已经走到前面去了，教师还在一个劲儿地往后拽。

此外，有了前面五节课的直观操作经验，本节课的重点已不再停留于操作，但在交流算法时让孩子用摆学具的方式来解释自己的思维过程仍然是可取的。不过值得注意的是，结合摆的过程来沟通直观的学具操作与抽象的除法算式之间的联系很重要，教师可以引导孩子根据除法算式的意义来分学具，最后根据所分的结果来解释除法算式的得数。例如，让孩子用自己的语言说一说：你拿了多少个三角形来分？为什么3个一堆3个一堆地摆？怎样看出得数是4？等等。这样一来，摆和算就不会脱节，学生也乐意表达自己的想法。

（2）算法多样化到底是基于教材还是基于学生？

关于算法多样化，教师们已经有很多讨论和研究，也形成了不少共识，可一旦落实到课堂中来，就容易走样。

本节课上出现的多种算法均来自教材，可有一点我们要明确：虽然教材中呈现了这么多种算法，但并不代表在课堂里每种算法都会出现，更不意味着每种方法学生都必须掌握。所以，教师在研读教材时要结合学生的思维现状好好分析各种算法：哪些方法比较普遍、容易理解？哪种比较特殊、难于掌握？这些算法之间有什么联系？对于来自学生的特殊算法，教师应该如何处理？面对学生想不到的特殊算法，教师有无必要介绍？当我们把握不准时，可以做一些学前调研，以便分析学情，做出选择。

在我看来，用减法的方式做除法毫无疑问是对的，而且这是建立在对除法的深刻理解之上的一种思考方法。但有多少孩子能自觉想到这种方法，尚有疑问。

如果没有一个学生想到这种方法，教师不一定非要把它"掏"出来，多样化应该是基于学生思维基础上的多样化，而不是仅仅基于教材，更不是成人的"自以为是"。如果有学生主动提出用这种方法，教师可以给予肯定和鼓励，组织学生讨论并使其明白除法其实就是减法的简便运算，能把除法转化为减法来思考当然是对的；但同时，也应让学生意识到这种方法比较麻烦，在数据大的时候就更不好用了。教师在板书时可以将这种方法写到黑板的角落里。这样的处理，学生在优化时就不会一味地追求"特殊化"了。

（3）师生之间为什么老出现"拉锯战"？

本课内容并不难，但是师生之间常常出现一种"拉锯战"：教师提问，学生老答不到点子上，教师只好反复问，不断地从学生嘴里去"掏"自己想要的答案。

其实，这是教师过分拘泥于自己的思路所致。教师设计的每一个环节、提出的每一个问题都是站在自己的角度去考虑的，没有考虑学生是不是理解，问题对他们有没有难度，他们会怎样回答。正因为教师课前没有揣摩透学生，学生才会在课堂上费力地揣摩老师。

"备课要备学生"这句话数学老师都耳熟能详，但要真正落实到教学中去却相当不容易。当我们的课堂老是出现这种"拉锯战"时，我们就要思考：是不是我们的问题本身"有问题"了？是不是我们一直沿用的教学"路数"也需要改一改了？其实，许多我们数学老师看起来习以为常的问题，可能存在着很多不合情理的地方，只是我们日复一日地重复着这样的教学，早已经习惯而麻木了。"不识庐山真面目，只缘身在此山中。"有时候，老师们不妨也听一听学生的心声、了解一下他们的感受，也许就能跳出固有的思维模式，找到改善教学现状的出路。

## 实践坊

### "射线" 教学片段[①]

教师在组织学生认识射线特征的时候，用了一支激光小手电作教具。教师一按小手电，天花板上就有了一个红点，这位教师抬头看见之后，赶紧调整方向，射向窗外，于是，师生交流由此展开。

教师指着发光处问："同学们，请观察这条线，你看到这个点（指光源）了吗？"学生说看到了。教师问："同学们，这条线是射线。你们观察一下，它有几个端点？"学生回答说有两个。教师有些迷惑："两个？哪来的两个？"学生说："发光处有一个点，另外一个点虽然我们看不见，但是它一定在后教学楼的墙壁上。"教师疑惑了，但很快明白了学生的意思，于是继续引导："好，这位小朋友很会动脑筋。那如果后面没有教学楼或者我们把教学楼移走，你想一想，这条射线有几个点？"学生还是说有两个点，理由是：假设老师把后面的房子全移走了，但后面的山是肯定在的，因为这条线是无限长的，因此，最后那个点一定会在后面的那座山上，只是他们看不见。

教师意识到了问题所在，于是很快调整了方案，说："好，你们认为有两个点，一个点形成于光源，一个点虽然看不见，但一定在后教学楼的墙壁上。那么，我请同学们思考一下，从这个点（指光源）到后教学楼墙壁上的那个

---

① 俞正强. 对两个启而不发的教学片段的思考 [J]. 小学青年教师，2006 (4). 收录时有删改。

点之间的这一条是什么线?"生齐答说是线段。老师继续追问:"对!同学们再想象一下,如果是射线,那个点会停留在后教学楼的墙壁上吗?"生答:"不会!那个点会穿过墙壁继续不断地向后延伸,永远……"

## 智慧屋

当学生答不出教师的问题时,很可能是教师自己提出的问题有"问题"。要改善这种状况,需要从多方面进行思考和改进。上述片段中,学生始终说不到教师期望的答案,总是纠缠于"有两个端点",即使教师继续问下去,学生还是会说有"两个点",因为他们不相信后面就没东西了。因此,教师后面及时调整了教学,将问题改为:"同学们再想象一下,如果是射线,那个点会停留在后教学楼的墙壁上吗?"这样一来,首先从想象的角度确定这是一条射线,再借助手电筒光线进行观察和讨论,更符合几何概念的本质与特点,因此教学得以顺利进行。

在平时教学中,教师可以采取一些策略应对学生答不出问题的情况。

1. 深刻把握数学知识的内涵,提"合理"的问题

教师在教学中,要尽可能地把握所教内容的数学内涵,尽量提科学合理的问题,这是课堂和谐互动的基本保障。这就要求教师在进行教学设计特别是进行问题设计的时候要提前规划,弄清楚所教知识的本质特征,把握好知识的来龙去脉、前后联系等因素,寻求该知识点最自然的学习之道,不要用不符合认知规律甚至不太科学的问题去为难学生。

2. 接受学生思维中的合理成分,调整所提的问题

当学生总是答不出问题的时候,教师需要仔细倾听和理解学生的想法,看能否从学生的错误或不着边际的回答中,找到思维中的合理成分,顺着学生的思维改变提问的方式,调整自己的问题,使教师和学生的想法趋近,从而实现和谐互动,这也是教师教学机智的重要体现。

3. 课前调研了解学习起点,根据学情设计问题

学生是带着全部的丰富性进入课堂的,这不仅包括学生已有的知识,还包括学生的经验、学生的困惑、学生的情感等。教学预案的设计如果忽视了学生,就容易走进"启而不发"的怪圈,因此,课前调研成为很多教师了解学情的重要手段。调研方式包括小测验、访谈、课堂观察、作业分析等,教师需

要根据不同的目的做出合理选择。比如，教师若想了解学生已有的知识基础，可以设计几个指向明确的小问题，找一些学生做一下，然后进行数据的统计和分析，为教学预案的设计做参考。

## 学习园

1.《小学数学课堂教学策略——师生互动共同创建有效课堂》，吴正宪，北京师范大学出版社，2010

推荐理由：本书汇集了以吴正宪老师为代表的北京优秀小学数学教师创造的富有特色的小学数学课堂教学设计、实施、评价等教学实践策略与方法，其中第二章侧重介绍了课堂教学过程调控的策略，对于如何处理课堂问答、如何化解尴尬、课堂怎样应变等具有很好的借鉴价值。

2.《以学定教，顺学而导》，张红娜，《小学教学》，2011（7/8）

推荐理由：该文通过具体的案例告诉我们，如何在学生已有的知识基础上建构新知，如何进行有效的提问和引导。

3.《对两个启而不发的教学片段的思考》，俞正强，《小学青年教师》，2006（4）

推荐理由：该文以具体的案例诠释了在课堂上学生答不出问题时，教师应该如何思考、应对或引导。

# 5.6 教学反思，教师该如何着手？

　　·　随着新一轮基础教育课程改革的深入推进，教师的教育理念和教学行为都在发生变化，学生的学习方式也在变化。面对着诸多变化，教学反思对于提升我们的教育教学水平更显得尤为重要。美国学者波斯纳认为教师的成长公式是：教师的成长＝经验＋反思。也就是说，教师只靠以往的经验不可能成长为一名优秀的教师，只有在教学实践中不断反思，在反思中不断地吸取经验、总结教训，才能不断提高。可见，教学反思在教师日常的教学活动中起着举足轻重的作用。然而，有些教师不知道反思该从何着手，或者存在追求全面、浮于表面、有始无终、点状思维的现象，导致教学反思不能真正起到改进教学、促进专业提升的作用。那么，作为一线的教师（或教师团队），我们可以用什么样的方式进行教学反思？又可以从哪些方面着手反思呢？下面的探讨，或许能给你一些启示。

## 案例角

### ▼"速度　时间　路程"教学反思[①]

　　本课之前，学生对速度已经有了一定的感性认识，但并不理解"速度"这一概念。教材的编排是：先直观描述，介绍"速度"的概念，接着认识速度的表示方法，最后在具体解决问题中抽象出"速度×时间＝路程"。我将本课的目标定为：① 理解、掌握"单位时间"、"速度"的含义，并学会用统一的符号来表示速度；② 从实际问题中抽象出时间、速度、路程之间的关系，并能应用这种关系去解决问题；③ 提高学生分析处理信息的能力，培养学生解决实际问题的能力，让学生感受数学来源于生活。让学生理解和掌握行程问题

---

① 速度时间路程教学反思［EB/OL］．［2013-05-03］．http://blog.xsduyx.com/u/311/4672.html.

中速度、时间、路程三个数量的关系是重点，也是难点。

这节课中我做得好的地方有：

第一，学生的常规训练比较到位，学生的课堂参与度很高，而且学生在课堂上都能做到认真倾听；

第二，上课节奏把握也比较到位，授课不紧不慢，符合学生的接受能力，有数学课的味道。

存在的问题是：

第一，作为行程问题的起始课，需要学生深刻理解什么是速度（单位时间内的路程）、速度的基本表示方法和读写，从而为后续的学习作铺垫。但是，这里我没有采用导入的方法，而是开门见山地直接提出"单位时间"这个名词，但效果不是很好，学生也没完全明白什么是"单位时间"。所以要重视问题的引入和设计。在这里一开始可以说：在相同的时间内小明跑了300米，小军跑了400米，谁跑得快？从这里着手研究可能更有意义、更有效，学生也更能理解速度及速度与路程的关系。

第二，数学课教师设计的数学问题很重要，好的数学问题更能引起学生的思维。我在数学课的问题设计、上课的数学术语以及课堂上的智慧方面还有待于后天的慢慢锤炼。

第三，整节课学生的反馈少了些。在做完并且讲评完课堂练习后没有让学生很好地进行反馈，要在以后的课堂上加以改进，比说如"是这样想的请举手"、"同意他的请举手"、"做对的举手"等。

//////// **讨论区** //////////

仔细分析这份反思，我们会发现这是一份比较典型的"陈述性"文字，有比较多的现象罗列，而缺乏较为系统、深入的思考。比如，教师对本节课优点的总结局限于现象的陈述，比较片面，缺乏成因的分析和建设性的思考。有的内容是枝节的问题，放之四海而皆准，如"常规训练到位"；有的内容经不起推敲，如"课堂节奏不紧不慢，符合学生的接受能力"，既然符合学生的特点，为何效果不好？学生对"单位时间"的概念掌握不好将直接导致对"速度"概念理解的偏差，教师没有从教学目标的"根"上抓住反思的重点。

教学反思究竟应该反思什么内容？反思的参照系到底是什么？反思的着力

点在哪儿？看来我们有必要建立一个教学反思参照系，以使教师的教学反思更有针对性。

## ✦ 教师沙龙

◎教学反思是一种自主化的东西，有感则发，无感则无须反思。它不应该是一种任务，而应是一个习惯。它没有固定的格式，文字也可长可短。只要内容集中具体，有核心思考问题即可，不必把一般的教学过程统统写进去。

◎教学反思主要是备课、上课的前后比较。我们可以从"情境设计"、"上课效果"、"教学策略"、"精彩片段"、"评价体系"、"疏漏之处"、"学生的独到见解"等方面来着手，并不一定要全面，可以选择性地反思。

◎写好课后反思是教师专业成长的有效途径。课后认真思考一下得失，想一想教学目标是否达成，师生互动是否和谐，学生积极性是否得到调动，教学过程是否得到优化，教学方法是否灵活，教学手段的优越性是否得到体现，教学策略是否得当，教学效果是否良好，可以为以后的教学提供参考。除了每一节课后的反思，其实教师还应适当进行一些"系统性反思"，以一课观一类课。

◎教学反思的过程可以称作"捉虫"的过程。当然，反思不仅满足于"捉虫"，更应该在"捉虫"的基础上，提出改进和重建教学观念与行为的具体想法。对教学而言，反思的目的主要是为了"重建"。

## ✦ 专家点拨

教学反思在促进教师专业成长、提高课堂教学效益上的功能显而易见。有效的教学反思既需要教师有追求自我完善的价值观、工作的责任感，也需要教师自身的学识和智慧。目前，教师写教学反思越来越成为一种时尚，但教学反思究竟从何入手，反思的关注点在哪儿，许多教师都比较模糊。将教学流程记一些流水账、蜻蜓点水似的将教学的失误点到为止等形式的反思，对教学的改进和教师成长的作用甚微。如何进行有效的反思呢？可以从以下几个方面着手。

首先，要想课堂的教学目标是否落实。每堂课都有几个基本目标，我们需要反思每一个目标落实如何，效果是否达到，还有没有更好的方法落实。甚至我们可以反过来想，这些教学目标制定得是否合理，是否有利于学生在数学上的发展，是否需要降低或提高要求。

其次，我们可以反思，本课的精彩之处在哪里。扣人心弦的引入，对生成问题的巧妙引导，对某一方法恰到好处的评价，画龙点睛的结尾等，都是精彩的来源。精彩也有预设的和生成的两种情况，如果是事先预设的精彩，必须保留；如果是过程中生成的精彩，对其进行反思能积累教学经验。

再次，我们还要思考一堂课的不足之处在哪里。有得必有失，有效的课堂中必然也会有一些不完善的地方。哪个环节安排不合理，哪个问题引导不当，哪个目标落实不到位，反思课堂中失败的地方是为了今后不再犯类似的错误。

最后，对于教学中的问题，我们还应该思考如何"重建"。只有对问题进行认真的分析，找到其中的原因，思考新的教学设计，才能提高"反思"的"效益"。

叶澜教授在"新基础教育"中还从总体评价、问题反思、教学重建三个大的方面，分六个子项目制定了课堂教学反思评价表。其中涉及分析教学中的生成、发现教学中的问题、分析现象背后的原因、提出切中要害的改进措施等，并对每一项指标确定了三个不同层次的等级，对教师怎样做教学反思有很强的导向性。[1]

## 实践坊

### "路程、速度、时间"磨课过程反思及课后反思[2]

新课程改革之后，关于数量关系的教学更多地注重了从乘法或除法意义上去理解问题、解决问题。这样的好处是学生不能死记公式，数学问题需要独立思考完成，有助于发展学生的数学思维，却导致了学生在学习用方程解决问题时过于习惯用算术方法，忽视数量关系的应用。

路程、时间与速度在日常生活中的应用十分广泛，是学生今后学习行程问题的基础。本课时的教学内容分为两个层次：一是把学生原有一些感性认识和生

---

[1] "新基础教育课堂教学反思评价表"可见吴亚萍著、广西师范大学出版社2009年出版的《"新基础教育"数学教学改革指导纲要》。
[2] 此案例由湖南省株洲市白鹤小学李慧玲老师提供。

活经验进行概括总结，让学生理解速度的含义，学会用复合单位表示速度，并用统一的符号写出一些交通工具的速度；二是让学生通过解决简单行程问题，引导学生自主探究速度、时间和路程的关系，构建数学模型"速度×时间＝路程"，帮助学生运用所学的路程、时间与速度之间的相互关系更好地解决生活中的一些实际问题，进一步体会数学与生活的密切联系，培养学生对数学的情感。

下面是对几轮上课过程的反思。

| | | |
|---|---|---|
| 第一次上课 | 成功之处 | （1）通过举例及对交通工具行驶速度的信息收集，学生对速度概念以及表示法理解好<br>（2）通过解决问题使学生自主探究速度、时间、路程之间的关系，根据列出的算式，学生很快就找出了"速度×时间＝路程"这一等量关系，并且能应用这一模型解决实际问题 |
| | 不足之处 | （1）速度概念由教师直接呈现与告知，然而对于时间、速度、路程三者之间的内在联系学生几乎没有体验，只是死记公式去应用<br>（2）学习素材不丰富，比较枯燥 |
| | 改进设想 | （1）创设一组贴近学生生活的情境，让学生在具体的情境中感悟路程、速度、时间之间的内在联系，从而真正理解三者间的关系<br>（2）跳出交通工具的速度，到人、动物、自然现象等的速度，丰富学生对速度的认识，激发学习的兴趣 |
| 第二次上课 | 成功之处 | （1）通过运动员50米跑、龟兔赛跑、两列火车行驶三个情境的创设，学生自然而然地感受到物体运动的快慢，也就是速度，不仅与路程有关，还与行驶该路程所用的时间有关，也体会到比较速度的必要性<br>（2）感受生活中的速度，让学生加深对"单位时间"、"速度"的理解，使枯燥的数学变得鲜活起来。如小朋友跟刘翔比速度，豹子和乌龟比速度，还有光和声的速度，在不断的比较中感受速度的快慢、速度的相对性，从而体会数学的精细和准确 |
| | 不足之处 | 学生仍然不习惯用速度单位，甚至有的学生认为用不用速度单位无关紧要，可见没有体会到使用速度单位的必要性 |
| | 改进设想 | 创设两个数据相同、单位不同的速度，让学生感受到速度单位产生的必要，并体会到用这样的符号表示一个物体的运动速度具有简明、清楚的特征 |

续表

| 第三次上课 | 成功之处 | 小明的速度和汽车的速度都是"60"引发思考，通过小组交流，产生了创造一个新的单位来区分的需要，继而出现了速度单位的表示方法。学生经历了这样一个创造的过程，对速度的认识更加深刻了，也能有意识地使用速度单位来表示速度了 |
|---|---|---|
| | 不足之处 | 全课停留在"速度×时间＝路程"这个思考角度，没有尝试探究变式关系，也没沟通此数量关系与其他已知的数量关系之间的联系 |
| | 改进设想 | 在"开放提升"环节，引导学生将路程、速度、时间的数量关系提升为一般份总关系 |

# 一组"规律探索课"的反思重建①

背景：数学组教师选取了"'规律探索'课型模式探究"这一主题和"3的倍数特征"这一课例进行研究。在探索规律环节，教师提问："算一算各位数字之和，看看有什么发现？"老师们普遍认为虽然学生对这个问题的回答一定会很"顺利"，但这种"顺利"势必会掩饰学生思维的起点状态，即使可以顺利得到结论，学生仍然不会明白其中的奥妙。怎样引导学生主动想到3的倍数的特征要关注"各位数字之和"呢？老师们普遍认为在规律探索中掌握探索的基本方法比得出结论更重要。老师们通过研究发现，规律探索课型具有类同性：都是"先确定研究小范围，罗列研究材料，用列举法作工具，然后扩大范围验证，最后获得结论"，并且都可遵循一条共同的"原则"，即先排除某个数中已经确定是这个数的倍数的部分。比如，在探索2、5的倍数特征时，可以这样想：任意一个数都可以写成一个整十数加上它的个位的形式，如：$365=360+5$，$48624=48620+4$，我们可以确定整十数是2的倍数（也是5的倍数），因此，我们要判断一个数是不是2（或5）的倍数，不要考虑前面的部分，只要考虑个位就可以了。因此，老师们改变以往"观察得出结论"的方式，进而关注课堂中帮助学生学会运用规律进行探索的方法，由此开展了"2、5的倍数特征"、"4、25的倍数特征"、"3、9的倍数特征"等一组规律

---

① 何亩文. 一组规律探索的研究叙事：以倍数特征教学为例 [J]. 湖南教育：理科版，2012 (6).

探索课的研究。以下是老师们的集体反思。

1. 对"2、5 的倍数特征"的集体反思

这节课的教学由"观察得出结论"提升到"掌握规律探索的方法"。这是一个很大的提升，主要体现在两个方面。一是解决了课时容量和难度不均衡的问题。原来普遍认为学生有"单、双数"和"口诀"基础，因而要掌握"2、5 的倍数特征"非常容易，课堂研究停留在浅层次，而后面的课难度陡增。二是解决了规律探索方法的前后链接问题。传统的教学往往只关注"观察—猜想—验证"这个一般性的方法，而这个方法对于"3 的倍数特征"的研究有一定的局限性。这样，教师往往是以"强势"的"引导"把学生引向结论，而没有从中找到共性的探究方法。这节课正好解决了这一问题。

当然，我们站的视野还可以更高一点，从两个方面改进。一是引入时站在全局、整体思考。例如，引入时可以问：我们已经认识了倍数和约数，并且知道了一个数的最小倍数是它自己，倍数的个数有无数个，今天我们准备进一步研究某一个数的倍数的特征，如果让你选择的话，你会选择从几开始研究？可以怎么研究？二是总结时进行系统、概括的提炼。例如，当学生先后研究出了2、5 的倍数特征之后，教师要提一个问题引发学生思考：为什么我们会把"2、5 的倍数特征"放在一起研究？由这两个数的倍数特征你还能马上想到哪个数的倍数特征？（不难想到 10 的倍数特征）如果让你再选一组数的倍数特征来研究，你会选择几和几？

2. "4、25 的倍数特征"的集体反思

在"2、5 的倍数特征"之后增加这一节课完全有必要，既开拓了学生的视野，弥补了教材上只研究"一位数的倍数特征"的不足，又有了一次应用所学的方法探索新的规律的机会。课堂中，学生已经能按照"独立思考—小组交流"的方式对"25 的倍数特征"进行研究，并且能自觉应用"倍数特征"的研究方法——"小范围研究—猜想—扩大范围验证—解释—得出结论"，还能对初步结论进行分析、例证、解释、猜想。例如，当有的学生认为"个位是 5 或 0"的数是 25 的倍数时，组内学生能举出反例"110"来否定；当学生得出只看末两位是否是 25 的倍数就能确定这个数是否是 25 的倍数时，马上有学生指出任意一个数都可以写成"□……□00+末两位"的形式，前一部分可以确定是 25 的倍数，所以只要考虑后两位；学生也能根据已有的结论得出"合理"的新猜想：判断 2、5 的倍数只看个位，判断 25 的倍数看末两位，是否判断几位数的倍数就看末几位呢？……学生从只关注"结论"到关

注"过程与方法",这是这样的课与传统的课最大的区别。

不过,当初增加这节课的重要目的之一是要让学生整体感悟"倍数特征"规律探索的一般思路——排除"可以确定是这个数倍数的那部分",考虑"余下的部分"。但从课堂实际情况来看,学生可以用"排除"的思路进行"规律解释",却仍然不太容易直接用这种思路去探究一个数的倍数特征。如,对"4的倍数特征",学生仍然习惯去"观察",没有一个学生朝"末两位是4的倍数"上去想。追根究底,学生仍然是跟着教师在研究,并不知道为什么要把"4和25的倍数特征"放在一起研究。教师在拓展中还让学生自己去探究"8、125的倍数特征",如果换成让学生自己再找"一组数"进行"倍数特征"的研究就更好了。

3."3、9的倍数特征"的集体反思

课上完了,执教老师说:没想到学生会如此厉害。尤其是学生在没有任何提示的情况下,能应用规律探索的方法独立探索"3的倍数特征",虽然结论的得出似乎经过了"九曲十八弯",但正是这丰富的过程使学生产生了尝试换一个角度去思考的想法。例如,因为现场学生列举出的数都没有超过四位数,而四位数又是3003、3006、3009等少数几个,所以学生得出结论:要判断一个数是否是3的倍数,要看末3位数。教师不紧不慢地往下接着写:3012、3015、3018、3021……3114……似乎进一步"验证"了学生的结论。此时,教师再出人意料地写了一个"4114",使得原始的结论"土崩瓦解",这更加激起了学生探究的热情,课堂也在此时达到小高潮。这时,学生顺理成章地想把结论改成"末四位……",有一位学生一语惊醒梦中人:"无论你说末几位我都不会同意,因为我们不能断定一个整十数、整百数、整千数、整万数……一定是3的倍数。"

## 智慧屋

"实践坊"中第一种教学反思是上课教师将每一次磨课的成功之处和改进意见做简单明了的总结。通过反思可以看出,教师在如何引导学生感知"速度单位产生的必要性"这一问题上经历了不断的调整,直至达到较为理想的效果。通过一次又一次的反思与调整,虽然最后没有使教学尽善尽美,但这种反思仍然可以为下一轮研究留下可贵的借鉴。这种方式具有反思及时、操作简易、体验真切的特点，一线教师可以在实践中反复运用，并将之变成自己的常态教学研究方式。长此以往，必将促进自己教学和教研水平的提升。

第二种形式的反思适合团队合作研究。这样的反思形式对于有一定水平和实力的教研组团队来说，是一种有效促进团队整体提升学科教学及研究水平的良好方式。其优势在于这种反思是一种有目的、有计划的教学研究，它有一个能贯穿一体的整体研究思路，注重在教学的"原始状态"和"理想状态"之间寻找有研究价值的核心问题，并重在反思"理想"与"现实"之间的差距，探寻今后教学的有效策略、方法、途径。在集体智慧的作用下，反思团队不仅能及时发现课堂教学的问题，有效地改善教学，更能提高团队成员专业成长的有效性。

值得注意的是，不论是个体的反思，还是集体的反思，都应该既有现象的描述，又有深层原因的分析，视角可以多样，问题要集中，切入口要小，切忌求全、求大。

## 学习园

1.《今天我们应该怎样进行教学反思》，张文质、刘永席，西南师范大学出版社，2011（2）

推荐理由：本书是关于"怎样进行教学反思"的专著，从教学理念和教学现象等多纬度为教师们提供了教学反思的项目与内容，拓宽了教师教学反思的视野。认真阅读本书，对改善教师教学反思形式和视角单一、缺乏对教学本质进行分析等不良现状有很大的指导作用。书中一些生动的案例可成为教学反思的样板。

2.《成为反思型教师》，里根，中国轻工业出版社，2005

推荐理由：这本书虽然篇幅不长，但内容涉及课堂教学、探究文化等多方面，每一个章节中均有一些案例，并结合这些案例展开分析和讨论，可以为教师提供更全面、新颖的反思视角。

# 参 考 文 献

[1] 陈钱勇. 透视"错误"背后的教学空间 [J]. 中小学教学研究, 2012 (10).

[2] 邓从真. 小学生心理特点及心理健康标准 [J]. 人民教育, 1994 (5).

[3] 顾志能. 想象吧, 那是一种力量: "长方体的认识"教学实录与思考 [J]. 小学教学: 数学版, 2012 (3).

[4] 何亩文. 一组规律探索的研究叙事: 以倍数特征教学为例 [J]. 湖南教育: 理科版, 2012 (6).

[5] 华应龙. "华老师! 您误导!" [J]. 小学数学教师, 2005 (3).

[6] 华应龙. 让学习像呼吸一样自然: 以教学《角的度量》为例 [J]. 人民教育, 2007 (2).

[7] 华应龙. 课堂因差错而精彩 [J]. 江苏教育研究, 2008 (20).

[8] 华应龙. 大成若缺认识"圆" [J]. 人民教育, 2008 (Z1).

[9] 黄爱华. 寓教于乐 激活思维:《万以内数的大小比较》教学设计与说明 [J]. 小学教学设计, 2007 (11).

[10] 黄建梅. 引导式教学应来源于教材, 又高于教材 [EB/OL]. [2013-03-09]. http: //www. jxteacher. com/lilan/column40261/64417bb8 - 496f - 4eeb - 9442-9bec2fcec161. html.

[11] 姜广德. 随机应变, 因势利导: "圆的认识"教学案例分析 [J]. 教学月刊: 小学版 数学, 2007 (9).

[12] 教育部基础教育课程教材专家工作委员会. 义务教育数学课程标准 (2011 年版) 解读 [M]. 北京: 北京师范大学出版社, 2011.

[13] 孔凡哲. 基本活动经验的含义、成分与课程教学价值 [EB/OL]. [2013-04-08]. http: //www. pep. com. cn/rjqk/kcjcjf/200903/201101/t20110106_100 8235. htm.

［14］李继锋. 丰富的体验促进学生主动建构［J］. 小学数学教师，2010
（10）.

［15］李兆荣. 在追问中引导学生提出有价值的数学问题［J］. 小学教学参考，
2006（9）.

［16］刘加霞. 把握数学的本质是一切教学法的根［EB/OL］. ［2013-03-10］. ht-
tp：//wenku. baidu. com/view/4f09fe76a417866fb84a8e2d. html.

［17］梁镜清，袁运开. 小学数学教育学［M］. 杭州：浙江教育出版
社，1993.

［18］刘善娜. 感叹估算教学［J］. 中小学教学研究，2009（2）.

［19］卢峰. 小数的性质［J］. 江苏教育，2004（9B）.

［20］孟丽娟，黄伟. 课堂上学生错误资源的归因与利用［J］. 基础教育研究，
2012（13）.

［21］潘晓明. 数学思维的发展不是空洞的："平行四边形面积"教学实践与
思考［J］. 人民教育，2012（12）.

［22］綦春霞. 浅谈新课程下符号意识的含义和特征分析［J］. 数学教学研究，
2012（1）.

［23］钱守旺. 走近钱守旺［M］. 福州：福建教育出版社，2006.

［24］史冰清. 问我所疑问我所想［J］. 小学教学设计，2013（3）.

［25］施银燕. "鸡兔同笼"问题的另类教学［J］. 人民教育，2009（7）.

［26］孙钰红. 小学数学计量单位教学的困惑、实践与思考［J］. 小学数学教
师，2011（1/2）.

［27］唐锋敏. 数学课堂中的不良口头评价现象分析［J］. 贵州教育，2010
（6）.

［28］吴雷霞. 突出体验培养数感［J］. 小学教学研究，2004（10）.

［29］吴亚萍. "新基础教育"数学教学改革指导纲要［M］. 桂林：广西师范
大学出版社，2009.

［30］吴正宪. "估算"课堂教学实录［J］. 小学教学：数学版，2007（9）.

［31］吴正宪. 感悟数学思想，积累数学活动经验：从《课标》的三个案例
说起. ［EB/OL］. ［2013-03-09］. http：//wenku. baidu. com/view/
2487abfe7c1cfad6195fa772. html.

［32］吴志坚. 老师，我还有你们不知道的［J］. 小学教学：数学版，2007
（5）.

［33］徐斌. 9 加几教学实录与反思［EB/OL］.［2013－03－18］. http：//wenku. baidu. com/view/9062cc1859eef8c75fbfb303. html.

［34］杨波. 数学课堂的数学味［EB/OL］.［2013－04－30］. http：//www. rui-wen. com/xs/news/17584. htm.

［35］易虹辉. 新课程教师怎样关注学生［J］. 小学青年教师，2003（4）.

［36］易虹辉. 不妨请外行来听听数学课［J］. 小学教学：数学版，2010（6）.

［37］俞正强. 对两个启而不发的教学片段的思考［J］. 小学青年教师，2006（4）.

［38］张奠宙. 数学知识的教育形态［J］. 数学通报，2001（4）.

［39］张齐华. 走向“生成型”的数学课堂：“轴对称图形”教学片段［J］. 小学教学：数学版，2006（1）.

［40］郑毓信. 短评两则［J］. 小学青年教师，2003（5）.

［41］郑毓信. 数学教师的三项基本功［M］. 南京：江苏教育出版社，2011.

［42］中华人民共和国教育部. 九年义务教育全日制小学数学教学大纲［M］. 北京：人民教育出版社，2000.

［43］中华人民共和国教育部. 义务教育数学课程标准：2011 年版［M］. 北京：北京师范大学出版社，2012.

# 后　记

　　教师是个特殊的职业，由于教师专业的不确定性和情境性，无论是教学经验丰富的资深教师，还是初为人师的教学新手，行走在数学教学的队伍里，总难免遭遇一些直接的教学尴尬或间接的教学困惑。随着新一轮数学课程改革的深入，课堂出现教学矛盾或教学难题的概率增大，一些看似正常的教学现象也隐藏着不同程度、不同性质的问题。这些问题一方面影响了教学的有效性，另一方面也诱发了教师群体的问题意识与研究热情，因而基于课堂教学问题开展的校本教研成为一种流行的教研形式。然而，受教育视野与专业水准的限制，在学校层面开展的研究通常关注的是一些细微、琐碎的教学问题，尽管通过教研组的力量在一定程度上能解决一些实操性问题，但研究的深度与广度有限，容易就事论事，找不准问题产生的根源，对一些司空见惯的教学现象也往往缺乏反思，意识不到其中的问题与影响。

　　准确地找到数学教学的关键问题和实践中的疑难问题，是学科教学研究的逻辑起点。通过在省内广泛征集的方式，我们收到了林林总总、方方面面的教学难题，显然，仅靠一本书的容量难以承载解答所有问题与困惑的重任，怎样选择"问题"成为我们编写本书的首个核心问题。经过反复推敲，我们共选取了 31 个学科教学问题，这些问题与新课标新提出的核心概念、基本要求紧密相关，如什么是"符号意识"、怎样理解"基本数学思想"、如何落实"基本活动经验"等，还有一些实践与理念落实相距甚远的问题，而它们恰恰反映了数学学科的本质、数学教育的价值、教与学的关系等，是数学教学中的根本问题、要害问题，也是教学疑难问题。

　　我们认为本书的编写应该以彰显新的教育理念、激发教师的反思意识、深化对数学教学本质的领悟为宗旨，以围绕成功教学的关键要素选择和组织问题为原则。作为教师，首先应该"领悟教育理念"，才能精心"推敲教学设计"，这是所有教学成功的基石，在此基础上针对具体的教学问题"探寻教学方法"、"巧施教学评价"才能使教学设计有效地落地。教学有法，而无定法，教师唯有凭借教育智慧，才能在活生生的课堂上从容淡定，施教游刃有余，因而"追求教育智慧"应该成为教师有效教学和专业发展的终极目标。基于此，本书根据教育理念、教学设计、教学方法、教学评价、教育智慧五个板块编排。每一个问题的展开先由教师个体的思考引出，后以教师沙龙的方式多纬度展现教师群体的思考，再以专家点拨的方式梳理认识问题的思路，最后给出优秀课例与评析。本书力求从小处入手，至大处着眼，有效揭示教学现象的实质，搭建理念与实践之间的桥梁。

为了跳出校本研究的局限，我们组织了一个由省内资深教研员和知名骨干教师组成的研究和编写队伍。他们中有由名师成长起来的教研员，有曾经被省教育厅派遣到香港指导教学的专家型教师，有市级或区级名师工作室的首席名师，有学校主管教学的校长，也有一线的教师。他们长期致力于小学数学的教育教学研究，对课程改革背景下的数学课堂有着开阔的视野和深刻的思考。他们积累了丰富的学科教科研经验或教学实践经验，对学科问题研究有足够的热情与能力。本书由湖南省教育科学研究院周锡华主编和确定编写提纲，并对全书进行审阅、统稿。编写成员的具体编写分工如下：湖南省教科院教研员周锡华撰写专题1.1、1.2、1.5、2.1；长沙市教科院教研员张新春撰写专题1.4、4.2、4.3、5.1、5.3；长沙开福区教科中心教研员易虹辉撰写专题4.1、5.5；岳阳市东方红小学教师程五霞撰写专题2.6、3.1、3.3、4.4；湘潭市和平小学教师关巧华撰写专题3.2、3.4、3.6、3.9；长沙市芙蓉区大同第二小学教师张新蔚撰写专题2.3、2.4；株洲市白鹤小学副校长何亩文撰写专题1.3、5.6；常德北正街小学副校长姚红梅撰写专题2.2、2.5；湖南一师二附小教导主任刘登峰撰写专题5.4；常德北正街小学教师谢芳芝撰写专题3.5；长沙市育才小学教师邓飞雁、长沙市育才第二小学教师张敬合作撰写专题3.8；周锡华、夏克君（益阳南县教研室教研员）合作撰写专题3.7；周锡华、谢芳芝合作撰写专题2.7；周锡华、关巧华、张新蔚合作撰写专题5.2。

在本书成书的过程中，省内许多骨干教师也贡献了自己对数学教学的思考与智慧。湖南一师二附小李跃文老师参加了写作研究；岳阳市岳阳楼区岳阳楼小学柳中平、常德市武陵区北正街小学管惠珍、益阳南县南洲实验小学丁芳、株洲市天元区白鹤小学李慧玲几位老师为本书提供了研究案例（在各章节均已标明）；岳阳市2012年7月组织的小学数学骨干教师培训班的教师，湘潭市和平小学的吴艳云、刘红波、楚楚、刘华辉，常德武陵源区北正街小学张英、王玉珍、姜宪英、黄沛先、胡颖洁、管惠珍、谢三英、郭轶萍、黄井松、刘小兰，益阳南县德昌小学樊焕新、南县实验小学潘学锋、符丽媛、南县三完小王慧，南县四完小罗宏亮，南县五完小龚金龙，南县花甲湖小学刘小华，南县浪拔湖南红小学文钦、南县乌嘴中心小学罗建，长沙市芙蓉区教科研中心殷蓉，长沙市芙蓉区燕山二小任慧，长沙市芙蓉区育英小学邓仕秀，长沙市芙蓉区楚怡小学杨文婷，长沙市芙蓉区东郡小学曾宪梅等老师分别参加了不同专题的现场讨论或者网络讨论。在此，我们向为本书编写提供支持和帮助的学校、为本书提供经验与思考分享的教师表示诚挚的谢意！

知人者智，自知者明。由于编写时间仓促和作者水平所限，书中教学疑难问题的选择难免挂一漏万，对问题的研究难免不够周全，在此恳请读者批评指正。

周锡华
2013 年 6 月

（本书主编周锡华系湖南省教育科学研究院小学数学教研员）